知乎

有问题 就会有答案

知乎 BOOK

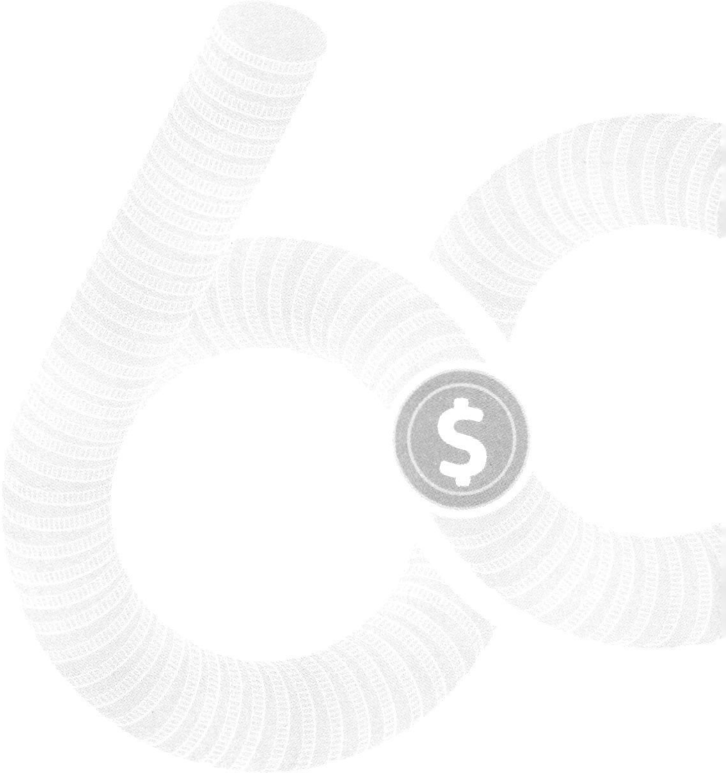

投资的60个基本

从零开始学会终身受益的理财方式

张瑞 枫叔——著

台海出版社

序

为什么大多数人勤劳而不富有

我是传统金融人士，在 2018 年的股市中，我的很多朋友利用量化对冲策略，实现了年化 20% 左右的收益率，管理规模一路扩大，进入富裕阶层。他们没有背景，纯粹就是依靠自己的投资能力和眼光。如果你问我，有哪些方法可以实现财富自由，我的回答是：投资肯定是其中之一，而且是最没有门槛，也最有可能实现逆袭的方法。

一个好的投资，需要具备至少三点核心要素：足够的门槛、稳定的预期以及有人接盘。

纵观前后20年，能长期跑赢通胀的资产早已发生了变化。过去20年，核心城市核心地段的房产是最优质的资产。现如今，“房住不炒”基调不变，但闭着眼买房就能赚钱的黄金时代已经过去，投资的方式和种类发生了很大变化。

投资不再局限于固定资产，也不再只是单枪匹马冲进股市买股票。就拿最近天天上热门的公募基金来说，“炒基热”风靡全民，其实也是鼓励老百姓的储蓄资金“大搬家”，通过基金公募投资的方式来推动经济的发展。

这个思路是对的，普通人炒股听风就是雨，无疑是被割韭菜的。但我们通过选择优秀的基金去间接持有优秀的上市公司股权资产，就能享受企业盈利增长，享受国家经济的增长红利。

除了利用时代赋予的机遇抓住大行情之外，更多成功的投资者依靠的是持续稳定的获利手段、复利方式，滚雪球般将财富积累得越来越多，难怪爱因斯坦也说：复利是人类第八大奇迹。

所谓复利思维，其本质就是：做事情 A，会导致结果 B；而结果 B，又会反过来加强 A，不断循环。正如对折一张纸，每一次都是把之前的结果翻倍；滚雪球，雪球沾上的雪越来越多，雪球变得越来越大，而越来越大的雪球又能够沾上越来越多的雪，如此不断重复，雪球会大到不可想象。

在财富积累领域理解复利思维，最好的例子是巴菲特。大家都知道巴菲特曾经是世界首富，即使现在依然是全球富豪榜前十位的人物。但是很少有人知道，巴菲特一生中 99% 的财富，都是他 50 岁之后获得的。有什么获得财富的秘诀吗？没有，就是很简单的复利思维的运用，简单的事情重复做，重复的事情认真做，如此而已。

所以复利并不仅仅是投资领域中的利滚利，更重要的是人生中的复利思维。央视《诗词大会》上，一个外卖小哥击败高学历人士，成为年度冠军。他并没有进行过专门培训，而是在等餐、等红灯、回到住处换电瓶休息的时候，背个把小时诗词。正是这一个小时阅读的日积月累，让一个外卖小哥改变了人生。

一夜暴富是不现实的，可惜，很多人，都没想明白。希望你不是这样。

投资迫使自己努力学习，提升人生境界

有句话说，“知识改变命运”。投资领域，对人的知识要求是很高的。如果你炒股票，必须要能看懂上市公司的财务报表，需要财务知识；如果你买基金，必须要知道各种类型基金的特点，需要现代金融知识；如果你投股权，必须要明白未来的发展方向，需要新科技知识。

投资会逼着你不断学习、不断进步，所以每到周末，总有一场接一场的金融会议和培训课程。虽然这样很辛苦，但是时间花在这些地方，还是有价值的。

投资可以扩大人脉圈，打破阶层固化

有一位美国的投资大师，也是目前全球对冲基金“老大”的桥水基金的掌门人——达里奥先生，曾来到中国交流，带着他的最新著作《原则》。他的到来引起了国内基金界的轰动，因为他在华尔街的 30 年间，创造了一个逆袭的神话，从一个 100 万美元的小基金开始，做到现在最高的 2200 亿美元规模，被公认为华尔街对冲基金的教父级人物。

而他的第一次投资，是从做一个小小的高尔夫球童开始的。从 12 岁起，达里奥就在附近的高尔夫俱乐部里当球童，俱乐部的会员包括很多华尔街投资人。达里奥把获得的小费攒了起来，然后用这些钱买了人生中的第一只股票——美国东北航空，这笔投资为达里奥带来了 3 倍的收益。几年后进入长岛大学读书时，他手上的股票投资组合已价值几十万美元。

从长岛大学毕业后，达里奥进入哈佛商学院读书。读书期间，他做生意赚取学费，卖过鱼叉、油、棉花等。

离开哈佛后不久，他加盟希尔森海顿斯通公司。达里奥在期货分部工作，每天和牧场主、粮农等打交道，告诉他们如何规避风险。后来他被炒了鱿鱼。丢掉了工作的达里奥说服一些老客户雇他做顾问，并成立了桥水公司。那一年，他 26 岁。一个伟大的传奇就此开始。

如果他不是因为做了高尔夫球童，接触到股票的理念，也许他就是一个普普通通的农场工人，在平淡中过完此生，是投资给了他不一样的世界，也给了他打破阶层固化的机会。

财富自由，才能有其他的自由

2015 年 4 月 14 日，一封辞职信引发了热评，辞职的理由仅有 10 个字："世界那么大，我想去看看。"河南实验中学一名教师，留下这封很具情怀的辞职信，转身离开了自己所住的熟悉城市。

来一场说走就走的旅行，是多少人的盼望，可是"钱包这么小，哪里也去不了"。钱不是万能的，但是没有钱，是万万不能的。亲情、友情、爱情，都需要金钱的支持。

只有经历过才明白，缺乏财富的支撑，生活就只剩下两种形态：不容易和更加不容易。金钱虽然不能买来一切，但人生99%的烦恼都能用它来解决。

获得财富是一个人能力的外化，但根本还是一个人的思想体系、眼界和格局。

所以尊重财富，努力增加财富，才是积极的人生方向。孔子说：君子爱财，取之有道。投资是一种取之有道的方法。

希望大家通过这本书，可以获得正确的投资理念，掌握科学的投资方法，让自己在获取财富的道路上走得更加稳健，更加顺畅。

目　录

Contents

第三章 基金

第四章 股票

Chapter 1

第一章

投资认知

财富规划：
别再幻想一夜暴富

股市中有一个通俗的认知："七亏两平一赚"，也就是说从一个大的周期来看，股市中长期赚钱的人只有 10% 左右。实际上，大多数人的亏损并不是在熊市中，而恰恰是在大牛市。

"牛市是普通投资者亏损的主要原因。"这句话是价值投资的奠基者格雷厄姆说的，同时他也是巴菲特的老师。

他是这么解释散户亏损的原因的：散户在熊市底部，牛市初期的时候，往往资金量很小，尝试性地买入；当市场开始上涨，于是逐步加大仓位；等到市场涨到顶部的时候，散户的情绪激动，仓位也最重，心态也从最初的恐惧变为贪婪。这样，一旦大的调整到来，就会造成巨大的损失。不但将前期的盈利损失殆尽，往往还会造成更大的亏损。

2015 年，中国期货界传奇人物，瑞林嘉驰对冲基金操盘手、《期货大作手风云录》作者刘强因高位做多期指与配资买股，最终导致破产。在此之前，刘强早就实现了财富自由，并且在大理买了房子，过着逍遥自在的日子，但是 2015

年的牛市，股灾的到来毁了他的财富，也夺走了他的生命，不禁让人唏嘘。

刘强的偶像是当年美国金融市场的传奇人物、《股票大作手回忆录》的作者里费默，他是20世纪全球最大股灾——1929年华尔街股市崩盘的最大赢家。

在一片叫骂和哀号声中，他将1亿美元揽入怀中——要知道当年美国联邦政府财政收入只有40亿美元。如果我们稍加折算，里费默1929年的获利就相当于今天的687亿美元，这样的成绩令时下很多颇负盛名的金融投机家都难以望其项背。

然而，在1940年11月，里费默在曼哈顿的一家饭店大醉之后，给他的妻子写了一封信，信的结尾是这样一句话："我的人生是一场失败！"然后，在饭店的衣帽间里，结束了自己的生命。据说，他身后留下的财产不足1万美元。

这两位曾经创造了辉煌的顶尖高手，最终都输在一个同样的原因上：重仓逆势。

康波周期的赚钱思路

我们每个人的财富积累，一定不要以为是自己多有本事，财富积累完全来源于经济周期运动的时间给你的机会。

经济周期性最早的发现者是1926年俄国经济学家尼古拉斯·康德拉季耶夫，他在分析了英、法、美、德以及世界经济的大量统计数据后，发现发达商品经济中存在的一个为期50～60年的长周期。

根据康波周期理论，一个人的一生中所能够获得的机会，理论上来讲只有三次，如果抓住其中一个机会，你就能够成为中产阶级。人生的财富轨迹就是康德拉季耶夫周期，它一个循环是60年一次。分为回升、繁荣、衰退、萧条。

40岁以上的人，人生第一次机会在2008年，如果那时候买股票、房子，你的人生是很成功的。2008年之前的上一次人生机会是1999年，40岁左右的人抓住那次机会的人不多，所以2008年是第一次机会。第二次机会在2019年，最后一次机会应在2030年附近，能够抓住一次，也许你就能够成为中产阶级，这就是“人生发财靠康波”的道理。

总而言之，社会在过去40年给大家创造了大量财富的方式，其实只是因为康波周期带来的，现在大家感觉钱越来越难赚，其实也是因为进入了康波周期的萧条阶段而已。在这种情况下，大家更要做好财富规划，而不是试图靠暴富带来财富，否则有可能一下子损失掉多年的积蓄。

人单纯的依靠工资和薪水收入是不够的，还需要更多的被动收入，也就是通常说的”睡后收入”，这里说的，不是纳税的税，而是睡眠的睡。

也就是说，当你在睡觉的时候，你的资产依然在增长，依然在升值。这就是财富管理带来的结果。所以我们需要重新调整赚钱的思路，分为点上的钱、面上的钱、系统的钱。

点上的钱，就是目前的工作给你支付的薪水，通过辛勤的劳动，从普通员工升职到高级岗位，这是大多数人收入的主要来源。扣除日常生活必须之后，结余的钱，我们需要让它们获得更多的增值。

面上（公司）的钱，这个包括可能是你所在公司给你的股权激励，也或者是你参与了其他的公司的股权获得的增值。

系统（趋势）的钱，就是前面康波理论中说的，大趋势给大家带来的巨大财富，例如2000年左右买了房子的人，现在基本上都是中产阶级了，达到衣食无忧程度。

将自己的收入盘点清楚之后，大家就需要考虑这样的问题，这三部分的钱，哪些是可以持续的？哪些是可能缩减的？哪些是可以不再考虑的？例如对一个40多岁的人，如果处在一个“黄昏”行业的中流企业，这样的职位和收入，是否还可以让钱持续增长？或者财富保持还能持续多久？这是一个需要深入思考的问题。

根据自身已有的财富，和未来的财富，要做一个系统的规划，这非常重要。

规划的方法论

财富规划基本上可以通过以下四个步骤进行：

首先，审视自己的财务状况，把握现金流的动向。企业的财务状况一般都有三张表：资产负债表、现金流表、利润表。对家庭和个人来说，利润表没有必要，但是资产负债表和现金流表非常重要。特别是很多贷款买房子、买车子的人，每个月的收入一大部分都需要还债，一旦工作出了问题，就可能给生活带来灾难性的影响。

其次，要制定合理的财富目标。例如：如果你是年轻人，有一份有前途的职业，那可以将目标定位得激进点，在承担较高的风险同时追求较高的收益；如果家中有病人，那应该将目标定位在健康保障上，加大保险类产品的配置。

再次，审视自己的资源情况，找到最适合自己的财富方向。很多人容易犯的一个错误就是将财富管理看成是一个独立的行为，忽视自身的资源情况。

最后，重新配置资产分配比例，均衡风险。对自己的财务状况有了更加清晰的认识后，就需要重新配置资产比例。可以问自己几个问题：我的房子是不是买得太多了？我万一得了大病怎么办？万一离婚了，我的财产将损失多少？这三个问题对应的是人一辈子将要面对的三个主要的风险，分别是市场风险、“黑天鹅”风险和社会风险。

所以，资产配置的目的不是赚钱，而是要降低各种风险对自己的冲击。

第一是市场风险。例如 2015 年，股市大盘从 5000 点一路跌到 2600 点左右，在高点进场的股民损失惨重。这是交易市场本身价格波动带来的风险，属于可控风险。股市中做好止损和仓位管理，在一定范围内还是可以提前预测和化解的。对于这样的风险，大家需要的是努力学习专业化的投资方法和手段。

第二是“黑天鹅”风险。例如突然遭遇车祸。这种风险虽然无法提前预测，而且发生的概率很小，但是一旦发生，造成的伤害特别大。很多家庭往往都是因为一个“意外”，主力成员失去劳动能力，家庭积蓄不得不用来治疗疾病，从而因病返贫。对于这种风险，抵抗方法就是买保险。

第三是社会风险。就是社会关系的变动带来的风险，最典型的就是离婚。根据最新《婚姻法》，只要离婚，就会遇到财产分割，这就给了很多婚骗的人以机会。特别是很多人往往是骤然而富，并不具备掌控自己财富的能力，结果成了婚骗者眼中的“大肥羊”。对于这样的风险，金融领域也有对应的方式，那就是采用信托方式。

总而言之，做财富管理规划，需要有长期的思维，这样才能化解各种风险，穿越牛熊市，保证个人和家庭的生活质量。

标普四象限：如何合法募集资金

如果你已经准备进入金融市场一展身手了，那么，第一个问题来了，你的原始资金从哪里来？是用自己的钱尝试，还是用别人的钱？如果是用自己的钱，怎么调整现有的资产配比，拿出一部分可以用来投资的原始资金呢？这时，大家就有必要了解一下“标普四象限”的逻辑。

自有资金：根据标普四象限调整

标准普尔是世界三大评级机构之一，曾经调研全球十万个资产稳定增长的家庭，分析总结出他们的家庭理财方式，从而得到标普家庭资产四象限图，此图被公认为最合理稳健的家庭资产分配方式。

该四象限图将家庭资产分为四个账户，分别为“日常开销账户”、“杠杆账户”、“投资收益账户”和“长期收益账户”。这四个账户作用不同，资金的投资渠道也各不相同。只有拥有这四个账户，并且按照固定合理的比例进行分配才能保证家庭资产长期、持续、稳健地增长。

第一个账户是日常开销账户。通俗地说，就是要花的钱一般占家庭资产的10%，为家庭3～6个月的生活费。一般放在活期储蓄银行卡中。这个账户保障家庭的短期开销，日常生活、买衣服、美容、旅游等都应该从这个账户中支出。这个账户最容易出现的问题是占比过高，很多时候也正是因为这个账户支出过多，而没有余钱准备其他账户。

第二个账户是杠杆账户。通俗地说，就是保命的钱，一般占家庭资产的20%，为的是以小博大，专门解决突发问题的大额开支。这个账户一定要专款专用，保障在家庭成员出现意外事故、重大疾病时，有足够的钱来保命。这个账户主要是意外伤害和重疾保险，因为只有保险才能以小搏大，10万换200万，平时不占用太多钱，用时又有大笔的钱。

第三个账户是投资收益账户。通俗地说，就是生钱的钱，一般占家庭资产的30%，用有风险的投资创造高回报，包括投资的股票、基金、房产、企业等。这个账户最大的问题是偏向性，很多家庭因为第一年股票赚钱，第二年就用90%的钱去投资买股票，其中承担的风险可想而知。

第四个账户是长期收益账户。通俗地说，就是保本升值的钱，一般占家庭资产的40%，为保障家庭成员的养老金、子女教育金、留给子女的钱等。这个账户为保本升值的钱，一定要保证本金不能有任何损失，并要抵御通货膨胀的侵蚀，所以收益不一定高，却是长期稳定的。每年或每月有固定的钱进入这个账户，才能积少成多，不然就随手花掉了，并且要和企业资产相隔离，不用于抵债。我们常听说很多人年轻时如何如何风光，老了却身无分文穷困潦倒，就是因为没有这个账户。

家庭资产配置的关键点是平衡。当我们发现没准备保命的钱或者养老的钱时，就说明家庭资产配置是不平衡的、不科学的。

这个时候就要好好想一想：是不是自己花钱的速度大于赚钱的速度，或者是你将资产过多地投入了股市、投入了房产呢?

过去 15 年，房价的大幅上涨，使得很多人形成了一个印象，房价只涨不跌，但是任何有理性的人都应该知道，这个世界上不存在只涨不跌的东西。日本经济衰退 20 年，很多城市的房价跌了 80% 以上。那些高位买了房子的人，特别是银行按揭购房客，不但房子成为负资产，还倒欠银行一大笔钱。所以，如果房价也出现这么一次大跌呢？这种事情不可不考虑。

原始资金的第一步，就是将过分集中占比的资产比例降低，腾出来的资金配置到其他更重要的资产上去。

投资大师们的从 0 到 1

除了用自己的钱之外，投资收益更重要的是通过募集的资金来放大收益。很多投资大师最初也是“光杆司令”，先用自己的钱开始做投资，获得不错的收益后，开始寻找扩大资金规模的方式，比如代客理财、发行基金等，最终成为优秀的基金经理。

例如，巴菲特 1956 年 5 月带着老婆和两个孩子回到家乡奥马哈自立门户，发起了巴菲特合伙基金。他的第一只基金规模是 10.5万美元，合伙成员有 7 人，分别是巴菲特的姐姐及姐夫、姑妈、前室友及其母亲、巴菲特的律师及巴菲特本人。其中巴菲特投入了 100 美元，经过 60 年的发展，巴菲特的伯克希尔公司已经成为世界上最赚钱的投资公司，他自己也一度成为世界首富。

索罗斯生于 1930 年，与巴菲特同龄。1956 年，索罗斯身上带着 5000 美元来到了纽约，在伦敦同事的帮助下，索罗斯在 Mayer 公司找了一份工作，做套利交易员。1959 年转投 Wertheim 公司，并且于 1967 年在公司内部建立了第一老鹰基金，1969 年建立了第二个基金，叫双鹰基金，几年后改名为量子基金，属于对冲基金。

1992年狙击英镑之后，索罗斯名气大振，在全世界范围内扬名，1993年年底索罗斯基金规模已发展到了114亿美元，1999年年底到了210亿美元的巅峰。在2007～2009年的次贷危机中，索罗斯再一次力挽狂澜，分别赢利32%、8%、28%，再一次证明了他杰出的全球宏观交易能力。

老虎基金的朱利安·罗伯逊属于对冲基金界教父级人物，不过罗伯逊大器晚成，创立老虎基金的时候已经48岁“高龄”了。1980年5月，罗伯逊和朋友一共募集了800万美元，设立了老虎基金。当年就实现了54.9%的费后回报，旗开得胜，此后的6年也实现了平均32.7%的高回报。

后来，老虎基金规模在1998年8月达到了210亿美元的巅峰，公司成员也超过了210人。虽然在后来的互联网泡沫中，老虎基金损失惨重，被迫关闭，但是罗伯逊依然被认为是华尔街对冲基金中的教父级人物。

从这些大师的案例中可以发现，只要有好的投资策略和优异的投资业绩，哪怕最初只是一个小小的迷你基金，也会受到众多投资者的认可，最终成长为庞然大物。

合规的募集方式

正规合法的募资方式，目前主要有有限合伙和私募基金两种模式。

有限合伙基金是指一名以上普通合伙人与一名以上有限合伙人所组成的合伙，它是介于合伙与有限责任公司之间的一种企业形式。

有限合伙人（LP）不参与有限合伙企业的运作，不对外代表组织，只按合伙协议比例享受利润分配，以其出资额为限对合伙的债务承担清偿责任。普通合伙人（GP）参与合伙事务的管理，分享合伙收益，每个普通合伙人都对合伙债务负无限责任或者连带责任。

私募基金是指经中国基金业协会备案的私募基金管理和私募基金产品。对于这样的资金募集方式，有几点需要注意，根据国内相关法律法规规定：私募基金不得公开或者变相公开募集；不得通过报刊、电台、电视、互联网等公众传播媒体或者讲座、报告会、分析会和布告、传单、手机短信、微信、博客和电子邮件等方式，向不特定对象宣传推介。

私募基金募集完毕后 20 个工作日内，应当依法申请备案。各类私募基金管理人和私募基金均应当到中国基金业协会登记备案，否则，不得从事私募投资基金管理业务活动。

所以，对有志于将来从事投资行业并且以此作为重要职业的朋友来说，合法合规地募集资金是首要工作，否则有可能面临牢狱之灾，不可不防。

“小白”投资工具：财富管理五大模式

解决了资金问题，下面就是工具的选择了，作为普通的散户，一个“小白”，有哪些好的财富管理工具呢？这是大家都非常关心的问题。针对不同的风险偏好，不同的财富管理目标，金融市场也提供了不同的金融产品供大家使用。

稳健收益、分散投资选择基金

我们在国内市场可以参与的基金分为两大类：一类叫作公募基金，也就是美国的共同基金；另外一类叫私募基金，也就是美国的对冲基金。这两种基金的区别只是在于募集方式不同，但是背后的投资逻辑都是一样的，就是专业化团队加分散化投资。

要选到一个好公司的股票需要的专业知识可以覆盖宏观经济、会计、财务、数学统计、行为金融学等，还得对多个特定的行业有相当深入的、专业的了解。基金投资就简单很多，以上所有的各种专业知识都让基金公司的基金经理和研究员去学好了，投资者需要做的事情只有两个：选人和择时，或者干脆买指数基金。

除此之外，公募基金这个大众化的渠道可以做资产配置。国内的配置可以覆盖货币市场、各种股票、各类债券，未来还会有 REITs（房地产信托投资基金）这类可以去投资高端物业的基金；全球的配置可以通过 QDII基金（投资海外的基金）去投资欧美亚太等多种股票指数、债券、房地产，甚至还有大宗商品、黄金、油、气等。

这一点在 2016 年时被体现得淋漓尽致。大 A 股从年初开始就跌得惨烈，但是股票不亮黄金亮，黄金基金 2016 年以来一直很好；第二季度开始，东方不亮西方亮，在经历了英国脱欧之后，欧美股市，特别是香港股市，走出了一波小牛市。所以通过公募基金进行多元化配置，是长期稳健的赢利之道。

追求高收益做股票

沃顿商学院的金融学教授杰里米·西格尔（Jeremy Seigel），对美国自 1802 年到 2016 年的每一种资产的长期表现进行了研究，最终得出结论：所有大类资产中，黄金的长期收益率仅仅高于现金，接近 0，而最好的大类资产是股票！

如果 1802 年投资股市 1 美元，214 年后的 2016 年的收益是 113.6 万倍；与此对比的是，如果投资长期债券，收益是 1649 倍；投资短期债券，收益是 268 倍；投资黄金，收益是 2.97 倍；如果一直持有美元现金，你的资产将不足原来的 1/20。从美国 200 多年的历史看，这个结论没有任何问题，因为股票背后的公司代表了人类所有的野心和欲望，也代表着人类技术的飞速进步。

当然，股票的选择是非常困难的事情，但是记住，时间能够衡量价值，价值投资者应该寻找性价比高的公司，而不是天天短线盯着股价波动。一个优秀的上市公司，即便股价短期小幅波动，长期也是向上，价值增长决定了价格长期向上。

据数据显示，腾讯自 2004 年在港股上市，其股价累计涨幅高达 389 倍。如果 2004 年用 100 万元来买一套一线城市的房子，现在房子价值翻了 10 倍，可如果拿这笔钱来买腾讯股票，今天的这些股票能全款买入 40 多套房！

所以，这就是优质股票的价值所在，有关股票投资的方法，我会在第四章中和大家详细沟通。

想暴富可以做衍生品

曾有一个段子将投资朋友圈刷屏，这个段子是这么说的。

假定你穷得只有 1 万元，在一周前做出的人生最重要的决定有这么几个：

买了 1 万元的 50ETF（交易型开放式指数基金）2 月沽 2650 合约，今天最高坐拥 800 万；

买了 1 万元的 50ETF 2 月沽 2700 合约，今天最高坐拥 1000 万；

买了 1 万元的 50ETF 2 月沽 2750 合约，今天最高坐拥 1239 万。

人生不会有"再来一次"，机会也不会就此别过。有人问期权买错了怎么办，买错了最多就是亏 1 万；搏一搏单车变法拉利，也许就回来了，这就是期权的魅力。

这不是故事，而是真实发生的事，从 2018 年 2 月 6 日到 9 日，短短的 3 天之内，50ETF 2 月沽 2750 暴涨 1200 多倍，很神奇，不是吗？这就是期权和期货这种衍生品的魅力，由于衍生品有做空机制和巨大的杠杆，使得在行情来临的时候，衍生品的收益远大于现货市场，例如从 2018 年 1 月 3 日到 25 日，上证 50 从 2900 最高涨到 3170，涨幅 9.3%。50ETF 购 2 月 2800（实值期权），从 0.15 最高涨到 0.41，涨幅超过 173%。

有很多交易高手，也正是利用衍生品市场的高杠杆和做空机制，在金融市场赚了很多钱，成就了财富传奇，例如从 600 万做到 20 亿的期货大咖“浓汤野人”。他的真名叫作林广茂。2010 年棉花大牛市中，他投入 600 万元做多棉花期货，持仓 3 万手，从浮亏 60% 到顶部平仓，资金翻 220 倍至 13 亿元。2011 年，他又反手做空棉花期货，费时九个半月，2 万吨空单赚了 7 亿元，一战成名。

衍生品收益虽然高，但是风险也远大于股票和基金，哪怕是曾经辉煌的高手，也可能一下子巨亏，例如葛卫东。在 2015 年，因为做错了方向，一天之内损失超过 90 亿，整个市场为之震动。所以对于衍生品交易，非专业人士不可为。

化解“黑天鹅”风险的是保险

有句话说，天有不测风云，人有旦夕祸福。有一年年初我收到以前同事的一条短信，向我借钱，说自己在住院、缺钱等开刀。我开始以为她手机被盗号了，电话打过去听到果然是她虚弱的声音，告诉我她突然肚子疼，到了医院检查发现胃部有一个大瘤，做手术需要一大笔钱，自己和老公的信用卡都已经全部透支到了极限，还差一点。当我将钱转过去的时候，从她的感谢中能感受到那种劫后余生的欣喜。

她出院后，我问她这次大病对家庭财务有啥影响，她说三年白干了。我问她为啥不找保险公司报销，她说社保很多药不能报，也没买过商业保险。从她的语气中可以感觉到对未来的悲观和失落。本来是意气风发的年轻人，结果一次大病就使得人生和家庭发生重大变故。所以不要因为自己年轻，就觉得没有风险，人的一生往往会有不可预知的问题，这就需要保险。

除此之外，保险还可以避税。我国从 1999 年开始征收 20% 的利息税，而保险受益人在获得保险金时不需纳税。国外很多富豪都通过购买高额保险来规避因大量资金和财产滞留所产生的利息税及遗产税，国内一些富人也已开始通过购买“富人险”来合理地规避遗产税。

对人们来说，寿险是一种强制储蓄手段，让平时的小钱日积月累，到了年老的时候，可以享受到舒适的晚年生活。有关保险的话题，我会在第五章中详细解读。

投资的五个法则：如何才能稳赚不赔

做好了前面的准备工作，就要开始投资上路了，“市场有风险，投资需谨慎”，相信这句话很多人听得耳朵都起茧子了，但是对一个准备在投资和财富管理方面有所建树的人来说，有几个重要的原则必须牢记在心。

收益风险匹配原则

高风险高收益，想要多少收益，就要承担多少风险，这是财富管理第一原则，这个道理说起来大家都知道，可是真正能做到的又有几人呢？很多时候，人们往往被高收益率蒙蔽了眼睛，贪婪超越了理智。

“1 元起投，随时赎回，高收益低风险”，是曾风靡全国的网络理财平台——e 租宝的宣传口号。许多人正是因为相信了这句话，就在不懂什么是互联网金融，甚至连“e 租宝”是什么都不太明白的情况下，投入了金钱，却收获了泪水。“e 租宝”产品的预期年化收益率在 9% 至 14.6% 之间，远高于一般银行理财产品的收益率。其实但凡有点基本金融知识的人就应该知道，这么高的利率是难以持续的。除了它承诺的利息之外，加上销售费用、平台费用、广告费用，资产端至少要提供超过 25% 的回报才能覆盖成本，那么到哪里找到这么高收益还没有风险的资产呢？

事实上，“e 租宝”依靠假项目、假三方、假担保的三步障眼法制造了一场典型的“庞氏骗局”。这是一个叫作查尔斯·庞兹的意大利商人发明的，1919 年他开始策划一个阴谋，许诺投资者将在三个月内得到 40% 的利润回报，然后，庞兹把新投资者的钱作为快速盈利付给最初投资的人，以诱使更多的人上当。由于前期投资的人回报丰厚，庞兹成功地在七个月内吸引了三万名投资者，这场阴谋持续了一年之久，才让被利益冲昏头脑的人们清醒过来，后人称之为“庞氏骗局”。

在很多创新金融领域，特别是以 P2P 为代表的互联网金融产品，大多数都是庞氏骗局。所以收益风险匹配是第一条原则，也是最重要的一条原则。

年龄收益匹配原则

一般来说年龄越大，风险承受能力越低。处于青年期（20～35 岁）的投资者，因为有很多的未来预期，也比较容易找到工作，事业上有太多的机会，可以承受较高的风险，可以配置一些高风险资产。

处于壮年期（35～50 岁）的投资者虽然积累了一定的财富，但财务负担往往也会相应地增加，这时候上有老，下有小，过了 45 岁以后，重新找工作的难度也更大，风险承受能力略低，这时候需要注意的是家庭财务的流动性，特别是对意外的抗风险能力。

对老年投资者（50 岁以后）而言，已经很难再获得更多的收入机会，当然已经是富豪的除外，这时候如果依靠钱生钱，控制风险则是首要考虑因素。

对于年龄风险匹配的问题，美国先锋基金的养老目标日期基金是一个良好的解决方案。截至 2017 年年底，目标日期基金规模已超过 11160 亿美元，是过去 10 年来最受投资者和退休计划发起人欢迎的产品。该基金产品在债券和股票之间做均衡配置，投资人根据自己的退休年纪，选择适合的基金定投即可。年轻人的产品中，债券的比例偏低，股票比例偏高；而快退休的老人则以债券为主，股票比例大幅度降低。这样就保证了不同年龄段的投资人可以获得与风险承受能力对应的收益。

这种根据自己的年龄在债券和股票之间调整投资比例的方式，也可以用于个人的财富管理。

专业知识匹配原则

我经常会碰到有人跟我说：“丁老师，给我一个‘牛股’，要 10 个涨停的那种。”对此，我总是无语。首先，我没有本事找到 10 个涨停的“牛股”；其次，就算找到了，我为什么要告诉你呢？有太多的人，总觉得投资是件很容易的事情，兴冲冲地入市，惨重亏损后出局。

一个医生需要经过 20 年的学习，再加上 10 年的临床经验，才能成为主任医师，获得 50 万以上的年薪；一个大学教授，也需要 20 年的学习，可能还需要 20 年的科研教学经验，才可能获得 40 万的年薪收入。一个毫无背景的人，凭什么只随便看了点炒股的网文，就指望年赚百万呢？

投资是件非常专业的事情，需要大量的知识积累和时间的积淀，没有人可以在投资的所有领域都成为高手。巴菲特擅长做价值投资，所以他专注于研究公司的基本面；索罗斯专注于全球经济的分析，所以在宏观对冲方面是鼻祖；西蒙斯是数学家，将量化投资做到了极致。这几位大师都是在自己最擅长的领域做好做深，其他不熟悉的领域，则交给更加专业的人士去打理。

2015 年年底股指期货受到限制之后，有一个管理了很大规模的阿尔法类的对冲基金经理来找我交流，说要转型做 CTA，我当时建议他可以用配置的方式，将多余的资金委托给专业的 CTA 基金去打理。他没有接受我的意见，从期货公司招了几个交易经理从事 CTA 策略的投资，结果，在 2016 年的行情中，做反了方向，一周时间损失了 15% 的净值。

所以，哪怕是曾经非常专业的投资人士，进入自己不熟悉的领域，也很容易折戟沉沙。每个人都应该将自己最擅长的领域做好，发挥自己的特长，扩大自己的比较优势。而对于自己不擅长的领域，要交给专业的投资人去配置，而不是盲目地胡乱下注。

分散化原则

前几天报纸上有一个新闻，说是 20 年前一个储户存了 1000 元，最近到期取出来变成了 3000 元。看上去涨了 2 倍，好像还不错，但是如果 20 年前买了房子呢？至少赚了 10 倍以上。所以钱存银行并不是太不合算的，我们还需要投资一些更高收益的资产，这就是风险资产，包括股票、大宗商品、金融衍生品等，自然也包括数字资产。

风险资产的回报相对于无风险资产，具有明显的超额收益。我们这里有一个统计，根据过去十几年中国几个主流的大类资产的风险回报排序，从 2000 年到 2015 年的 15 年间，其中回报最高的是深圳成指，年均回报是 27% 左右，其次是上证综指，大概是 18%。而作为无风险利率的利率债、存款和理财的话，平均的回报只有区区的 3%。

想获得高额收益的话，那一定要承担相应的风险，这个道理其实大多数人都懂，但问题是，是不是承担了风险就一定会得到回报呢？这个就不一定了，就算这些资产从一个大周期看，也是可以获得正收益的，但中间的剧烈波动会让大多数投资人心理上无法承受。特别是一些高波动的风险资产，比如股市、期货、数字货币，它们的波动非常大，从而会给它们的投资人带来巨大的压力。

我们来看一下美国的数据。从 1970 年到 2015 年 45 年的时间里，美国的房地产的年化收益是 12% 左右，美股是 10% 左右，远远超过了国债的收益率，所以它们都是非常好的风险投资的品种。但是在历史行情中，它们也都出现过巨大回撤，美国的房地产大概是曾经暴跌了 68%，而美股则在 2008 年金融危机的时候狂泻 50%。这一路跌下去之后，它基本上就回到了 10 年前，也就是 1998 年的价格。

从危机结束到标普 500 指数再次回归高点，足足经历了三年时间，这还算是不错的。而在20世纪大萧条的时候，美股曾经跌了 90%，并且过了 17 年之后才回到原始的高位。所以就算你持有的资产长期收益率可观，但是短期的波动也可能让你损失惨重，因此你需要在不同的资产之间做灵活配置，做到“东方不亮西方亮”。

市场有效性原则

2015 年的时候，我年近八旬的母亲给我打电话问，现在股市是不是挺赚钱的？我问她怎么知道，她说周围的老同事很多去买股票了，赚了不少，看报纸说，4000 点才是牛市起点。我当即和她说，你千万不要去炒股。这样说并不是指老年人关注理财投资不好，而是说明市场的范围已经足够广，里面的人已经足够多了。我母亲在理财方面一直很听我的意见，也幸好如此，她没有被后来的“股灾”伤害。

这其实就是老鸟们一直常说的“人多的地方不要去”，用一个学术的说法就是“市场是有效的”，当你看到别人都在发大财的时候，其实是最危险的时候。“有效市场假说”的提出者是芝加哥学派的大师——尤金·法马，他是这么说的："在竞争充分的股票市场，一切有价值的信息已经及时反映在股价走势当中，除非存在市场操纵，否则投资者不可能通过分析以往价格获得超额利润。"

所以，如果有人向你推荐一个很简单可以赚钱的方法，一定要保持警惕，你需要在心里问一句："这么好的事情，为什么他要告诉我？"

同样，当熊市来到底部的时候，往往就是大多数人避之唯恐不及的时候，熊市底部特征：券商营业部极其冷清，门可罗雀；电视或媒体关于股市的节目或篇幅大幅缩减；绝大部分股民被深度套牢，个个唉声叹气，且羞于谈论股票。出现这些特征，那基本就到底了。

掌握了以上 5 个原则，就能避免投资中的大幅度亏损。

年化收益 6%～8% 的策略：配置的几个步骤

在第十届陆家嘴论坛（2018）上，银保监会主席郭树清发表主旨演讲时，重点提示了广大投资者，高收益意味着高风险。他表示，“收益率超过 6% 的就要打问号，超过 8% 的就很危险，10% 以上就要准备损失全部本金。”

当然，他的这句话是针对固定收益产品而言，那些打着高收益理财旗号的金融产品，特别是各种 P2P，大多数最终都是非法集资的骗局。但是从资产配置角度，从一个较长的周期来看，获得年化 6%～8% 的收益率并不是难事。

年化 6%～8% 不难，但每年 6%～8% 很难

对普通投资人而言，通过合理的资产配置和策略组合，做到 6%～8% 的年化收益率难度并不大，因为中国市场的各类资产确实提供了这种收益率空间。但是这里需要澄清一个概念，年化收益率和年收益率是不一样的。年化收益率是在一个较长的时间周期，例如 10 年间，将总收益率除以年限，得出的一个平均

值。而年收益率则是每个自然年度的收益率。

正如在农业领域有丰年和灾年，投资市场也不是每年都可以稳定赢利的，特别是对于股市这种高波动的市场，牛市的时候可能一年赚很多钱，熊市的时候可能好几年都没有收益。

证监会曾披露了一组数据：截至2017年年底，公募基金20年以来，偏股型基金的年化收益率平均16.5%，偏债型基金年化收益率平均7.2%，表现相当优异，但是在2008年大熊市和2015年的股灾中，股票基金整体同样是亏损的。所以，想要年化6%~8%不难，但是想要每年都有6%~8%很难。

既然中国公募基金整体收益率这么好，为什么大多数基民却没有赚到钱呢？其主要原因在于"倒三角形"的申购赎回行为。多数投资者在行情顶部买入、底部卖出。投资者的净申购量随着市场上涨逐渐增加，在最高点时达到高峰，市场下跌之初仍然表现为净申购。而随着市场下跌加剧，投资者开始净赎回，同样，在市场跌到底部时净赎回量达到顶点。

显然，投资者不是没挣钱。不过受限于他们"倒三角形"的资金投入结构（先少后多），少量资金挣的钱被大量资金赔的钱"吃光了"；同时还受限于其"正三角形"的资金退出结构（先少后多），逃出去的资金偏少，而留在市场里苦熬的资金偏多。

"核心-卫星"配置思路

其实，很多面向投资者的基金研究人员都注意到了这个问题，但是他们的解决之道，或者是教育投资者"应该克服恐惧，在最低点进入，控制贪婪，在最高点退出"，或者是干脆告诉投资者买入并持有不动。这些说法都没有错，但是面对市场，你自忖能不能做到这一点？如果做不到，你又如何苛责投资者，要求他们做到？

资产配置中经常采用“核心-卫星”策略。但从投资实践看，这个策略很多时候其实是赚不到更多钱的——那么，既然把钱投到“卫星”资产上去，理论上赚得会多，为什么还要容忍并把大量资金放到“核心”资产上去呢？

因为“核心”资产的稳健和长期收益特性，化解了投资者对“卫星”资产短期波动过大的恐惧。换言之，“核心”资产的存在是定盘星，有了这个定盘星的存在，才能让投资者放心持有预期收益率较高（当然风险也更大）的“卫星”资产。

一般在投资实践中，“核心”资产可以是债券基金、对冲基金，也可以是指数基金，而“卫星”资产则是小盘基金、另类基金（如期货基金）等波动率较大的基金。“核心-卫星”模式的精髓在于，“卫星”部分仅占整个组合的一小部分，即便投资于风险系数相对较高的资产之中，但由于比例较低，即使这些品种大幅波动，整个组合仍然拥有稳定的表现。举例来说，如果“卫星”部分占整个组合的比重为 20%，且下跌了 30%，投资组合的总值则仅下跌了 6%，就会大大降低投资者的损失。相对于“卫星”池的投资方式，“核心-卫星”投资模式显著降低了投资风险。

有了“核心-卫星”的配置模式后，下一步就有必要了解目前市场可以提供的几大类资产的收益风险特征。

——现金管理工具

第一种是现金管理工具，我们对现金类管理产品的诉求就是随用随取、流动性极好、方便日常用钱，主要有货币基金和 T+0 理财。

货币基金是我们很熟悉的一种产品，它的底层资产主要是银行存单、国债、央行票据等，安全性比较高。货币基金的收益与市场的资金面有密切关系，一般是市场资金面紧的时候，货币基金的收益率会上扬；资金面宽松时收益则会下降，比如月末、季度末、年末都是“薅货币基金羊毛”的好机会。

天天基金网、蚂蚁聚宝、京东金融都有关联的货币基金，相差不是很大，具体如何选择货币基金，在后面的章节中，我有专门的讲解。

银行现在也推出了不少 T+0 理财产品，比如招商银行的招朝金，收益不比货币基金差，但是，银行 T+0 理财产品的缺点是门槛比较高，一般都是在 5 万元以上，还有 20 万元、100 万元以上的。

——债券基金

债券基金主要以债券为投资对象，对追求稳定收益的投资者具有较强的吸引力。债券基金的波动性通常要小于股票型基金，常常被认为是收益、风险适中的投资工具。

债券基金年收益一般略高于银行同期年利息，平均来看在 6%～8% 之间。纯债券基金的平均年收益率略高于 1 年期国债；业绩较好的混合型债券基金的平均年收益超过 10%。当然债券基金是有风险的，主要有利率风险和信用风险。

当市场利率进入加息周期时，大部分债券价格会下降；而市场利率处于降息周期时，债券价格通常会上升。信用等级较低的债券收益率会高于同类信用等级更高的债券。

除此之外，还有券商的收益凭证也可以提供类似的收益率。近年来，券商的收益凭证差不多可以提供 5%～6% 的收益率，而且风险较小，是保守型投资者值得关注的品种。

——股票基金

前面已经说了，中国公募基金中偏股型基金 20 年长期年化收益率高达

16.5%，所以股票基金是一类可以提供高收益的资产，当然其风险也会大一些。很多投资人在基金超市中，经常会看到很多股票型基金的名称中带有“价值”“成长”“平衡”，这些词是什么含义呢?

简单来说，价格被低估的股票叫作价值股，发展前景好、利润增长迅速的股票被称为成长股。所以，专注于价值股投资的就是价值型股票基金，专注于成长股投资的就是成长型股票基金。那平衡型股票基金呢？是指一部分投资价值股，一部分投资成长股的基金。

按照风险程度由低到高来说，价值型股票基金的风险最低，平衡型股票基金的风险居中，而成长型股票基金的风险最高，但它的长期收益也是最高的。

如果根据投资策略分类，还可以分为被动基金和主动基金。被动基金一般指的是指数基金，指数基金以某个特定的指数为目标，通过购买指数中的成分股来构建投资组合，力求做到和指数如影随形。比如博时沪深 300 指数 A，就是参照沪深 300 指数来进行投资的基金。

和被动基金相反，主动基金寻求取得超越市场的收益，称为阿尔法。这就需要基金经理对证券市场进行深入研究，主动选择优质的股票和债券来构建投资组合。由于主动基金的人为因素比被动基金要多，所以选好基金经理、基金公司都需要注意，这些内容我将会在后面章节中细说。

——CTA 基金

CTA，通常称作管理期货基金，起源于 1949 年。随着期货交易品种的不断扩展，很多机构投资者诸如养老金、信托基金等都开始大量采用 CTA 作为他们投资组合中的重要组成部分。尽管 CTA 包含“商品”字样，但 CTA 基金的实际投资对象已经超过商品的范畴，除了传统商品之外，外汇、利率、股指期货等也是 CTA 基金的常见投资标的，也就是说，CTA 基金可以做到多品种、多板块、多范围的多元配置。

Eurekahedge（对冲基金研究机构）的 CTA 指数在 2000 年 1 月到 2015 年 7 月期间 15 年累计收益率达 365%，年化收益达 10.37%，最大回撤 6.34%，年化标准差 6.90%，远远超过标普 500 的表现。在国内，过去 5 年的 CTA 平均年化收益率超过了 15%，不逊色于股票型基金，但是最大回撤却只有 15%，风险控制能力远强于股票型基金。

近年来根据私募排排网的统计结论，8 大类私募策略中，CTA 的收益率高居第一，体现出了强大的抗风险能力，也得到了越来越多的机构投资人的关注。

通过上面几大类资产的收益风险特征可以看出，我们只要采用“核心-卫星”模型，将 60%～80% 的资产配置到现金管理工具+债券基金上，将 20%～40% 的资产配置到偏股型基金和 CTA 基金上，在一个较长的周期内，获得年化 6%～8% 的收益率并不是难事。其关键就在于投资人一定要有长期思维，而不能追涨杀跌。

年化收益10%的策略：
杠杆和做空

上节说了年化 6% ~ 8% 的目标收益的配置逻辑，相对来说这个目标不难达到。但是对有些激进的投资人来说，希望追求更高的收益率，例如希望年收益率超过 10%，这样的目标可以达成吗？从学术角度来说，这样的投资收益是可以实现的，但是需要更加专业的投资方法和配置逻辑，而不是简单地买个产品。

那些试图通过简单购买产品就获得这种收益率的投资人，在过去的 2 ~ 3 年中遭受了重大的损失，所以大家一定要明白一个道理：投资是件非常专业的事情，如果希望高收益，就需要专业化的手段和技能。

我们普通人在高速公路上开到 150 迈，那就非常危险了，但是 F1 赛车手在赛道上开到 250 迈以上，都是非常轻松的。对普通人来说比较危险的方式，在这些专业选手眼中，只是一个普通的结果。投资也是一样的道理，10% 以上的收益，普通投资人想做到，其实难度挺大，但是专业人士做到它，并不算难，当然他们必须用到更多的策略组合、更专业的投资工具、更有效的分析方法。下面就给大家普及一些专业投资的理念和逻辑。

第一个要介绍的概念叫作：贝塔系数

贝塔系数是统计学上的概念，它所反映的是某一投资对象相对于大盘的表现情况。其绝对值越大，显示其收益变化幅度相对于大盘的变化幅度越大；绝对值越小，显示其变化幅度相对于大盘越小。

通俗来说，就是你和平均线的比值，例如指数上涨 10%，你的股票也上涨 10%；指数下跌 10%，你的股票也下跌 10%，你的这个股票的贝塔就是 1。

如果贝塔是 1.1，那会如何呢？那就是说，指数上涨 10%，你的股票会上涨 11%；指数下跌 10%，你的股票也会下跌 11%，也就是说你的股票比指数波动大。

如果贝塔是 0.9，就是说，指数上涨 10%，你的股票会上涨 9%；指数下跌 10%，你的股票也会下跌 9%，也就是说你的股票比指数波动小。

一般来说，贝塔小于 0.5 是低风险股票，贝塔大于 1.5 是高风险股票，大多数股票的贝塔介于 0.5 和 1.5 之间。

贝塔系数起源于资本资产定价模型（CAPM 模型），该模型的创业者叫作威廉·夏普，他和他的老师马科维茨共同获得了 1990 年的诺贝尔经济学奖。专业的机构投资人，都是用贝塔来描述股市的风险度量。

我们知道，投资的收益来自风险溢价，所以如果希望获得更高的收益，那就要做高贝塔的股票或者基金组合。例如从长期来看，小盘股相对于市场的贝塔系数更大，所以获得的超额收益也更高，当然如果买错了，亏损的比例也比较大。基金领域也是如此，以中国的公募基金为例，深圳基金指数的贝塔系数就比上海基金指数要大，其长期收益率也更高。

所以对于试图寻求 10% 年化收益率的投资人，所关注的就不应该是蓝筹股、大盘指数基金这种，而是要在小盘股和小盘基金以及行业指数基金中寻宝。

第二个概念叫作：杠杆

在金融市场有很多种杠杆的方式，下面介绍一些：

第一种方式：融资交易

融资交易就是投资者以资金或证券作为质押，向证券公司借入资金用于证券买入，并在约定的期限内偿还借款本金和利息；通俗地说，就是向证券公司借钱炒股。如果是牛市，用融资可以放大自己的“头寸”规模，可以赚得更多；但是如果看错方向，亏损也会放大。在2015 年中，很多融资买股票的大户将本金全部亏光，就是这个道理。目前国内券商提供的融资杠杆大概在 1 ~ 2 倍之间。

第二种方式：期货合约

期货合约是指由期货交易所统一制定的、规定在将来某一特定的时间和地点交割一定数量和质量商品的标准化合约。例如大豆 9 月合约，就代表在 9 月的某一天作为交割日。如果是多头，则需要在这一天按照约定买入一定数量的大豆，如果是空头，则需要在这一天按照约定交付一定数量的大豆。

期货交易只需交纳 5% ~ 10% 的履约保证金就能完成数倍乃至数十倍的合约交易。由于期货交易保证金制度的杠杆效应，交易者可以用少量的资金进行大宗的买卖。期货合约的杠杆很大，高达 10 倍甚至 20 倍之多。

第三种方式：期权合约

期权是指一种合约赋予持有人在某一特定日期以约定价格购进或售出一种资产的权利。期权的标的物包括股票、政府债券、货币、股票指数、商品期货等。期权是这些标的物“衍生”出来的，因此称衍生金融工具。

和期货不同，期权的杠杆是不固定的，有时候深度虚职的期权合约的杠杆可以高达百倍。

第四种方式：分级基金

分级基金是指在一个投资组合下，通过对基金收益或净资产的分解，形成风险收益表现差异化基金份额的基金品种，一般来说，会将基金产品分为两类，并分别给予不同的收益分配，叫作A份额或者B份额。

A份额和B份额的资产作为一个整体投资，其中持有B份额的人每年向A份额的持有人支付约定利息，至于支付利息后的总体投资盈亏都由B份额承担。所以从原理就可看出，B份额向A份额借钱投资，如果大盘涨了，B份额涨得会比指数高多了，当然如果大盘跌了，B份额也会跌得更快。

在2015年的牛市中，有的分级基金B份额上涨了10倍以上，远远超过了大盘指数的幅度，就是这个道理。当然，如果跌的话，B份额也会跌得很惨。

第五种方式：优先劣后

优先劣后是指在理财项目中，产品的受益权结构不同，在项目遭受损失时，先亏劣后的，赚钱的时候优先获得固定收益。一般来说，优先劣后的分级比例从1∶1到1∶9不等，如果产品整体收益较高，扣除掉优先的固定收益之后，劣后份额可能获得比理财产品本身更高的收益率。这就是杠杆的作用。

对想获得超过10%收益率的投资人来说，通过杠杆的方式放大风险，也同时放大收益率，是另外一条路径。

第三个概念叫作：“另类投资”

由于市场有效性越来越高，传统的股票和债券想要获得高收益，难度越来越大，但是很多另类投资却可能提供更好的回报，例如对冲基金、股权基金、大宗商品、艺术品等。

从历史数据看，另类投资的收益远远高于共同基金和对冲基金，例如黑石旗舰私人股权基金，自1987年成立以来，平均年回报为30.8%，税后并扣除管理费后为22.8%。

在国内，另类投资主要是以私募基金的方式出现，特别是私募股权基金。

第四个概念叫作：做空

一年有四季轮回，市场也有牛熊转换，不存在永远的牛市，当熊市来临的时候，高手就算是在牛市顶部逃顶了，在未来的漫长熊市中最多也就是不亏钱，无法持续地赚钱。例如从 2007 年的 6124 点见顶以来，A 股已经走过了 10 年，目前的点位还只是 2800 点左右，不到 10 年前的一半。这 10 年股民自然是损失惨重。

那么，如何在熊市中也能赚钱呢？这就需要做空机制了。

做空是股票期货市场常见的一种操作方式，操作为预期股票期货市场会有下跌趋势，操作者将手中筹码按市价卖出，等股票期货下跌之后再买入，赚取中间差价。

股票市场做空是做多的反向操作，主要是通过融券方式进行，向证券公司借来股票先卖掉，等跌下去后再买回来还给证券公司，赚取其中的差价。期货和期权则天然有做空机制，期货的买入方就是做多，期货的卖方就是做空。期权也有两个方向，一个叫作看涨期权，一个叫作看跌期权。买入看涨期权就是做多，买入看跌期权就是做空。

总而言之，在目前的市场想追求年化 10% 的收益率，只通过普通的投资方式是不行的，需要一些专业的手法和投资策略。在传统投资市场，可以寻找高贝塔的品种，或者通过杠杆放大规模，或者去另类市场寻找高收益的机会，或者通过做空机制在熊市中也能赚到波段的钱。这些专业的技能，我在后面的章节中会进一步给大家讲解。

通过前面的基础概念，给大家全面地梳理了一下投资认知的问题，希望大家能有一个正确的投资理念和风险意识，下面我们将进入更加专业的部分。

Chapter 2

第二章

房地产

房价会怎么样：
一线房价能否继续暴涨

过去 20 年国内资产配置的最大趋势，就是房价暴涨。近年来，很多中小城市的房价开始回调，很多人开始疑虑，房价已经到头了吗？未来的房价还会涨吗？对于这个问题，需要从本轮房价上涨的逻辑来分析，寻找真正的答案。其关键原因有三个：城市化的推进、土地的供求关系和货币超发。

城市化的转折：从城镇化到都市化

进入21世纪以来，中国的城市化进程开始加速。观察中国不同城市之间的房地产价格变化，可以将房地产市场划分为两个阶段。第一个阶段是在 2013 年以前，其间一、二、三线城市房地产价格上涨的幅度始终比较接近，这是普涨阶段；第二个阶段是 2013 年至今，这一时期内不同城市之间房价涨幅出现了显著的分化，一线城市房价高歌猛进，一些二线城市房价明显上行，但是三四线城市的房价始终处在微涨或者下跌的状况下。

为什么会出现这种情况呢？安信证券高善文团队使用了一个有效的指标——小学生在校生人数。通过数据分析得知，2013 年到 2015 年，全国范围内的小学在校生人数增速为 0.02%。在这样的背景下，我们看到深圳、厦门、北京这些城市小学在校生人数的增速高达 7% 以上，远超全国平均水平，同时我们也看到了这些地区房价出现了非常猛烈的上涨；在横轴的另外一端，例如西宁、呼和浩特、昆明等城市，小学在校生人数增速是负增长或接近零增长，从中我们可以看到这些城市的房价涨幅非常有限。

对孩子正在上小学的年轻父母而言，要选择在哪个城市定居、生活和工作，除了考虑就业的机会，还要考虑这个城市所提供的公共教育的水平、环境的质量、治安的好坏等一系列因素。而这些因素在中国不同城市之间的分布具有非常大的差异。

如果年轻的父母集中选择一些教育资源非常好的城市，这些城市的人口流入就会上升，并导致这些城市劳动力市场的供应上升和居民可支配收入增速放慢，同时小学在校生人数增速上升、房价上升，以及住宅新开工上升。

那么，在都市化过程中，人口集中流入了哪些城市呢？根据数据分析，在中国的北方，人口主要是流入北京和郑州；西南地区是流向成都；东南沿海是流向深圳、广州、厦门；在长江中下游，出现了一个密集的城市群，包括长沙、武汉、杭州、合肥和南京等。我们把这一现象称作长江中下游城市群的兴起，这是中国都市化过程中非常鲜明的特征。从城镇化到都市化，是过去几年重点城市房地产市场在需求层面得到的有力支撑。

城镇化与土地制度

1982 年，全国人大通过了新修订的宪法，首次对土地所有权制度进行了明确规定，增加了“城市的土地属于国家所有”的条款，形成了中国内地房地产市场与全世界绝大部分国家和地区最根本的差异：中国内地的城市土地是国有的，而全世界绝大多数城市和地区土地是私有的。其影响在于，在私有制度下，土地供应是竞争性的；在国有制度下，土地供应是垄断性的。换句话说，人口流入城市会推动房价和地价上升。在私有制度下，这会刺激城市土地所有者增加住宅用地的市场供应，或者通过政治游说提高住宅用地的密度和容积率，变相地扩大城市土地的供应。这一机制约束了地价的上升幅度，从而限制了房价的水平。

在国有制度下，由于缺乏其他供地主体的竞争，面对大量人口流入，城市土地供应难以快速扩大，这样人口流入压力更多地体现为地价和房价的上升。实际上，在任何一个垄断市场上，相对竞争市场而言，产品的价格总是显著增高。土地垄断的情况应该符合这一模式。

对海港型的城市来讲，除了居住用地之外，还有商业、工业、仓储等很多竞争性的土地需求。同时由于经济更发达，城市之间连接紧密，人口居住在城市外围享有的公共服务的落差没有那么大，这使得城市的建成区域范围内，用于居住用地的比例可以相对比较低。

对于内陆型的城市，由于内外围经济落差较大，土地的竞争性用途较少，工业、商业和仓储物流活动相对较弱，人口大多集中在市中心区域，所以这些城市用于居住用地的比例可以更高一些。首先我们来看海港城市，日本三大城市圈居住用地占比为44%，纽约为38%。对比而言，尽管经济发达程度和人员稠密程度接近，但在城市建设用地之中居住用地的比例，中国的深圳只有19%，香港地区是18%。

货币超发

“房价高的根本原因就是货币超发，流动性过多，钱太多了。”经济学家吴敬琏先生公开表示。看看中国1995年到2017年的M2与GDP的数据，M2从

1995 年的 6 万亿飙升到 2017 年的 170 万亿，从 GDP 占比的 1.0 提高到了 2.2。

值得注意的是，1998 年中国房地产拉开商品化改革序幕，而 2016 年 1 月末高达 141.63 万亿元的货币发行量是 1999 年的 12 倍还多。另一个维度也可说明印钞量的超发：市场上的钱多了，就越来越不值钱。在此背景下，货币保值就是个现实问题。由于股市“跌跌”不休、黄金涨跌难测、利率不断下降等，综合起来，买房便成了几乎是唯一的保值手段。

所以，不少民营资本持有者以炒房者或开发商身份涌进房地产行业，助推了房价的上涨。

经过 15 年的房价狂飙以后，近年来在众多政策的发力之下，很多城市的房价开始回调，未来房价到底是涨还是跌呢？我们有必要从上面所说的三个根本因素方面来分析。

未来的趋势

根据数据显示，到 2017 年年底，中国城市化率大概是 58%，发达国家的数据大概是 75%，因此中国的城市化进程还远远没有结束，根据目前的速度，大概还有 15 ~ 20 年大规模的城市建设。但是过去那种全面的城市化的历史进程已经不会再现，城市建设将主要集中在枢纽城市，例如重大港口、高铁枢纽。

特别是从 2008 年开始大规模建设的高铁，是一个重塑中国经济版图的历史性事件。高铁枢纽城市，像武汉、郑州、西安、成都、乌鲁木齐等，在对接“一带一路”的发展中，这些城市将迎来产业升级和大规模人口流入。

与此对应的另外一个趋势就是老龄化社会的到来。日本有一个叫越后汤泽的小城，以温泉和滑雪场闻名，也是日本最优质稻米和清酒的产地，而且地理位置优越，坐高铁去东京只需 1 小时 15 分钟。现在，这座小城与 20 世纪 80 年代末和 90 年代初泡沫时代的高峰期相比，公寓价格已经下跌 95% 以上。造成这一现象的主要原因是：随着人口老龄化和向城市迁移，住房需求量在减少。

我国在2000年已经进入老龄化社会。第六次人口普查数据显示，60岁及以上人口占13.26%，比2000年人口普查上升2.93个百分点，老龄化对房地产市场的杀伤力是巨大的，特别是三四线城市。

此外，从2015年以来美国进入加息周期，加息和美元持续走强对全球经济产生了重大影响，美元的持续回流使得部分新兴经济体股市汇市剧烈波动。作为全球经济中的重要一员，中国的宏观经济也面临两难，如果不加息，就会出现中美利差缩小、美元外流的情况；但如果加息，则会进一步加重国内企业的负担，遏制国内投资消费需求。

但是无论如何，中国不可能回到过去货币超发的老路上，否则的话，经济崩溃只是时间问题。

本节和大家分享的一个知识就是，过去15年推动中国房价高歌猛进的3个因素都出现了重大的变化，因此对于未来房价是否会继续上涨，我的看法是：枢纽城市的优质房产依然值得投资，但是三四线城市，特别是那些没有接入高铁网，又缺乏核心产业支持的城市，将会面临大规模人口流出的危机，从而使得房价下跌。

是否该买房

在本节跟大家分享几个不能碰的房产：

分时度假

《理财周刊》在 2016 年 5 月份的文章中，专门揭露了“分时度假”的骗局，文中说了这么一个案例。

家住浦东的王先生接到某外资旅游公司业务员的推销电话，向他推荐分时度假，承诺买的是永久性的五星级豪华度假住所，任何时候都可以在全世界范围里去想去的地方，永久有效。喜爱旅游的王先生听后颇为心动，在工作人员的极力推销下，王先生与旅游公司签订了购买协议。

回到家后，王先生家人提出了质疑，王先生这才看清了合同上的玄妙之处在于用小号字打印的细则，发现在该旅游公司旗下直营的度假村原来只有两家，一处在非洲的冈比亚，一处在印度尼西亚的巴厘岛。

对此，王先生立即同旅游公司联系，要求行使 7 日内合同解除权，然而，旅游公司的工作人员却告知，王先生如要解约，需要支付很多违约金。

这就是典型的骗局。网上曝光的此类骗局比比皆是，尤其是那些顶着各种“高大上”头衔的机构，在豪华场所开设会议和课程，推介不同变种的分时度假产品，基本上都是骗局。

在国际上，分时度假本来是一个非常不错的创意，起源于 20 世纪 60 年代的欧洲。那时候度假风气兴盛，法国地中海沿岸开发了大量海滨别墅，成为欧洲乃至全世界的休闲度假中心。由于房产价格高昂，多数家庭无力单独购买度假别墅，所以出现了亲朋好友联合购买一幢度假别墅供大家在不同时间分别使用的情况，最早的分时度假概念由此产生。20 世纪70 年代中期，美国经济衰退，泡沫经济造成了大量房地产积压。为处理积压与空置，充分盘活闲置房产，美国从欧洲引入分时度假概念，取得了巨大成功。美国目前已成为世界上分时度假产业最发达的国家。

购买分时度假产品，无非为了两点：第一，投资回报；第二，有一定时间的免费住宿。其实这两个功能完全可以通过其他的方式实现，而不需要分时度假这种模式。先来看第一个诉求，很多分时度假产品带有理财功能，购买了某个分时度假的别墅，相当于买了这套房子，有租金收入。但问题是，绝大多数分时度假的别墅都在郊区，如果是热门的景区，可能租金还比较容易收取，如果是一个偏僻的地方，没有足够的游客，哪儿来的租金呢？从现金流角度来看，购买分时度假的别墅，还不如买核心城市的房屋，好歹不缺租客。对于第二个免费住宿模式，那还不如上各种第三方的旅游平台，它们签约了大量的酒店，自己想住哪里就住哪里，按次付费，童叟无欺，而且第三方旅游平台有点评机制，很容易发现酒店服务质量的好坏。

“橘生淮南则为橘，生于淮北则为枳”。环境的变化也使得一些商业模式在落地的时候发生了改变，分时度假在海外是值得投资的，那么，在中国的分时度假是否还有投资价值呢？是否所有的分时度假都是骗局呢？当然不是，但是从目前的市场来看，应该说在国内分时度假的骗局比例较高，以至于没有必要花时间和精力去鉴别那些真正有价值的分时度假产品。碰到这种，直接拒绝了事。

长租公寓

租房有风险，出租也有风险。“长租公寓爆仓，一定比 P2P 爆雷更厉害。”我爱我家前高管言犹在耳，长租公寓市场便出现了“爆仓”。

据《中国房地产报》报道，2018 年 8 月 20 日，长租公寓公司杭州鼎家网络科技有限公司发出通知，称公司因经营不善导致资金断裂，已停止运营。很多租客被房东赶出去了；继续住的租客则需要再交一次房租给房东，相当于交两份房租。

据《中国基金报》报道，鼎家的商业模式实际上是：让租客去网贷平台贷款，一次性付 1 年的租金，分 12 期还款；贷款由鼎家拿去了，鼎家却不一次性结算给房东，最多只给一季度；鼎家利用截留的租金去租更多的房子。

当初租房时，鼎家曾许诺租客用押一付一的方式缴纳房租，实际上是让租客在不知情的情况下使用了网络贷款，一次性贷款租期所有的金额，租客再每个月还贷。

在鼎家破产前的长租公寓市场，银行和消费金融公司都是在“租购并举”政策的号召下涌入，为长租公寓各参与主体提供场景金融服务的。但是为什么在国外早就很成熟的房租 REITs市场，突然就变味了呢？

对比美国的住宅房产 REITs 来分析，国内的长租公寓很多采取的是轻资产的模式，和美国住宅房产 REITs 不同的是，国内的长租公寓运营主体自身并不持有物业的所有权，只有物业的使用权，而且长租公寓没有一次性支付长期的租金。这种使用权不是长期的且无条件的，是建立在定期交付房租的基础之上。这是产生问题的关键之一。

使得问题更加严重的是，长租公寓的业务并不是为拥有房子的房东和租客提供撮合服务，而是自己先租下使用权，再将使用权转让给真正的租客。因此，租客签订租赁合同的对象本身不是房东，而是轻资产公司。在我的印象中，对于这种“二房东”的模式，很多地方是严令禁止的，不知道为什么能够再次盛行？

这一操作使得相关风险大大上升。租客交付一年的租金，而房东只收到一个月的租金。如果长租公寓资金链条出现问题，将无法如期向房东缴纳租金，某种程度上，长租公寓是利用大众的资金进行冒险。之前在共享单车中已经出现过类似的运营公司倒闭，用户的保证金拿不回来的问题。只是由于保证金的金额较少，暂时没有产生更大问题。

从这个模式来看，所谓的长租公寓，表面上看解决了租户和房东之间的信息不对称问题，其实是构建了一个“房子的资产池”，并且通过期限错配的方式赚取利润。这个逻辑和P2P的逻辑一模一样，到后来很大可能性是沦为庞氏骗局。

由于正规金融的创新不足，使得非金融人士以一种无知者无畏的态度进行更加冒进的类金融创新。前有P2P、现金贷，后有长租公寓，骗局太多。对房东来说，通过传统的房屋中介模式，虽然麻烦了点，但是可以确保和真正的租客对接，不用担心租金收不到的问题；对房客来说，也不用担心有一天忽然被扫地出门。所以对于某种“创新”类的金融模式，我的建议，大家还是要小心为妙。

小产权房

“新浪财经”报道过一个案例：2015年5月23日，罗先生经熟人介绍，看中了武东的一套二手房。由于这里是城中村的还建房，房子没有两证，但房东表示：“这么大一片都是一样性质的房子，短期内不可能出现问题，更何况我们在这里住了好多年了，以后如果具备条件，一定配合办理两证。”

虽然有一点顾虑，但罗先生考虑到这里房子比商品房便宜很多，并且是熟人介绍的，信得过，房屋户型和质量也不错，反正是自住，是不是商品房也无所谓了，于是在熟人的见证下，罗先生支付了 87 万元的全款，签订了买卖合同，并在合同上注明“原房主日后需协助买房人办理两证”。

一年以后，这片还建房的土地性质变更时，罗先生联系房东配合办理两证，没想到，房东的态度和以前判若两人。房东说，房价上涨，再加上土地性质的改变，这套房子比一年前交易时涨了近一倍，当时卖亏了，如果罗先生想办理两证，必须支付差价。

为此，罗先生和房东发生争执，双方闹上法庭，由于“小产权房”不具有房屋的所有、转让、处分等权利，不能办理房屋的产权过户手续，所以至今还没有判决结果。

实际生活中，由于贪便宜购买了小产权房带来的纠纷比比皆是。那么到底什么是小产权房？可以合法买卖吗？我们来仔细探讨一下。

相对于“大产权房”，小产权房最大的优势就是价格便宜，但是风险极大。

最大的风险是缺少“五证”。所谓“五证”是消费者取得房产证的先决条件，即具备国有土地使用证、建设用地规划许可证、建设工程规划许可证、建筑工程施工许可证及商品房销预售许可证。没有“五证”，小产权房不能抵押或者上市转卖。就算将来房子涨价了，你也无法享受到升值的收益。

其次是拆迁难补偿。小产权房，除了不能办理房产证外，那些“便宜房”实际上属于在政府规定范围以外的违章建筑，如果和国家的规划相冲突，还很有可能被拆除。

再次是配套不完善。小产权房几乎都没有暖气、天然气等配套设施。而且将来一旦出现纠纷，可能连水电都没有。

还有就是，遗赠也麻烦。小产权房由于缺乏产权，未来在遗产继承时也会遇到许多麻烦。

总而言之，在房地产市场存在强烈的马太效应，越是贵的房子，将来的保值升值空间其实越大。反而是那种看起来便宜的，或者“创新”型的房地产金融产品，存在着巨大的隐性风险。由于房地产品种市值庞大，一旦出了问题，都不是小事，甚至是父母和自己两代人的积蓄，所以在购买之前一定要慎之又慎！

用好公积金：
节省几十万买房款的方法

很多年轻人因为婚姻纷纷成了“房奴”。据了解，现如今在诸多“房奴”中，不管是依靠父母赞助首付的，还是经过几年奋斗积攒下首付的，在偿还月供的时候都是倍感压力。

但如果能掌握一些金规铁律，还是可以变成幸福的“房奴”。这其中比如掌握了善于组合贷款，就可以节省大量的房款，具体如何做呢？我们来讨论一下。

组合贷款

组合贷款是指，符合个人住房商业性贷款条件的借款人又同时缴存住房公积金的，在办理个人住房商业贷款的同时还可以申请个人住房公积金贷款，流程如下：

第一步，申请人向商业银行提出申请组合贷款，同时提供相关组合贷款的证明材料。

第二步，商业银行凭相关证明材料代替组合贷款人向公积金受托银行提出组合贷款申请。

第三步，公积金贷款受托银行经过审核，书面向组合贷款人承诺公积金贷款可贷额度、期限。

第四步，商业银行经过审核后，书面向借款人承诺商业性贷款额度、期限。

第五步，组合贷款人签订个人住房贷款合同后，组合贷款银行根据贷款合同约定的时间，将贷款金额以转账方式划转到售房单位在银行开立的账户。

使用组合贷款可以节约不少的购房款，但是如果不符合组合贷款条件呢？那就单独使用公积金贷款或者商业贷款。在条件满足的时候，也可以将商业贷款转为公积金贷款，我们来具体看一下攻略。

公积金贷款

平时公司给员工发工资的时候，还需要缴纳五险一金，这里的“金”就是公积金。公积金账户，个人缴存部分和单位缴存部分均归个人所有，不管你以后到哪里上班，以后还是否继续缴存，只要进了公积金账户里的钱，就只有你能拿出来。但住房公积金的个人所有权是限制性所有权，应当专项用于住房方面的支出，大概有这么一些用途。

第一个用途是购房，例如申请公积金贷款来购房，可以提取公积金来偿还本息；或者申请商业贷款来购房，可以提取公积金作为购房的首付款，也可以提取公积金来偿还本息；如果购房过程中不需要贷款，也可以一次性取出公积金。

第二个用途是用于儿女购房。如果申请公积金贷款买自住房，可以提取父母的公积金来偿还本息；如果申请商业贷款来购买自住房，可以提取父母的公积金作为首付款。

公积金贷款的最大优势就是利率很低，以目前的公积金贷款为例，公积金 5 年期以上的贷款利率为 3.25%；银行 5 年以上贷款基准利率为 4.9%，用公积金贷款买房会比商贷省很多钱。如果贷款 60 万，以等额本息为例，25 年还清，商业贷款（以基准 4.9% 来算）利息高达 44.18 万，而公积金贷款总利息只有 27.72 万，比商贷省出 16.46 万之多！

那么，具体如何操作呢？我们以深圳市为例，根据规定：深圳购房的公积金贷款对象为申请贷款前 6 个月及以上按时足额连续缴存公积金，在市购买自有住房，具有完全民事行为能力的个人。或夫妻双方一方满足要求，配偶可共同参贷，配偶参贷后视同为公积金贷款共同借款人。公积金贷款最高可贷成数统一按所购房屋价值的 80% 执行。

一般来说，公积金贷款个人最高可贷额度为 40 万元，家庭最高可贷额度不超过个人最高可贷额度的 1.5 倍，即 60 万元。从期限看，公积金贷款最长期限为 30 年，还款到期最后时限不超过法定退休年龄后 10 年。

公积金贷款虽然好，但是只能使用一次，而且贷款的额度受限，最多只有 60 万，对一些价格贵的房子来说，是杯水车薪，因此在购房贷款中，最大的部分还是来自银行的按揭贷款。对这部分资金来说，使用得好，也大有学问。

银行商业贷款

在很多人的眼中，贷款=负债，因此宁愿利用几年的时间来攒钱，也不愿意向银行贷款。然而几年之后，人们才发现攒钱的速度远远比不上房价增长的速度。所以对于没有能力一次性付清房款的购房者来说，按揭贷款就成为主流方式。

买房是家庭中的一笔很大的支出，因此要做好全方位的准备，特别是在办理银行按揭贷款时要准确估计自己的经济承受能力，不要把全部的可用资产用来支付首付，需预留一部分的风险准备金。

征信情况不好会影响贷款的申请，一般情况下，如果个人征信记录中有连续三次或累计六次以上的逾期记录，贷款申请很大可能会被拒批。现在很多年轻人喜欢超前消费，在各种互联网平台上借款，往往还款能力不足，又逾期，以为不是大不了的事情，这是非常危险的，因为很多互联网平台是接入央行征信系统的，一旦留下多次逾期的记录，将来买房买车申请贷款将非常麻烦，这点不可不注意。

贷款按揭多少年合算，因人而异，还款能力强的话，可以短一点；个人投资能力强的话，可以长一点。建议在网上找一下“贷款计算器”，可以给出详细的月供、利息。如果你有较强的投资能力，将手头的钱用于投资理财，只要利率大于贷款利率，不仅没亏反倒还赚了；或者如果你的房子并不是自住，而是出租，租金大于贷款利息的话，那也是赚的。这种情况下，自然是贷款的时间越长越好。

一般情况下，银行提供两种还款方式，等额本金和等额本息。同样的年限，等额本息利息支出会高出很多。所以，如果选择了等额本息还款方式，貌似吃了亏，但是真的如此吗？

其实无论是等额本息还是等额本金还款方式，其利息的计算都是用你借银行的本金余额，两种不同的还款方式，利率水平其实是一样的。之所以计算出的利息不同，其实是你不同月份借用的本金不同造成的。借的本金多，要还的利息就多；借的本金少，要还的利息就少。

如果你前期资金紧张，建议你选择等额本息方式，这样虽然前期利息支出多，但是资金压力较小；如果你前期资金不紧张，可以选择等额本金方式，这样能够降低全部的利息支出。

如果你属于“传统派”，一般不做投资理财，钱只存银行，也不愿承担任何风险，建议提前还款减轻压力。不过如果是公积金贷款或者商贷打折下来的利率，低于货币基金、国债的收益率的话，那就不用提前还，因为有息差可以赚。

申请银行商业贷款的时候，有一些注意事项要了解，否则的话，可能很多优惠就享受不到了。

首先就是，申请贷款前不要动用公积金。如果借款人在贷款前提取公积金储存余额用于支付房款，那么你公积金账户上的公积金余额即为零，这样你的公积金贷款额度也就为零，也就意味着你将申请不到公积金贷款。

其次，在借款最初一年内不要提前还款。按照公积金贷款的有关规定，部分提前还款应在还贷满 1 年后提出，并且你归还的金额应超过 6 个月的还款额。

如果有银行下调利率，可以通过转按揭的方式，从利息高的银行跳槽到利息低的银行，不要小看这么一点利差，长期积累下来，可不是小数目。

如何将商业贷款转公积金

贷款买房最好是可以申请到公积金住房贷款，虽然申请难度有点大，但一想想两者之间的利率差，公积金 5 年以上才 3.25%，而目前首套房贷款商业贷款平均利率为 5.6%。那还是想尽办法去用公积金贷款吧。

刚开始未能成功申请到公积金贷款买房的朋友也不要气馁，要知道很多地区都支持商业房贷转公积金贷款，如果成功办理“商转公”，也可以省下一大笔钱。那么，商业住房按揭贷款转公积金贷款要怎么办理呢？不同的地区政策不同，我们以深圳为例。

举个例子：小明现在已经 35 岁了，他原来的商业房贷已经按时还了 5 年，如果他想转公积金贷款，那么最多可以申请到的商转公贷款期限是多少呢？根据当地的政策：原商业性住房按揭贷款已还贷款期限+商转公贷款期限<30 年；或者贷款期限+申请人年龄<70 年。可以很容易得出，小明商转贷期限是 25 年。

另外一个问题就是商转贷的额度，目前大多数地方的政策是：职工个人申请的，单笔公积金贷款最高额度为 50 万；与符合商转公贷款条件的配偶或者父母、子女一并申请的，单笔公积金贷款最高额度为 90 万。

至于商转贷需要的材料和流程，去咨询相关中介机构即可，都是标准化的流程。

总结一下，房子是最大宗的商品，需要的资金量过于庞大，通过上面的介绍，大家掌握好公积金+商业贷款的组合方式，或将房屋出租，或将手中闲置资金用于固定收益理财，完全不用担心负债的问题。只要学会理财和贷款知识，买房就可节省下一大笔钱。

Chapter 3

第三章

基金

选择基金的N种方法：
“4433”选基法

前面的章节中，我们说过一个结论：从长期来看，追求稳健收益的投资，基金是最佳选择。可能有人会说：丁老师你是在基金公司，所以你才会“王婆卖瓜”，对吧？还真不是，说这话的人是一位“大神”级人物，叫作马科维茨。在1952年他的那篇著名的博士论文《证券选择理论》中，他第一次从数学上证明了一个道理，那就是分散投资一定比集中投资好。这篇文章影响力巨大，可以说是真正奠定了现代金融学的基础，他也因此获得了1990年的诺贝尔经济学奖。

既然分散投资这么好，普通的投资人钱太少，时间也不够，怎么做分散投资呢？我们成立一个基金吧，让专业的人士来帮我们做分散投资，不就好了？这就是美国共同基金的由来。我们现在国内的公募基金，从学术名词上也都叫作“共同基金”。所以说，要不是马科维茨的这篇文章，整个证券基金行业还只是个边缘行业。

所以大家明白了，如果想追求稳健收益的话，基金是最好的。很多投资新手喜欢买银行理财、保险理财、信托理财，但从我们专业的角度来看，这是错误的。这些银行、保险、信托的人拿到大家的钱，其实还是去买基金，因为他们自己也不知道怎么投资，有的恐怕还不如你们懂得多。

那问题来了，到底应该怎么买基金呢？听说“养”基金不好“养”啊，好多身边的朋友“养”基金都亏死了。这个问题嘛，要分三个方面来看。第一个，你得先搞明白到底有哪些基金；第二个，要搞清楚到哪里去买基金；第三个才是买哪个基金的问题。

接下来，我就给大家一一做解读，首先来看，到底有哪些类型的基金？

基金类别

基金的类别是根据风险特征分类的，也就是风险越高的基金，收益也会越高；风险较低的基金，收益也好不到哪里去。我们先来看两类风险比较低的基金：货币基金和债券基金。

1. 货币型基金。大家熟悉的余额宝是，还有其他各种互联网“宝宝类”产品，这种产品风险较低，流动性较好，当然收益也是较低的。不过考虑到可以随时取出来，优势就多了很多。

2. 债券型基金。这类基金的收益比“宝宝类”要高一些，平均来看，和5年期的定存差不多。它主要是投资于各种债券，比如国债、企业债等。债券型基金品种很多，有收益高的，也有风险大的，所以债券基金也很多，到底是纯债基金、增强债，还是可转债，之间差别很大。

两类风险大的基金是混合型基金和股票型基金。我们再来看看混合型基金。

3. 混合型基金。就是各种类型证券混合投资，比如说一半买债券，一半买股票，一边保本，一边追求收益。至于到底是债券买得多一点，还是股票买得多一点，这就要看基金经理的水平了。好的基金经理能够牛市逃顶、熊市抄底，不过真正厉害的基金经理不太多。

4. 股票型基金。是所有的公募基金中收益最高的一种，过去 20 年，偏股型的公募基金平均年化收益率超过 16%。这个收益率够厉害吧。当然，股票型基金收益高，风险也不小，如果是在“股灾”的时候，一不小心就会跌个 30%，例如 2015 年，好多基金都腰斩了。

还有两类特殊的基金，一个叫作 FOF，另外一个叫作 QDII。

5. FOF 基金。FOF（fund of funds），基金中的基金，它和前面的几类基金不一样，前面的基金主要就是投股票和债券，它是投别的基金。自己就是基金，为什么还要投别的基金？这个主要就是因为现在的基金实在太多了，全市场的股票也就 3000 多个，基金产品 1 万多个，需要找个专家来帮我们投优质的基金。

另外一个方面，FOF 基金主要的目的是补充养老金。因为我们现在的养老金的收益实在太低，等我们退休的时候，那点钱不够花，需要通过另外一种方式多赚点出来。所以 2018 年 8 月份，证监会发布规定，未来养老基金的投资模式就是 FOF，就是这个原因。

6. QDII 基金。中国的大 A 股，从 2007 年高点以来跌了十多年了，现在的上证指数还不到 2007年的一半，而美国美股标普 500 股指从 2009 年 3 月 9 日开始持续上涨，创下史上最长牛市。

我想去抄美股！相信这是很多投资人的心声吧。有办法吗？其实公募基金早就给大家提供了“后门”，让大家去全世界炒股，这就是 QDII 基金。

而且 QDII 基金不仅可以让你炒美股，还可以买美国债券；你要是想炒美国的房子也没有问题，有一个东西叫作 REITS，如果你想囤点石油、黄金、大豆啥的，QDII 全都帮你搞定。

所以啊，最好的“小白”理财工具其实是中国的公募基金，而不是那些银行理财、保险理财和信托理财。

哪些地方可以买基金

第二个问题，我到哪里去买基金呢？

这就要看你的需求了，如果你对买基金的费用比较敏感的话，那就去基金公司的直销渠道；如果你是想方便快捷，那就去代销渠道。

1. 直销渠道。

直销渠道就是基金公司自己的平台——基金公司官网、官方 App 等，有一些基金公司的官方微信公众号上也可以进行申购。很多基金公司给直销客户很大的认购费的折扣。然而，在直销渠道购买基金也有局限，注册一家基金公司的账户，那么就只能买该基金公司的产品，不免有些单一。

2. 代销渠道。

要论代销渠道，大家最熟悉的就是互联网渠道了，互联网操作起来简单易用，但是费率一般不给打折。

再就是券商的代销渠道，很多股民去开户炒股的时候，一般券商都会劝你开个基金账户，通过股票账户，也可以买基金。此外券商的专业能力比互联网机构强，特别是有的券商自己的投资部门就很“牛”，他们给的内部基金也就很强。

银行渠道的基金好处就是种类多，基本上各种基金都有，有点像个大超市，但能不能选到好基金，就要看你自己的眼光了。

那么，问题来了，这么多基金，我该选哪只？

选基金方法论

很多“小白”基民最容易犯的错误就是根据排行榜选基金，往往喜欢找过去一段时间涨得最好的基金去买，这种方法肯定是错的。因为不同的鸡，下蛋的方式是不一样的，不能用一样的标准去挑选。

例如前面说的货币基金和债券基金，它们是稳健收益型的，属于那种每天给你下一个蛋的鸡。混合型基金和股票型基金就有点不靠谱，有时候好久不下蛋，有时候一下就是一个大金蛋。所以，如果仅仅是根据过去一段时间的表现来买基金，对于混合型基金和股票型基金，肯定是错误的，那些刚下过大金蛋的鸡，你买进去可能就不下了。

这里给大家介绍一个专业人士通用的选基秘诀：“4433”法则。

其中，两个4指的是：

过去1年在同类基金中排名前1/4的基金；

过去2年、3年以及今年以来在同类基金中排名前1/4的基金。

两个3是指：

近6个月在同类基金中排名前1/3的基金；

近3个月在同类基金中排名前1/3的基金。

为什么要搞这么复杂？原因是，长期来看市场风格和热点不断切换，没有谁能保证一直踏准市场转换的每一个节拍。而事实也证明，只有那些投资风格稳定、远离短期排名战和市场热点噪声诱惑的基金，才能穿越牛熊。

很多刚刚投资基金的“小白”用户，往往会犯一些错误，例如追涨杀跌，用炒股的思路来炒基金，这种方法要不得。因为基金的费率要远远大于股票，通常基金的申购费1%，管理费1%，小于7天的赎回费是1.5%，持有7天到1年之内的赎回费是0.5%。所以频繁地操作，两三个点的收益就没了。

举个例子：小王申购了某基金A，三天内跌了2%，小王忍不住赎回，申购费和赎回费加起来是2.5%，管理费由于时间太短，可以忽略不计，那么赎回后的净值就是1–2%–2.5%=0.955，实际亏损是4.5%。

因此，从长期来看，基金是“小白”投资人的最佳选择，比那些银行理财、信托理财更有价值。但是做好基金投资，需要根据不同基金产品的风险特征，进行不同标准的筛选，利用 4433 法则，并且长期持有，才是稳健的赢利之道。

由于篇幅有限，我前面只是大致说了一下基金的类别，具体的不同的基金，需要分类考察，用不同的方法去买，才能获得最佳的收益。那么，到底这些不同基金的投资，有哪些诀窍呢？在后面章节我再给大家详细解读。

“小白”购买指数基金：指数基金长期稳赚

2007 年，巴菲特向对冲基金行业发出挑战，希望他们加入一个赌局。巴菲特提议的打赌是指：从 2008 年 1 月 1 日至 2017 年 12 月 31 日的 10 年期间，标普 500 指数的业绩表现会胜过对冲基金的业绩表现。巴菲特认为，一些基金经理辛辛苦苦去选股，还跑不赢市场大盘。如果巴菲特赢了，整个对冲基金行业简直颜面无存。

面对这样的挑战，结果只有一个基金经理站了出来，那就是 Protégé Partners 的对冲基金经理 Ted，他确定了 5 只对冲基金，预计它们会在 10 年内超过标准普尔 500 指数。

在过去 10 年中，标准普尔 500 指数累计上涨了 125.8%。而 5 只基金表现最好的累计只上涨了 87.7%，表现最差的仅增长了 2.8%。巴菲特大获全胜。这个赌局再次印证了一个判断：对大多数人而言，投资股市的最好方式是购买指数基金。

如果你们问在美国基金行业最“牛”的人是谁，答案一定不是巴菲特或者彼得·林奇，而是约翰· 伯格。他被誉为美国基金业的教父，他与他领导的先锋集团改变了美国传统基金行业，截至 2017 年，先锋集团管理规模约为 5 万亿美元。而先锋基金最著名的产品就是旗下的标普 500 指数基金。

美国市场整个指数基金行业几乎完全是由三家最大的美国资产管理公司控制的，即贝莱德、先锋和道富，它们并称为“三巨头”。

根据 2017 年的一份研究报告，贝莱德、先锋和道富合计控制了近 11 万亿美元的资产。全世界所有的主权财富基金加起来也到不了这个规模，而全球共同基金行业的身家必须乘以三，才能与之相提并论。

指数基金分类

大多数投资者花了大量的时间和精力关注基金过往业绩，关注媒体和电视新闻以及来自朋友的小道消息，事实上，这些对预测基金未来可能的收益没有任何帮助。这就好比在草堆里找一根针，当你认识到了找这根针有多么困难，只需买下整个草堆，这个草堆就是指数。

按代表性来分类的话，指数一般可以分为四类：综合指数、宽基指数、窄基指数和 Smart Beta（聪明的贝塔）。

综合指数是指成分股包含所有上市的股票，以反映全市场的状况，最典型的就是我们所熟知的上证指数、深证指数，它是观察市场整体走势的一个重要指标。

宽基指数是以市场的大部分主流股票为选择范围的一类指数，例如沪深 300 指数、中证 500 指数等。买宽基指数就是赌国运，看好中国的未来就买它们。

与宽基指数相对应的是窄基指数，即以某个行业为投资对象的，范围较窄的指数，例如中证金融指数，就是以 A 股中优质的金融企业为投资成分股的。如果你看好某个行业的未来发展，买它的行业指数基金就可以。

我们下面来看看这三类指数基金的细节问题。

宽基指数

国内的宽基指数基金主要指盯住整个大盘指数的基金，例如沪深 300、中证 500、上证 50。其中中证 500 成为成长风格资产，上证 50 成为价值风格资产。如果你是稳健的投资人，追求低风险的分红收益，购买上证 50 是最佳选择；如果你是激进的投资人，希望获得风险溢价，则投资中证 500 指数最合适。

上证 50 指数（000016）：就是从上海证券交易所挑选出沪市规模最大、流动性最好、最具代表性的 50 只股票组成样本股，追踪这 50 只大盘股的整体走势。在上证 50 里的股票，基本都是关乎国计民生的超大企业、龙头公司，市值规模从几百亿到万亿都有，比如中国平安、招商银行、贵州茅台等，我们常说的“蓝筹股”，其实也是指这类企业。看好国企，就买上证 50。

沪深 300 指数（000300）：是从沪市、深市中联合选取 300 只规模最大、流动性最好的 A 股股票作为样本，追踪它们的平均价格走势，获取指数。这是 A 股市场最具有代表性的指数了，所以沪深 300 指数代表了中国最具价值的一批企业，买沪深 300，就是买国运。

中证 500 指数（000905）：是从沪深 300 指数中未纳入的剩余 A 股股票里，挑出排名前 500 的企业进行平均价格走势跟踪，代表的是中等规模的企业。这些企业民企居多，也是中国过去几十年最具活力的一批公司，对中国经济的高速发展做出了巨大的贡献。看好民企就买中证 500。

创业板指数（399006）：给小规模、创新性、高科技的企业提供了融资渠道。创业板指数，就是追逐创业板最主要 100 家企业的平均价格走势的。至于在这 100 家企业之后的其他创业板上市公司，因为规模太小、成交量低，所以从投资的角度讲，追踪的意义不是很大。创业板指数代表了中国高科技企业的发展趋势，如果看好中国科技，就买创业板。

窄基指数

宽基指数看国运，窄基指数则看行业发展。国运长期向好，行业可不一定。改革开放至今，不少行业兴起，也有不少行业衰落。如果在 20 年前，你定投了宽基指数基金，那大概率是赚的。但如果在 20 年前，你定投的是 BP 机相关行业的指数基金，恐怕直接就被清盘出场了。

不同的行业，赚钱的能力是有差别的。有的行业天生容易赚钱，有的行业在某些特定周期容易赚钱。如果踩对了节奏，投资这些行业的相关指数基金，或许能有意外的惊喜。比如消费行业、医药行业、金融行业等。

按照十大一级行业分，有：能源、金融、医药、工业、电信、公共事业、必选消费、可选消费、信息、材料等。按更细分的主题来分，更五花八门：军工、环保、酿酒、互联网、养老、在线教育等。

公认天生更容易赚钱的行业，一定是和民生需求息息相关的，比如必需消费行业和医药行业。吃穿住行+看病吃药，任何时候都是刚需。即便经济周期波动，出现经济衰退迹象，民众的消费欲望下降，那也要吃穿住行，生病了还是得看病吃药。

从 2004 年指数编制至今，消费行业指数从 1000 点上涨到了 12292 点，医药行业指数则上涨到了 10844 点，分别上涨 12 倍、10 倍。涨幅最低的是材料、工业、公用、能源行业，连通胀都没有跑赢。

定投行业指数基金的风险，比定投宽基指数的风险更高。如果不了解行业特点，不懂分析行业阶段发展，建议才入门基金定投的新手，先不要考虑行业指基，去定投宽基指数相关基金更稳妥简单。

Smart Beta（聪明的贝塔）

Smart Beta（聪明的贝塔），是一种具有新型投资理念的量化投资策略，这种策略是在被动投资的基础上，融合了一定的主动投资经验而成。它通过改变指数的市值加权方式，通过基于规则的量化方法，增加指数在某些特定风险因子上的暴露，以获得相应的超额收益。

Smart Beta（聪明的贝塔）产品从诞生至今，仅仅十多年的时间。但发展迅速，已成为市场热门产品之一。根据晨星统计，从 Smart Beta（聪明的贝塔）产品的绝对规模来看，截至 2017 年 6 月 30 日，全球 Smart Beta（聪明的贝塔）产品累计资产规模达 7000 多亿美元。

国内各大指数公司纷纷推出各类 Smart Beta（聪明的贝塔）指数，从 2006 年华泰柏瑞红利 ETF 发行至今，国内共发行了 45 只 Smart Beta（聪明的贝塔）ETF 产品，累计规模达到 150 多亿元。

相应的 Smart Beta（聪明的贝塔）产品可以分为以下几类：一是单一因子策略类，利用单一指标进行股票筛选，如价值、成长、动量、红利等指标；二是多因子策略类，即根据多个指标的综合得分筛选股票；三是权重优化类，如等权重指数、因子加权指数等。

大部分基于基本面的单因子策略与主流价值投资的思路高度契合，如价值指数、红利指数、成长指数等。这类产品最大的优势在于逻辑清晰，相关策略的投资理念很容易被理解，也方便投资者选择适合自己的指数产品。不足之处在于，由于只选用一个因子筛选股票，其选股的不确定性更大，相对基准指数的超额收益的波动性也更大。

中国市场，大多数 Smart Beta（聪明的贝塔）策略相对基准依然有明显的超额收益。来自华宝基金展示的一个情景分析显示，假设基准指数可以获得 8% 的年化收益，而 Smart Beta（聪明的贝塔）策略每年可取得 5% 的超额收益，那么

10 年以后，指数的回报大概是 116%。而 Smart Beta（聪明的贝塔）策略的投资回报会达到 239%，是指数回报的 2 倍。当然时间如果更长，两者的差异会更加明显。

从长期来看，Smart Beta（聪明的贝塔）是最好的一类指数基金，但是对入门级的新手来说，对不同类型的 Smart Beta（聪明的贝塔）还是需要花一些时间来学习背后的逻辑。

总而言之，如果大家刚刚开始购买基金，用定投的方式买了宽基指数基金，就相当于享受到“国运”的红利。

窄基指数基金需要和行业有关，那些与国计民生相关的行业是妥妥的“现金牛”。

Smart Beta（聪明的贝塔）收益高，风险也更大，对于投资人的知识水平要求也更高。

总结下来就是，新手最好从指数基金开始。

货币基金：
“宝宝类”货币基金的关注时点

随着以余额宝为代表的互联网“宝宝类”产品大行其道，货币基金成为大众理财的重要选择之一，特别每逢长假和年底，这种“宝宝类”货币基金的收益率都会猛地涨一波，让投资者收益颇丰。那么，货币基金到底是什么？怎样购买才能获得更高的收益率呢？

货币基金的特点

首先解释一下货币基金的定义：货币基金是聚集社会闲散资金，由基金管理人运作，基金托管人保管资金的一种开放式基金，专门投向风险小的货币市场工具，区别于其他类型的开放式基金，具有高安全性、高流动性、稳定收益性，具有准储蓄的特征。货币基金有如下几个特点：

本金安全。大多数货币市场基金投资品种决定其在各类基金中风险是最低的，虽然货币基金合约一般都不会保证本金的安全，但在事实上，基金性质决定了货币基金在现实中极少发生本金的亏损。

资金流动强。流动性可与活期存款媲美。基金买卖方便，资金到账时间短，流动性很高，一般赎回一两天资金就可以到账。

收益率较高。货币市场基金除了可以投资交易所回购外，还可以进入银行间债券及回购市场等，其年净收益率一般可和一年定存利率相比。

投资成本低。买卖货币市场基金一般都免收手续费，认购费、申购费、赎回费都为零，资金进出非常方便。

货币基金的本质是“存款团购”

我们来了解一下，货币基金主要会投资哪些品种。

1. 逆回购。逆回购是央行向市场释放流动性，比如××银行缺钱了，去找谁借呢？当然找央行借，但需要抵押，一般用有价证券进行抵押。后来这种方式扩展到其他机构之间，比如××银行今日的资金缺口为一千亿，无法平账，其可通过短期拆借的方式向资金富余的其他银行借款，并以所持的债券进行抵押，第二天支付本息取回债券。中国的大银行基本不会违约，何况还有债券做抵押。

2. 协议存款。普通散户去银行存钱，存几千元、几万元，银行给的服务是正常的。但是买成货币基金，规模是 50 亿、100 亿，再去银行存是个什么价格？支付的利息肯定是不一样的，自然会享受大客户价。

3. 各种债券。以国债和高等级的信用债为主。债券有投资门槛，普通投资者想参与并非易事。但可以以货币基金的方式参与，从而分享到较高收益。

所以说货币基金本质上是一个“存款团购”的概念，也是其收益比活期存款高出很多的原因所在。货币基金收益率主要是跟随银行间市场利率在波动。如 2013 年的时候，银行间隔夜拆借利率一直很高，6 月份平均为 6.7%，余额宝最高的时候也突破了 7% 的利率。

既然知道了货币基金的原理，大家可以放心大胆地将钱买进货币基金，但是买的技巧不对的话，收益也会有不少的差异。

如何选择货币基金

首先是看规模和背景。很多人在选择货币基金时，总以为规模越大越好，这种想法是不对的。其实，中等规模的货币基金往往收益更高。

一方面，货币基金多采用一对一的价格谈判方式。规模太小，跟银行的议价能力弱，拿不到好的利率；而规模太大，市场上又没有那么多的优质协议存款。因此，应选择规模适中的货币基金，比如50亿～500亿。

另外，俗话说“背靠大树好乘凉”，具有银行背景的基金公司可以“近水楼台”，拿到更好的利率，手里的资源也更多。

其次看历史收益。货币基金的面值恒定为1元，它的收益每天都在变化，收益参考的是两个数据，分别是“万份收益”和“7日年化收益率”。

万份收益就是每一万份货币基金份额今天可以获得的收益。比如某只货币基金每万份收益为1.2504，也就是说每一万份货币基金份额今天可以获得的收益是1.2504元。

而7日年化收益率是最近7天的平均收益折算成一年的收益率，简单理解，就是先把7天的收益率加总，然后求出平均每天可获得多少收益率，再乘365或360天求出一年的收益率。这就叫年化收益率。

7日年化收益率是一个短期指标，不能代表实际年收益。相反，每万份收益，是每一万份基金份额可在当日获得的真实收益，这才是我们应该真正关心的。

再次看成立日期。建议选旧不选新。一般成立时间长的基金运作比较成熟，具有一定投资经验，持有的高收益率品种较多，也可以观察长期以来的收益；而新发的货币基金能否取得良好的业绩还需要时间来验证。另外，新发行的货币基金还会经历一个建仓期，短时间内预期收益会很低，且无法赎回，灵活性会受到限制。而随着基金在市场上的时间越来越长，收益会渐渐企稳。因此，应尽量选择已经成立一段时间、建仓完毕的货币基金。

然后看费率。虽然货币基金没有申购费、赎回费，但有管理费、托管费和销售服务费。这些费用会从前一日基金资产净值中按日计提，按月支付，直接从基金收益中扣除。因此，应选择费率低的。

比如：余额宝的管理费是 0.3%，托管费是 0.08%，销售服务费是 0.25%；而南方收益宝 A 的管理费是 0.14%，托管费是 0.05%，销售服务费是 0.25%。对有着几十亿规模的货币基金来说，从资产净值中扣除的费用差得可不是一点半点。

最后看持有人结构。和股票基金、混合基金不同，货币基金一定要选择散户型的。散户一般不怎么关注市场利率的变化，而机构会时刻盯着市场利率，当市场上的钱略微紧张时，它们就会马上赎回。为了应对赎回，基金经理会低价抛售未到期的债券，这就会导致亏损，进而发生“挤兑”。而以散户为主的货币基金，每个人的资金实力一般都较小，且赎回并不会发生在同一时间，流动性和收益性更加有保障。

基金是否为散户型，看它的持有人结构。如果总的机构持有比例小于 40%，最好小于 20%，差不多就算是散户型了。

选对了货币基金，还需要对买卖的技巧有所掌握，才能获得更好的收益，那么，货币基金的买卖有什么技巧呢？

货币基金买卖有什么技巧？

技巧 1：周五不申购。货币基金 T 日申购，T+1 日确认并开始享受收益；T

日赎回，T+1 日确认并不享有收益。这里的 T、T+1 都指的是交易日。

因此，尽量不要在周五申购，因为下周一才开始算收益，会损失周五、周六、周日三天的收益。如果想要周末享有收益，就要在周四下午 3 点前买入；如果是在下午 3 点以后买入的，就按周五买入了！相反，周五赎回会比较合适，这样会多享有周末两天的收益。

技巧 2：法定节假日前一天不申购。同样，一定不要在法定节假日前一个交易日申购货币基金！如果你想要享有国庆长假收益，就必须得赶在 9 月 27 日（周四）下午 3 点前买入，这样 9 月 28 日（周五）确认并开始享受收益。如果错过这个时间，就只能在 10 月 8 日开始计算收益了，中间的收益都白白损失了。

当然，也有部分基金 9 月 26 日（周三）下午 3 点后就停止申购了，具体还要看各基金的通知。

技巧 3：利用季度末、年末效应。货币基金主要投向短期货币工具，而短期货币工具的收益主要取决于市场上资金的供求状况。每当到季末、年末或春节前这些时点，银行间市场流动性会明显转紧，货币基金的收益会大幅走高，这个时候如果有闲置的资金，买入会有不错的收益。

另外，一般基金公司年底为了冲规模，也会通过提高货币基金收益的方式变相“揽客”，如果有这样的机会，也不要错过。

前面讲了很多货币基金的收益问题，很多人会疑惑：货币基金有风险吗？

货币基金的风险

货币基金也是基金，不保本，有小概率会发生亏损，尤其是在金融危机发生的时候。比如 2008 年的次贷危机中，各个金融机构的资金都很紧张，货币基金市场也会发生挤兑，造成亏损和破产。但是在实际运作中，货币基金主要投向非常安全的流动性资产，因此货币基金资产质量非常高，发生风险的概率不大。

从 20 世纪 80 年代以来，美国货币基金市场中，只发生过两次基金跌破净值的事件。一次是 1994 年，一只货币基金因为购买的浮动利率债券大幅贬值，在净值 0.96 清盘；再就是 2008 年，金融危机时一只货币基金被挤兑，最后有美国联邦政府出手解救。从理论上讲，货币基金也是有风险的，会有亏损的可能，但是从历史数据和现实情况上看，其安全性相对还是很高的。

本节跟大家分享的一个知识就是，与其将大量资金放到银行活期里面，还不如通过货币基金的方式，赚取一个安全性较高的稳健收益。如果觉得货币基金的收益较低，需要更高的收益，可以考虑债券基金，这个我们在下一章节再讲。

债券基金：
规模才是王道

债券基金是最重要的一类固定收益产品。固定收益的定义是：投资人可以在特定的时间内取得固定的收益并预先知道取得收益的数量和时间。狭义上，固定收益品种主要指债券，现在也泛指各种与债务相关的金融衍生品。

债券型基金就是以国债、金融债等固定收益类金融工具为主要投资对象的基金。一般来说，投资于债券的资金比例要占到总资产的 80% 以上。那么，为什么我们不直接购买债券，而是买入债券型基金？

第一个原因：风险较低。个人购买债券，有可能遭受某只债券带来的风险。而债券型基金通过对不同的债券进行组合投资，能有效降低单个投资者直接投资于某种债券可能面临的风险。

第二个原因：专家理财。随着债券种类日益多样化，一般投资者要进行债券投资不但要仔细研究发债实体，还要判断利率走势等宏观经济指标，往往力不从心，而投资债券基金方便省心，还可以享受专业的投资服务。

第三个原因：流动性强。很多债券的流动性较差，投资者很可能只有持有到期才能兑现收益。而通过债券基金间接地投资债券，则可以获得很高的流动性，随时可将持有的债券基金转让或赎回。可见，投资债券型基金，比直接投资债券具有太多的优势。有大数据统计，从 2007 年到 2017 年，债券基金的平均收益率为 8.05%，明显高于银行理财和货币基金。

债券基金有很多种，想要投资得好，首先就需要了解债券基金的分类。

债券基金的分类

债券基金可以分为三种：纯债基金、非纯债型基金、可转债基金。

纯债基金很好理解，就是所有的资金都投资债券。购买的债券包括国债和企业债，它们都有一个特点：有一定的期限，到期就会返本还息，利息比银行存款的利息高一些。目前我国 1 年期存款利率为 1.5%，10 年国债收益率为 3.6%，AAA 级企业债 10 年期收益率为 4.84%。所以纯债基金最大的好处是：风险低、收益率稳定。投资者有两种途径获利：第一是在投资债券中获得利息的收入；第二是获得债券基金价格上涨的收益。

普通类非纯债型基金 80% 投资债券，20% 投资股票或者其他产品。这种基金增加了股票波动的风险，所以波动会更大一些，因此如果股票市场好，这类基金的收益也会比纯债基金要大一些。

可转债基金的投资标的更多是可转债。可转债就是在一定条件下，可以将债券转换为股票，是一个进可攻、退可守的品种。如果股票跌了，那就拿一个债券的利息；如果股票涨了，那就可以按照约定的价格将债券转换为股票，赚取股票上涨的收益。所以，从这个角度看，可转债基金更类似股票基金。

债券基金主要投向哪些标的？

现今的债券基金是通过哪些标的来获得收益呢？

第一种是政府发行债券。指政府财政部门或其他代理机构为筹集资金，以政府名义发行的债券，特点主要是安全性高、流通性强，而且收益稳定，包括：

（1）国债。国债是由财政部发行的，以我国的征税能力作为国债还本付息保障的债券，其代表的是我国中央政府信用，分为记账式国债和储蓄国债等。

（2）地方政府债。是指地方政府凭借自身信用，以承担还本付息责任为前提而筹集资金的债务凭证。包括一般责任债券和专项债务。

第二种是非金融企业发行债券，包括：

（1）企业债。这类企业债的监管机构是发改委。由企业提出申请，发改委审批。对于企业债，目前业内有着严格规定，发行主体需为境内具有法人资格的企业，评级不低于AA-。主要是国企发行得多。

（2）公司债。公司债是所有的企业都可以发的，融资成本与银行贷款相比差不多，目前是上市公司、政府融资平台公司主要的融资渠道之一。公司债主要是民企发行。

第三种是金融企业发行债券。

金融债券是银行等金融机构作为筹资主体面向个人发行的一种有价证券，它属于银行等金融机构的主动负债。由于国内金融企业的实力大多较为强大，所以这种债券的风险比非金融企业债要低。

第一种也叫利率债，第二、第三种称为信用债。

知道了债券基金的原理，是不是什么时候买都会赚钱？当然不是，入场债券基金也需要选择时机，这其中最重要的就是看利率走势。

什么时候买债券基金?

债券的走势和利率是负相关的，市场利率上扬，债券价格下跌；市场利率下跌，债券价格上涨。这里通过一个故事来说明背后的逻辑。

例如老王在某银行存 100 万一年定期，定期存款利率为 5%，一年后就能拿回 100 万本金和 5 万利息。

很不幸的是，隔天，人民银行宣布上调基准利率，银行定存利率上调至 10%，如果这时候大家存 100 万，一年后，就能从银行连本带利拿到 110 万。

如果个人银行定存可以转让，而老王又急需用钱，那么老王手里的 100 万年利率 5% 的定存单，你会接手吗?

理性的投资者肯定不会，因为一旦接手，老王这张定存单到期只能连本带利拿回 105 万，而现在的定存利率可是 10%，谁也不会干这个亏本的买卖。

老王原价出让自己的定存单不可能，那就只能低价出让，否则不会有人买呀。那么折价多少，别人会接受呢? 从市场供求关系来说，别人出的价格，按现在利率 10% 算刚好在 1 年后能拿到 10%，这样接手人也不吃亏，老王也有钱应急。

于是有了：

$x\times(1+10\%)=105$ 万

解得 $x=95.45$ 万左右。

换句话说，老王这张定存单，目前的市价应该是 95.45 万左右。

而若人民银行下调基准利率至 1%，情况又将不同，老王年化利率在 5% 的一年期定存单会成为抢手货，平价出，老王会觉得亏，折价出更不可能。那么会怎样呢? 别人出的价格按现在 1% 年利率计算，刚好在 1 年后获得 1% 的收益。

即：$x\times(1+1\%)=105$ 万

$x=103.96$ 万。

这个案例说明了债券的价格和利率之间的关系，利息上行，债券价格下跌；利率下行，债券价格上涨。当然，具体的涨幅，还要受到信用、交易、市场结构等各种细节因素的影响。

此外，股票市场和债券市场之间有个“跷跷板”的关系，通常股市走熊时，债券会有一定的表现，相关的债券型基金业绩会较为出色。那么，购买债券基金的时候，需要注意哪些细节呢？

选债券基金首先要关注收费方式。债券基金收费方式有ABC三类，A类债基代表前端收费，B类债基代表后端收费，C类债基代表无申购费，但有销售服务费。如果是短期投资（1~2年），应选择C类债基，如果是长期持有（3年以上）那就可以选择B类债基，如果你不知道投资多久，那就选择A类。

其次看基金公司。相比混合基金和股票基金，基金公司对债基基金的影响比重更大。俗话说，背靠大树好乘凉，具有银行背景的基金公司，先天有股东优势，手里的资源也就更多。

再次看业绩。看业绩是判断一只基金质量的经典套路，债券基金也不例外。历史业绩具有非常重要的参考价值，还记得之前说过的“4433法则”吗？这个法则在选择债券基金的时候一样有效。

债券基金收益稳健，是不是就代表没风险呢？当然不是，经济不好的时候，债券基金也会亏钱的。

要注意风险

债券基金也会因为“踩雷”而净值暴跌，所以债券基金并不是无风险的，风险主要就是信用风险和利率风险两大类。

信用风险又称违约风险，是指发行债券的借款人不能按时支付债券利息或偿还本金，这也是债券型基金面临的最大的风险。在所有债券之中，财政部发行的国债，由于有政府做担保，基本上没有违约风险。而企业债和公司债很容易受宏观经济的影响，或者受自身经营状况的影响，导致到期无法偿还债务。

利率风险是所有投资者都会面对的一个问题，利率向上，债券基金的价格下跌，利率往下，债券基金价格上涨。那么，如何规避风险呢？

说句实在话，违约风险还真不好规避。因为对债券风险的评估和尽调需要专业的知识和大量的时间，我们普通投资者大都没有这个能力和精力去做，只能寄希望于基金经理。

不过还有个极端的办法：挑选债基的时候优先选择利率债的产品，或者尽量选择公司债占比低的，这样就会大大降低“踩雷”的概率。但同时，也要做好承受一定收益损失的准备，毕竟风险和收益成正比嘛。

总结一下，想选出好的债券基金，要关注利率、信用和基金公司三个因素。但是从收益率角度来看，最好的是股票基金，这个我们下一节再说。

股票型基金：
挑选小而美的偏股型基金

股票型基金是以股票为主要投资标的的基金，这也是种类最多、收益率和风险都比较高的一类基金产品。对大部分追求长期增值的投资者来说，牛市来了，买股票不如买基金。因为大多数散户容易迷失在 K 线中，追涨杀跌，因而牛市的时候，炒股也是屡屡亏损。但是选择一个好的股票基金并不容易，我们下面来详细讨论。

经常有投资者表示：看好了一只基金，好不容易等到了市场下跌的时候买进，结果一买跌得更厉害了，短短一周就亏了 5%；但一卖，一天就大涨了近 4%。

很多投资者自认为有能力抓住时点，每天判断涨跌，试图在市场较低点买入，在较高点卖掉，结果依然判断失败，甚至最后在不断下跌中狠心斩仓。

一、选择入场时机

选择进场时机的方法主要有价值偏差法和市场风格法。

价值偏差法通常运用市盈率（PE）、市净率（PB）等作为价值衡量的标准，比如在市场市盈率低于长期平均市盈率的时候买进，在市盈率高于长期平均市盈率的时候卖出。例如 2013 年年底的时候，市场整体估值已经跌到了历史上最低点的位置，那时候就是抄底好时机。到了 2015 年 6 月份的时候，市场估值高达 40 多倍，创业板甚至超过了 120 倍，这时候肯定就应该卖出。

其次，我们还可以根据基金的市场风格判断买入时机。回溯历史，A 股市场具有明显的风格特征，例如：从 2012 年到 2015 年，是典型的成长股风格，创业板指数走势远远强于大盘；而到了 2015 年下半年股市下跌，价值股跌幅显著小于成长股，然后一直持续到 2018 年年初。如果可以提前判断对市场风格，则购买相应的基金，就很容易获得超额收益。

“明明指数涨了，为什么我的基金还是跌的？”“同样的市场，为什么别人的基金一直在涨，而我的基金一直跌？”“买之前基金的业绩都很好，为什么买之后业绩就变差了？”……很多投资者都有这样的疑虑。基金业绩不及预期的原因很多。但有一条是至关重要的，那就是不契合当前的市场风格。反过来，如果我们选到契合当前市场风格的基金，选基是不是就成功了一大半呢？

A 股的风格以上证 50 代表大盘股、中证 500 代表小盘股风格指数，沪深 300 和创业板分别代表价值型、成长型风格指数。

市场风格的理论基础来自尤金·法马的“三因子模型”，这篇文章影响之大，几乎改变了整个华尔街的投资策略，并且因此让尤金·法马获得了 2013 年的诺贝尔经济学奖。这篇文章的思想就是一个：从长期看，股票有两个因子会获得超额收益，一个是市值因子，一个是价值因子。所以后来根据他的文章，将市场风格分为：大盘/小盘，价值/成长。

从长期来看的话，小盘股的基金收益率是可以超越大盘股基金的，这个无论是在美股市场还是 A 股市场，都有历史数据可以验证。这也就是本节的标题说“股票基金要小而美”的原因。

具体基金的风格，可以看基金和特定风格指数的相关性，这是目前判断基金风格的主流方法。相较于不断变化的市场，基金和指数的相关性分析更能体现基金当前的投资风格，不仅时效性好，而且容易获得，不容易弄虚作假。

比如安信价值精选（000577），可以看到，它和沪深 300、中证 100 的相关系数高达 0.88 和 0.87，而和创业板指、中证 500 的相关系数只有 0.58 和 0.62。可见安信价值精选更偏向于“大盘价值型”。选对了时机和风格后，下面就是要选择“靠谱”的基金公司了。

二、选择“靠谱”的基金公司

很多投资者在挑选基金的时候，总会看基金经理的从业经验、过往管理业绩等，却很少看其背后的基金公司。事实上，作为基金背后的运作团队，好的基金公司要胜过所谓的明星基金经理。因为明星基金经理只是曾经创造过业绩神话，有的不排除有运气因素，未来未必能一直优秀下去。但那么多基金公司，怎么选呢？

首先看规模：选出非货币基金规模排名 Top 20 的。管理规模越大，一定程度上反映投资管理能力越强。我们通常看到的规模排名都是按“基金公司全部基金（含货基）规模”排的，例如 2017 年，天弘、易方达、工银瑞信分别位列规模排行榜前三甲。

但其实，非货币基金规模排名才是投资者更应该关心的。因为非货币基金规模能体现出投资者对一家基金公司的长期信心，以及基金公司长期为投资者获取收益的能力，可以说这部分资产才是基金公司的“长期资产”。

其次看基本资料：剔除成立时间太短的基金公司。成立时间越早，管理经验越丰富。老牌基金公司一般都经历了市场残酷的洗礼，能更好地应对复杂多变的市场。因此，在第一步的基础上剔除成立时间太短的。

再次看团队：选择投资团队稳定的基金公司。基金公司的团队是基金公司的软实力。除了看明星经理，更要关注公司。研究团队的稳定性、经验及专业知识结构。其中，基金经理平均任职年限越长、团队稳定性指标越大、经理变动率指标越小，说明投资团队越稳定。

还要看口碑：基金公司评级、“金牛奖”等。需要注意的是：规模达到一定程度，仍能保持较高的基金评级，才能说明该基金公司值得信赖。此外，“金牛奖”享有“中国基金业奥斯卡奖”的美誉，每年评选一次，3、4 月左右出结果。这也是业内影响力最大的评价了。

最后看业绩：选择业绩好的。当然，历史投资业绩是评价基金公司最简单、最直观的指标。虽然说业绩只代表过去，不代表未来，但过往业绩的表现，仍然是好的基金公司的“黄金名片”。重点关注基金在不同阶段的收益率、排名情况，以及年度业绩的稳定性。除此之外，还要看夏普率、最大回撤等指标。

三、跟着“大佬”买基金

跟着“大佬”买基金，也是选基金的一种思路。因为“大佬”们肯定比新手的研究能力强，资金规模也有优势，他们选择基金的能力自然也比普通投资人要靠谱得多。可以跟踪两个最关键的“大佬”。

第一个：社保基金

作为国家的战略储备资金，社保基金理事会自成立以来，收益相对稳定，17 年来，在 A 股几轮牛熊转换中，几乎没有亏过。除了 2008 年投资收益率为负，其他年份都是正收益。2001 ~ 2016 年的 16 年间，社保基金年均收益率为

8.3%，超过同期通货膨胀率约6个百分点。

第二个："国家队五大金刚"

2015年7月救市的时候，"国家队"曾出资认购了5只公募基金，这5只基金因此称为"国家队基金"，分别是：易方达瑞惠、嘉实新机遇、招商丰庆、南方消费活力、华夏新经济。

从近几年的投资回报来看，整体还是不错的。尤其有一年的低估值蓝筹股牛市行情中，这5只"国家队"基金收益颇丰，平均收益率14.4%，远超市场平均收益率。

如果某些基金有社保基金、养老金等"国家队"参与，说明这是政策力挺和看好的。一般这样的基金收益会比较稳健，即使不会大赚，也不会大亏。可以重点关注"社保基金"的持仓，通过重仓股、行业分布，选择重仓这些个股和行业的基金。另外，还可以选择和"国家队"风格类似的基金。那么，具体怎么买呢？无外乎还是看"国家队"基金的持仓风格、行业配置，选择类似的基金。

四、学会使用选基金工具

前面讲了很多概念和方法，具体应用的时候，面对数千只基金，普通投资者还是会眼花的，这里就来介绍一些常用且好用的基金筛选工具。

第一个：晨星基金

晨星作为一家国际权威的基金评级机构，它的基金工具相当专业，包括了基金对比、组合透视、基金重仓股、基金经理、基金公司，大家可以在筛选完基金后对基金做进一步分析。

在晨星网的基金筛选器中，并没有按照主题筛选这一功能，而是按照基金分类如激进配置、灵活配置、标准混合、沪港深股票等进行分类。相对而言，第三方网站的基金筛选更迎合市场热点，不管是热门主题筛选，还是投资目的筛选，基金分类都更全面，比如好买基金。

第二个：好买基金

在好买基金网首页的右上角，有个工具标志，里面就有“基金筛选”。可以按照基金类型、热门主题、投资目的三大类筛选基金。

按基金类型筛选时，应根据风险偏好和收益目标选择基金类型，低风险（年化 3%～7%）建议选择货币型和理财型；中风险（年化 7%～15%）建议选择债券型；高风险（年化 15% 以上）建议选择股票型、混合型、指数型、QDII 等。

按照目的可以分为：存活期、存定期、指数宝、子女教育、养老金储备、买房买车等。如果是存活期，筛选出来的基金就是货币型；如果没时间研究基金，又想获得股市上涨红利，那成本低廉的指数型基金就是最好的选择；子女教育和养老金追求资产的稳健增值，债券型基金会比较合适；如果积蓄买房、购车是首要理财目标，那合适的基金类型就包括了股票型、混合型、指数型和 QDII。

当然，基金筛选工具适合有一定投资经验和专业能力的投资者，因为只有投资者知道自己想要什么样的基金，才能设定各指标进行筛选。

从长期来看，股票基金收益率最高，而且中小盘的股票基金是最好的，具体的选择需要考虑大盘时点和基金风格。基金投资需要长期才有效果，特别是对于养老金补充的养老 FOF 更是这样，有关这个话题，我们下一节再讲。

养老FOF：
未来养老不能全指望社保

2018 年 9 月 12 日，国内首只发售的养老目标基金——华夏养老目标日期 2040 三年持有期混合型 FOF 宣告募集结束，虽然首发规模不大，但是开启了一个新的养老金投资的领域，这就是养老 FOF。

此前在 2018 年 3 月 2 日，证监会正式发布《养老目标证券投资基金指引（试行）》，明确要求未来的养老金的管理要采用 FOF 的形式，重点是目标基金策略，作为未来养老第三支柱的重要组成部分，养老目标基金为投资者提供了养老金投资的一站式解决方案。下面我就来给大家讲讲这个养老 FOF 到底是怎么回事。

一、几个基本问题

在给大家解释到底什么是目标基金策略之前，我们先来通过几个基本的问题让大家有一个概要性的认识。

第一个问题：我每月缴纳的养老金可以算养老投资吗？

其实，每月扣除的那部分养老金，相当于国家强制为大家做的理财计划：将现在工作者工资中的一定比例交养老金，用来赡养已经退休的老人，等工作的人退休后，也可以每月领到下一代缴纳的养老金。

因为是强制性的养老金来源，如果定得太高，年轻人的收入就会被压垮，所以，这部分养老金只可能满足老人们的“基本生活所需”，并不能提升生活质量！

第二个问题：我每月老老实实地缴纳养老金，为什么还要额外投资基金？

因为在目前的制度下，养老金的主要来源是年轻人缴纳的养老金。随着中国进入老龄化社会，特别是由于少子化，未来的年轻人少了，养老金制度有可能在未来无法让大家都获得丰厚的退休金。所以，想要过上令人羡慕的无忧老年生活，还得靠自己早做打算。

第三个问题：经常听说的养老“三大支柱”是什么？

养老“三大支柱”说的就是：第一支柱，社会基本养老保险；第二支柱，企业年金；第三支柱，个人养老金。

其中，基本养老保险的收益委托给指定机构打理，优点是稳健。而年金对不少企业来说是个较高的负担，目前难以形成大规模的第二支柱。

所以真正对大家有较大影响的是个人养老部分，我们可以选择增加权益投资仓位的养老产品，既可以存钱养老，又可以做理财增值，战胜通胀，一举两得。

养老目标基金按照《指引》的要求，采用公募 FOF 形式，即这是个主要买其他基金的基金。因为 FOF 投资多个基金，风险分散，波动小，有利于达成“长期稳健增值”的目标。并且国内一些优秀公募基金公司早已参与管理国家社保、管理企业年金，经验丰富，管理能力值得信赖。

目前一共有两类目标养老基金。一类是目标日期型基金（TDFs），这类基金一般名称里带一个退休年份，投资者根据退休年份买入即可，买入后，基金风险和预期收益都会随时间的推移而逐渐降低；另一类是目标风险型基金（TRFs），此类基金成立时就定了风险目标，有激进型、平衡型、稳健型、保守型等，可以选择。

养老金投资的一个核心是资产配置。我们的各类资产，包括股票、债券或任何单一资产都有牛熊市的周期，但通过资产配置，可以降低组合之间的相关性，从而降低波动、提高收益。

二、为什么要做 FOF?

FOF，是 Fund of Funds （基金中的基金）的简称，是指专门投资于其他基金的基金，通过持有基金而间接投资各种类型的金融资产，其本质是多元化资产。

FOF 可以投资不同的基金，而这些基金则投资不同的资产类别，比如股票、债券，以及各种另类资产等。由于 FOF 在选择投资标的时有较大的灵活性，因此，越是在低迷或波动的市场环境下，越能衬托出 FOF 的优势。

通俗地说，FOF 就相当于基金经理帮你选购基金。因此，它本质上仍是基金，只不过 FOF 主要以基金为投资标的，是一种间接投资工具。而普通基金是以基础资产（股票、债券、现金）为投资标的，是一种直接投资工具。

FOF 这种形式实际上首先是资产配置，其次又对子基金进行了分散投资，所以它实际上是个双重保险，双重的风险管理。而通过这两层的风险管理，FOF 可以降低波动性，然后提供比较稳健的收益。这也是美国会用 FOF 这种形式在养老金投资中发挥特别重要作用的原因。

FOF 产品相较于单一类别基金的最大优势是随市场形势的变动组合资产可以进行灵活及时的调整，经历牛熊的考验，以获取中长期绝对收益，当然这对投资经理的大类、类别资产配置能力要求很高。对普通投资者或者追求资产稳健增值的投资者来说，FOF 无疑是最佳的中长期资产配置利器。

我曾专门写过一本书《FOF 组合基金》，详细讨论了有关 FOF 的核心问题，包括：资产配置、策略组合、风险管理等，感兴趣的读者可以阅读。

前面说的养老 FOF，就是 FOF 的一种组合方式，主要有两个类型：目标日期基金（TDF）和目标风险基金（TRF）。那么，到底是应该选择 TDF 还是 TRF 呢？就要看你对自己的风险偏好是否有足够的了解。

三、如何选择自己的养老 FOF?

养老目标风险基金：按风险等级划分，主要有激进、成长、平衡、稳健及保守等风险等级。如果你十分清楚自己的风险偏好，就可以“对号入座”，选择适合自己的 TRF。

养老目标日期基金：按退休日期划分。或许你难以明确自己的风险偏好，但一定知道自己的退休年龄。TDF 大多直接以退休日期命名，你只需根据退休年龄选择对应的产品即可，比如“中欧预见 2035”，就是为将在 2035 年左右退休的人群设置的。

如果你“口味挑剔”，不喜欢“套餐型”的养老产品，而是偏好根据市场情况进行自主决策，那么目标风险基金会更适合你。不过值得注意的是，虽然目标风险基金可以让你拥有更大的投资自主权，但也会对你的投资能力提出更高要求。毕竟如果没有足够的投资经验和时间精力，是很难做出正确判断的。

如果你是个大忙人，那么目标日期基金无疑是你的首选。一般来说，人在生命各阶段的风险收益偏好和投资需求是不同的。年轻时，风险承受能力较强，对收益的要求会相对更高；而年龄越大，降低风险的需求会更高。

而目标日期基金最大的特点，是可以根据人的生命周期，自动调整组合配置，以满足投资者各阶段的风险收益偏好。因此，一旦你买入合适的 TDF，就相当于雇了一位专业的私人理财管家为你长期理财，省力省心。从国外的情况来看，最受大家欢迎的还是目标日期基金。

目标日期基金根据退休日期构建一个基金系列，投资者只需知道自己的预期退休年龄，就可选择一只合适的基金。因此，目标日期基金也被称为根据生命周期进行长期投资的最好手段。下滑曲线是目标日期基金的关键，目前国际主流的都是直线型下滑曲线，例如美国先锋基金是这么设计的：

第一阶段是年轻阶段，年龄处于 25 ~ 40 岁，能够给公司创造较多的价值，并且该阶段失业的可能性也比较小，因此这一阶段投资股票的比例最高，占据了 90%。

第二阶段是 40 ~ 65 岁，此时身体各项机能逐渐下降，对风险的承受能力较年轻时低，且 65 岁为大多数企业的最高退休年龄，因此退休前 20 年开始，股票的配置比例逐渐下降，降低到 60%。

第三阶段是 65 ~ 72 岁，已经处于退休阶段了，将会开始提取养老金，股票与债券配置的比例进一步减少，因此引入了现金作为资产配置，现金管理工具超过 70%。

通过这个下滑曲线就可以看出，目标日期基金的本质就是随着人年纪的增长而逐步降低对风险资产的配置比例，从而可以获得持续稳健的收益。

根据晨星数据显示，截至目前，美国最大的三家目标日期基金制造商富达、先锋和普信，近 10 年旗下的 2035 只养老目标日期基金的年化回报率均保持在 7% 以上。

我国的情况也非常不错，2006 年发行的首只生命周期基金——汇丰晋信 2016 生命周期如今已走完了整个周期。该基金以 10 年为周期，自 2006 年 5 月发行，至 2016 年到期。十年轮回，汇丰晋信 2016 生命周期的回报达到 172%，折合年化回报率 10.5%，而同期上证综指涨幅仅 71.54%。

所以长期来看，这类产品还是能给客户一个非常好的长期稳健的投资回报。

四、买定离手

为什么养老目标基金每笔投入要锁 3 年？其实，正是因为这种机制，才有可能让投资者赚到足够的钱。

首先，有利于基金经理对基金的操作与管理，投资更高效。锁定 3 年能够在一定程度上减少日常资金的赎回冲击、短期市场情绪干扰等因素对于基金的影响，投资更高效。

其次，避免投资者追涨杀跌。过去基金赚钱但基民不赚钱，最主要的原因就是投资者总是追涨杀跌，错误时点进出，造成了亏损。

这一节和大家分享的一个知识就是，养老 FOF 这种产品非常看好，但是想要成功的关键就是别追涨杀跌，而要采取长期定投。我们可以将养老 FOF 当一份寿险保单来看，强制储蓄，等到了退休的年纪，可以给自己一个较为丰厚的补充养老金。

对自己有一定基础的投资人来说，采用定投的方式，不失为一种更好的投资方式，有关这个话题，我们下一节再谈。

基金定投：
散户最好选择指数定投方式

巴菲特无数次说过：对于个人投资者，最好的投资方式就是指数基金定投。

所谓指数基金定投，就是不要管股市是涨是跌，每个月都定期拿出一笔钱来买基金，并且买的是指数基金。特别是大盘不好的时候，很多投资人高吸低抛，中间损失惨重，而采用定投的方式，哪怕是在大牛市顶部进场的，只要时间足够长，是会赚钱的。

一、定投的优势

例如，在 2007 年 10 月份大盘在 6000 多点的时候开始基金定投，到 2009 年 7 月份大盘跌到 3000 多点的时候，总体上仍然是赚的。相信大多数人第一次看到这个说法的时候，第一感觉都会相当震惊，因为这很违反“直觉”，为了验证这一说法，我们来做一次数据的复盘。

从2007年10月开始，每个月花1000元买入指数基金，算算最后的收益有多少。我们选用了上证指数基金，每个月定投1000元，定投的时间段是2007年10月到2009年7月，以每个月最后一个交易日的收盘价作为参照。

这段时间大盘从6000点跌到了3000点，可谓熊得不能再熊了，绝对是最差入场时机。那么，我们定投的情况如何呢？

在这个时间段内，总共投资了22000元，共22个月；指数从将近6000点最低下跌到1700多点，最后上涨到3400多点；我们定投的1000元，最后收获了27059.36元。我们发现，定投不仅没有亏损，反而有一定的收益。

把时间段拉长，从1996年4月开始到2016年4月结束。在这20年内，还是定投上证指数基金，每个月定投1000元。那么，在这长达241个月的时间里，我们的定投情况又如何呢？

根据数据测算的结果：在这个时间段内，总共投资了24.1万元，共241个月；指数经历过2次规模空前的大牛市，也相应地经历过几次暴跌以及漫长的熊市；定投指数基金最终收益是40.07万元。在15年牛市最高点的时候，最多曾经接近70万。所以可以看到，在A股这种波动率较高的市场，采用定投的方式，长期来看，一定是赢利的。

相比理财产品动辄五位数的投资门槛，每期几百元即可实现的基金定投似乎更加适用和亲民。客观来说，这笔资金不会高于大多数人的月收入结余，那么我们利用这笔不大的资金定期投资基金，聚沙成丘，中长期来看也是一笔不小的财富。

此外定投基金可以平衡投资，分散风险。可以在两种维度上分散投资风险：横向维度，简单来说比如你投资股票型基金，那么就等于你投资了一批具有特定指标或概念的股票组合，基金本身就分散了主板、中小板、创业板股票的风险和波动，那么定投基金在一定程度上起到了风险的二次分散作用。

时间周期维度定投，采用的是平均价格法原理，不论点位高低，都定期买入，相当于投资了一个市场平均价格，既避免了高位一次性投入后套牢，也避免了因恐惧错失底部买入机会。

说定投是“懒人投资”，也不是没有道理的，尤其是现在网上操作便利，每期的扣款申购均自动进行，不需要时时惦记，更不需要经常变更。

二、定投基本问题

第一，哪些人适合定投？主要是这么几类人。

大忙人：白天上班，晚上加班，周末还经常出公差，一年 365 天忙到天昏地暗，连休闲娱乐、访亲会友的时间都没有，更没有时间研究基金了。

懒人：有固定收入，也有充足时间，更有投资需求，但就是不想费脑研究宏观经济、大盘趋势、经济新闻等，坐享其成是心之所向。

“月光族”：刚参加工作，月收入不高，还未树立强理财观。爱聚会、爱逛街、爱淘宝、爱败家，基本“月月光”，偶尔还需要家里补贴。

稳健投资者：沉溺于研究一切跟资本市场相关的新闻、数据、报告等，但本身风险承受能力有限，投资回报期望是资产稳中略有增值。

第二，每月该拿多少钱来定投呢？

有些小伙伴会觉得定投 500 元太少了，也有人觉得 500 元有点多，其实，这是个老生常谈的问题，基金定投比例多少才合适？推荐 2 种常见判断方法：

第一种，是根据你的长期投资目标来决定，比如你现在开始的基金定投，是为 20 年后自己养老金进行补充或者准备孩子的教育金。那么你就要先判断一下，自己最终想攒多少钱。

比如，20 年后想攒 100 万。假设基金定投回报率 10%，那么你现在需要每月定投 1500 元，并且严格地执行下去，专款专用，不到极其特殊的情况绝不挪动，理论上 20 年后你可以拿回超过 103 万。先设定目标 20 年 100 万，然后你现在就该每月拿出 1500 元用于定投了。

还有一点很重要，每月 1500 元对你来说负担是不是很重？

所以还有第二个判定依据，每月有多少闲钱？

定投是长期投资，所以一定要是闲钱。闲钱就是花了它也不会影响你生活的钱，公式是这样的：（月收入－月支出）÷ 2。例如：月收入 10000 元，月均支出为 5000 元。那么月结余就是 5000 元，除以 2 就是 2500 元。就可以把定投金额设为 2500 元 / 月，或者再少一点，比如 2000 元、1500 元，多出来的，也方便以后增加定投金额。

三、定投的技巧：越低点越定投

对普通投资者来说，跌一天，可以乐观持有；跌一周，觉得是机会；然而如果继续回调，大约就受不了，要离场了。怎么办？巴菲特说：“别人恐惧时我贪婪”，越是低点，我们越要坚持定投。那么“越低点越定投”有什么根据？

回答此题之前，有必要认识一下著名的定投微笑曲线。定投微笑曲线的形成，是投资者在市场上开始定投，待股市走出一段先下跌后回升的过程之后，在上涨到获利点时赎回，然后把这一段“开始——亏损——收益——赎回收获”的收益率连成一条线，这段弧线就构成了微笑曲线。

原理很简单，人人都可以看得懂，但由于恐惧亏损的心态作祟，很多人在市场下跌之时，都有将定投中止的冲动。如果在低点中止定投，到底会怎么样呢？我们举两个简单的例子。

案例 1：低点定投，获利 100%。

苹果 20 元一斤，你花 100 块钱买了 5 斤。

苹果 10 元一斤，你花 100 块钱买了 10 斤。

苹果 5 元一斤，你花 100 块钱买了 20 斤。

苹果 10 元一斤，你花 100 块钱买了 10 斤。

苹果 20 元一斤，你花 100 块钱买了 5 斤。

在这个过程中苹果价格先跌后涨，你坚持每一次都买入，总共花了 500 元钱买入了 50 斤苹果，最后苹果的总市值为：20 元 × 50 斤= 1000 元；最后的定投累计收益为：（1000 元–500 元）/ 500 元= 100%。

案例 2：低点不定投买苹果，获利 50%。

苹果 20 元一斤，你花 100 块钱买了 5 斤。

苹果 10 元一斤，你花 100 块钱买了 10 斤。

苹果 5 元一斤，你花 0 块钱买了 0 斤。

苹果 10 元一斤，你花 100 块钱买了 10 斤。

苹果 20 元一斤，你花 100 块钱买了 5 斤。

在这个过程中，当苹果跌到底部 5 元的时候，因为恐惧亏损不敢买。那么，你总共花了 400 元买了 30 斤苹果，最后苹果的总市值为：20 元 × 30 斤 =600 元；最后的定投累计收益为：（600 元– 400 元）/ 400 元= 50%。

在同样的情况下，仅仅是因为我们在低点害怕了不敢买，总收益直接就缩水了一半。这两个对比案例再次说明：

第一，定投获取的廉价份额对最终收益的贡献最大。

第二，越是市场低位，越不能中止定投，而是要保持淡定的心态继续坚持，才是最终获胜的关键。

四、选择什么样的基金呢?

很多人在开始定投之旅的第一关就被卡住了：所有的基金都适合定投吗？股票型、货币型、债券型、指数型……到底怎么选？一般来说，人们偏爱“稳健”型的，因为大起大伏的产品极其考验人的耐心，而波动越小的产品，投资者越能“拿得住”，持仓体验较好。然而，定投标的的选择标准却恰恰相反！

长期来看，如果希望定投收益最大化，我们应该选择“高波动”的投资标的，在低点可以取得更多廉价的份额，当市场回暖，这些廉价筹码可以贡献更多收益。

但是，如果你的投资标的是“垃圾”基金，走势稳健向下的话，就算从起始点开始定投，虽然也在不断地平摊成本，却必然是亏损的。因此，选择定投标的之时，单单是“高波动”是不够的，还要长期业绩向好，才能确保无论你从哪一个点开始定投，未来都有最佳退出时点。

理论建设完毕，进入实战模拟。2011 年至 2015 年，选择高波动的创业板指数基金和低波动的上证 50 指数基金作为定投标的，自 2010 年年末起，每月月末定投，5 年累计 60 期投资。数据显示，定投创业板的收益率更高。

定投创业板指和上证50的收益结果（2011年—2015年）

指数	一次性投入收益率	5年定投收益率	定投助力
创业板	138.56%	154.80%	+16.24%
上证50	22.43%	32.55%	+10.12%

总而言之，从波动和绩优两个指标来看，债券型基金和货币市场基金的收益较稳定，波动不大，定投并没有明显优势。股票型基金、偏股型基金长期收益相对较高、波动较大，更加适合基金定投。

还有一个问题：定投要止盈吗？需要明确的一点就是，基金定投并不是投的时间越长越好。那么，如何确定卖出时机？有两种方法：一是确定自己理想的止盈点，比如你的预期收益是 30%，那么在收益达到 30% 时就可以赎回；二是根据大盘情况来定，比如随着一轮牛市的结束，就可以考虑卖出止盈，再开始下一轮定投。

选对好的价值型基金，采取定投，长期看，一定会赚钱。但是定投的关键是必须选对基金，例如可以全球配置，这就需要用到 QDII 基金，有关这个话题，我们下节再谈。

QDII基金：投资美国房产、中东石油的利器

有一篇文章《A 股为什么是价投者的坟墓》，文章的作者用详尽的数据分析，试图寻找以下几个问题的答案：

A 股真的有价值吗？为什么长期不涨？为什么 9 成股民亏钱，极少听说股民炒股发大财？为什么美股长期上涨，巴菲特推荐购买标准普尔被动指数基金？这篇文章的作者耗费大量精力，从 WIND+Bloomberg 导出中美两国股市过去 30 年间所有股票数据，用常识对全样本分析。现在我们来看一下分析结论。

一、A 股是否有价值？（重要统计数据）

作者得出结论：整体看，A 股在过去 30 年并未创造价值，所以导致上证股指不佳；局部看，有 5% 左右的公司创造了巨大价值，但早期要挑选出来并不容易，或现在价格过高。

逻辑如下：导出所有 3631 只股票（含 98 只已退市股票）在过去 29 年的总

收入+净利+现金流，统计结果是：

整体净利率为 8.6%，但剔除金融（银行+保险+券商）企业后，净利率仅为 5.2%。再考虑普遍的财务作假或粉饰，实际需打 8 折，保守计算 4.2%。

同理，ROE，也就是净资产收益率为 10.8%，剔除金融后为 8.3%，打折后为 6.6%。然后，看现金流。剔除金融后，实体企业的经营流入 22.3 万亿现金，但投资支出为 –25.5 万亿。中间差额为 –3.2 万亿，表示花钱比赚的多。最后，筹措流入 8.7 万亿，表示融资远超过回馈给股民的钱。

简单地说，A 股企业赚得少+ 花得多 + 一直在吸血。是一个融资市。

当然，A 股里确实有极少数好行业+好公司，可惜比例很低，不到 5%，且价格目前八成太高。但回到过去看，也是很难预测的。因为我们无法把该数据穿越回去二三十年前。此外，贵州茅台一家占据食品饮料行业 20% 的净利，和 50% 的现金分红。这也意味着早期在食品饮料行业（共计 90 家企业）选到好股票，同样是一件很难的事。所以这就是大多数投资者亏损的原因，选中 5% 太难。就算选中，还面临价格问题。买贵了同样会亏。

美国有两大股票市场，分别是纽约（NYSE）和纳斯达克（NASDAQ）证券交易所。用同样方法进行分析，分析结果如下：

从 1987到2017 年年间，美股 3835 家的综合 ROE 11.9%，净利率 6.7%，剔除金融后 ROE 12.8%，净利率 6.1%。剔除前后的差别不大。

同时，美国近 30 年的年均通胀为 2.7%，或 90 年长期通胀年均为 3.2%。所以，调整通胀后企业真实 ROE 为 9.2%。而中国 A 股调整通胀后真实实体企业 ROE 为 –2%。

最后，我们看看代表美国 500 只主要股票的标准普尔指数。从 1986到 2017 年的 30 年间，指数复合增长率为 7.8 %。而该期间内，美股综合 ROE 为 11.9%。说明企业核心净资产增长要高于同期标普指数增长。

所以，标普指数长期上涨的根本逻辑是：（1） 商业上，美股企业整体竞争力强，附加值高；（2）财务上，体现在强劲 ROE + 净利润 + 背后健康的三项现金流。

这也是美国许多机构投资者及巴菲特推荐购买标普被动指数基金的根本原因。因为大多数企业本身优质，所以标普指数才能上涨，买标普指数等于买入一揽子美国本土企业股票，或相当于美国的未来，最终长期通过复利赚大钱。

那么，国内的投资者有办法去投资美国股市吗？从个人交易的角度来讲，难度很大，此时最好用的工具就是 QDII 基金。

二、什么是 QDII 基金?

简单点说，QDII 基金就是投资境外市场的基金，用人民币就能买，基金公司会帮你换成美元去境外投资。2018 年以来，在 A 股调整的行情下，在新兴市场普遍受挫的情况下，QDII 基金一骑绝尘，领跑全场。部分 QDII 基金有 20% 以上的涨幅。

国内有哪些 QDII 基金呢？没有太标准的分类。一类主要是跟踪海外市场的指数，主要投资海外，跟踪美股和港股居多；第二类是投资海外的固收产品、黄金、原油等；第三类是投资在海外上市的中概股。其他的，就是投资全球或者其他市场的了。

Wind 数据显示，市场上 39 只美股 QDII 成立以来仅有 3 只收益为负，其余均收正。其中，成立于 2010 年 4 月 29 日的国泰纳斯达克 100 更是以 271.81% 的收益率高居榜首，年化收益高达 34%。

从分散单一市场风险的角度来看，美股 QDII 确实是个不错的投资标的，以国泰纳斯达克 100ETF 为例，它是中国市场上首只跨境 QDII 产品，主要跟踪美股纳斯达克 100 指数，其成分股都是在美国上市的高科技、医药等领域领先的创新型的股票。这些公司的盈利水平在过去几年增速保持在 20% ~ 30%。所以，国泰纳指 100 的增长主要是由其成分股的盈利拉动。

因此，不妨拿出一部分资金，投资其他国家市场，从而弥补 A 股的收益落差，还分散了单一市场的风险。可以看到，近年美股市场上，对原油、消费、科技等品种配置比例较高的基金更容易获得较好收益。

此外，除了美股市场，QDII 基金投资的市场还包括全球和香港股市，投资种类可分为股票、债券、房地产和大宗商品。今年取得突出业绩的 QDII，一类为跟踪纳斯达克指数的被动型 QDII；一类为投资原油、房地产的商品类 QDII。

三、REITs 基金：投资境外房地产

QDII 基金中包括了 REITs 这样一种金融产品，就是把投资者的钱集合起来去买房地产，然后把房屋升值收益和房屋出租收益分给投资人，你可以把它简单理解为集资炒房。当然 REITs 不光买住宅，它还可以买商场、写字楼、公寓、酒店、医院、养老院、仓库等各种各样的地产。通过 REITs，小钱也可以去投资境外楼市。

举个例子：广发美国房地产 000179 是一个严格的美国 REITs 产品，要求投资美国 REITs 指数成分股的比例不低于基金资产的 90%。鹏华美国房地产 206011 相对灵活一些，要求投资美国上市交易的 REITs 比例不低于基金资产的 60%。嘉实全球房地产 070031 要求投资全球 REITs 的比例不低于基金资产的 60%，投的国家相对分散一些，美国、日本、澳大利亚、英国、新加坡都有，这三只产品持仓仓位都在 90% 左右。

投资 REITs 的 QDII 基金短期波动率较高，但长期来看，因为基本以租金作为收益权，所以具有固定收益的特性，长期来看能够取得比较稳定且较高的回报。

从长期来看，REITs 有稳定且较高的收益，而且和其他资产的相关性不大，

是非常好的资产配置品种。但它的风险也有两方面：

第一个方面是经济周期和房地产周期。重要指标是通货膨胀率和利率水平。如果发生通货紧缩，房地产物业资产价值下降，REITs 净值随之下滑，这时 REITs 租金收益一般也会同时下降，分红收益也会有所下调。

第二个方面是二级市场价格波动。REITs 二级市场价格理论上由运营现金流和乘数决定。若运营现金流超出市场预期，投资者可能愿意用更高的乘数来投资，REITs 价格加速上升。相反，同样的运营现金流，如果市场预期较悲观，乘数下跌将带动 REITs 价格下跌更多。因此 REITs 像股票一样价格会波动。

四、黄金基金：配置避险资产

投资黄金的基金分两大类：国内的黄金 QDII 基金跟踪的是境外金价，国内的黄金 ETF 基金跟踪的是境内金价。但由于全球黄金都主要以美元定价，境内境外黄金价格基本是一致的，所以不管你是买 QDII 还是 ETF，都能同时享受到黄金价格上涨和美元升值的两部分收益。

从产品设计上看，黄金 ETF 是以严格跟踪黄金价格为投资目的的被动投资基金，而黄金 QDII 基金中既有主动投资，也有被动投资的。目前国内的几只黄金 QDII 基金目前 90% 以上仓位投的都是美国或瑞士的几个全球最大的黄金 ETF，所以这四只 QDII 类产品表现和黄金 ETF 都差不多。

黄金的主要作用在于避险，当金融市场出现动荡时，黄金就会上涨，比如英国公投退欧时、美国大选希拉里身陷“邮件门”时，它相当于一份财富的保险。

五、石油基金：投机油价的工具

首先，要跟大家明确的一点是，目前世界上还没有一个完美的工具，可以用来长期跟踪原油价格。现有的办法就两种：要么购买石油公司的股票，要么购买原油期货。但这两种方式都有问题：影响股价的因素很多，石油公司股票并不能完全复制石油价格走势；而长期通过原油期货来跟踪石油价格也不行，主要是因为石油有仓储成本，通常越远到期的期货价格越高，如果硬要选一个，我觉得投资石油公司股票更好一些。

石油号称“工业的血液”，从这个角度来说，原油的配置具有一定价值。

这一节和大家分享的一个道理就是，如果可能，将部分境内资产配置到国外去，通过多品种、多市场来化解风险，是很有必要的，当然 QDII 基金，入门的投资者还是需要有所了解才是。

购买了这么多基金，只要拿着就可以了吗？当然不是，还需要做好投后管理。有关这个话题，我们下一节再讲。

基金投后管理：
学会止盈止损获取最大利益

买了基金以后，是不是就等涨了呢？当然没有这么简单，很多“小白”投资人指望买了基金就一直赚，一旦发现亏损，就惊慌失措，这种做法大有问题。那么，买了基金以后，到底应该怎么做好后续管理呢？

在构建基金组合之前，我们先来了解两个概念——战略性资产配置和战术性资产配置。战略性资产配置是根据投资者的风险承受能力，对个人的资产做出一种事前的、整体性的规划和安排。主要确定各大类资产，如股票、债券、海外、现金等的投资比例，以建立最佳长期资产组合结构。战略性资产配置结构一旦确定，在较长时期内（如一年以上）不再调节各类资产的配置比例。

战术性资产配置则是在大类资产比例基本确定的基础上，深入到特定资产的内部，进行更为完善的细节构造，战术性资产配置更多地关注市场的短期波动，通过择时和选股，调节各大类资产之间的分配比例，管理短期的投资收益和风险。配置层面的问题解决了，下面要针对具体的基金类型，做后期的管理。

一、指数基金定投不止损

我们首先需要明确基金定投的最高指导原则是：只有止盈，没有止损。定投止盈是为了让收益落袋为安，那为什么没有止损呢？

第一个原因，基金定投就是通过分批购买来平摊投资成本。市场越是下跌，定投可以买到的基金份额就越多，持仓成本价就越低。

第二个原因，基金定投追求的是一段时间内的平均收益，所以没有必要追涨杀跌。理财很多时候其实就是跟我们的人性做斗争。人性是贪婪的，同时又是容易恐慌的。基金中“小白”最容易犯的错误就是追涨杀跌，看到涨了就跟风进场，一跌就受不了，一害怕就撤回来。这种操作跟基金定投的初衷完全背道而驰。定投追求的是市场的平均回报，而不是短期内的高收益。

第三个原因，点位越低，定投价值越高。如果你是价值投资者，或者是根据估值定投，那么在市场低估值时坚持定投，就更有可能获得高回报。在市场被高估时减少定投金额，在市场被低估时提高定投金额。这样操作可以让你的筹码更多地放在低估值区域，在长期投资的过程就能帮你获得更高的收益。

市场下跌时，基金定投不要止损，账目亏损无所谓，赎回时能赚钱就好。

二、普通基金要止损

股票型基金做中短线的波段操作，止损必须要重视。止损，一般是股票和期货的常见名词，基金有必要吗？当然有必要，特别是对于波段的投资者，没有风险意识的投资本身就存在很大风险。简而言之，止损有两大好处：一是避免深套减少损失；二是能更放心地提高仓位，争取更高收益。

基金止损一般分为个基止损和趋势止损。哪类基金要设置止损？第一是激进型产品，比如被动指数、细分行业主题基金，这个之前多次提及，一旦趋势结束，必须及时止盈/止损，否则可能耗费很长时间才能回本，在购买之前就要设置好止损线。

第二是基本面转差的基金，比如经理更换、业绩持续走差、规模过大拖累业绩等，在基金业绩不能持续的情况下，最好及时止盈/止损更换基金。

第三是进攻强、防守弱的基金，如波动大的量化基金、大数据、被动指数以及长期高仓位的基金等。

除了个基止损外还有一个趋势止损，是指大盘或者基金相关指数跌破重要支撑，同时出现风险信号有继续向下破位的风险，此时应及时截断亏损，不抱有幻想。

很多人都明白止损的重要性，但是止损线的应用却大不相同，新手们喜欢设置定额止损，比如跌 7% 止损或者跌 10% 止损。趋势交易者，一切按趋势而定，只要破位重要支撑并形成看空信号时就会止损，震荡市一般在 3%～7% 之间；另外随着时间推移有时大盘触及止损线，但基金还略有盈利，此时应算为止盈。

关于止损线，常用的有均线、平台支撑、K 线形态、量价关系、MACD 及顶背离、趋势线等，指标共振越多，准确率就越高，具体的选择需要一些股票知识，我在后面的章节会详细介绍。简单地说，通过技术指标止损，有这么一些要点。

首先，止损线要选择强支撑，且加仓时点最好不要离止损线太远，因为一旦破位会顺势向下继续扩大损失，通常比预计的止损额要大，如果离得太远，止损代价会比较大。

其次，不是所有的破位都要立即止损，到时最好重新审查趋势，比如出现长下影、底背离、阶段底部结构等，此时可观察反弹力度再定。

再次，当出现破位且叠加看空信号时，应果断止损，不抱有侥幸心理，即使后面反弹重新站上支撑位，也不要为此而后悔，到时再接回也不迟，最多中间损失几个点。

当市场破位时，首先考虑止损波动大、抗跌差、短期涨幅大的产品。不是高位的下跌，不用清仓式止损。止损只是波段交易中的一环，止损的背后靠的是对市场的分析判断，特别是对支撑/压力、多空信号的转变的判断，每个人关注的周期不一样，所以得出的结论也不一样，市场变化无常，不可能每次交易都能按好的预期进行，所以随时要做好两手准备，这样才能长久立于不败之地。

最后，止损主要是对于波段操作，定投与长线者不用过多关注。我并不是鼓励大家做波段，相反是提醒新手投资者波段操作并非这么容易，不能接受止损的，建议少做波段，多做些长线和定投。

三、基金如何止盈?

基金虽然风险较低，但是也要懂得去止盈，把利润放进口袋才是真的赚到。那么投资者如何设置止盈点呢？每个投资者的特点不尽相同，因此，止盈点并不是一个确切的数字，到底收益多少作为止盈点，要因人而异。但是，有几点可以参照：

如果您购买的基金风险较高，那么可以将止盈点设置得高一些。比如股票型基金、偏股混合型基金、指数基金，由于这些类型的基金波动较大，在面临风险的同时，理论上可以获取更高的收益率。如果你购买的是风险低、波动小的基金，止盈点则可以设置得低一些，比如灵活配置型基金、债券基金等。

定投情况下，如果每月定投的资金量大，那么很快就将积累一笔不菲的本金，如此便可将止盈点设置得低一些。反之，如果每月定投的资金量小，则可将止盈点设置得高一些。

此外，定投情况下，在市场上涨一段期间或者牛市时开启定投的话，可以将止盈点设置得略低一些，因为较低的止盈点容易实现，在市场上涨空间有限的情况下，较低的止盈点带来的风险相对较低。具体的止盈方法有这么一些：

第一种是估值止盈法。如果市场估值过高，或者已经接近历史高点，很可能就是股市的转折点，这时候你就要赎回基金进行止盈了。看估值最常用的指标是 PE，也就是平常说的市盈率。就拿 2017 年大红大紫的“漂亮 50”来说，通过数据可以看出，2007 年、2009 年、2015 年三个牛市，上证 50 的估值都出现顶点。当上证 50 的 PE 接近 15 倍，对于投资大盘股为主或者跟踪上证 50 的指数基金，就要考虑止盈了。

第二种是收益率止盈法。这种方式简单粗暴，说白了就是“达到了就赎回，没达到就等着”。比如设置 20% 为止盈点，那么当基金上涨 20% 的时候就全部卖出基金。如果你的风险承受能力强，止盈点可以定高一些，反之你就要降低收益预期了。

第三种是市场情绪止盈法。这就很简单了，牛市中大家对股票和基金都热情高涨。当你发现邻居成了“股神”，不懂股票的七大姑八大姨也开始入市，这个时候市场就到相对高位了。相反，在熊市中，股票基金无人问津。这时候记住真正“股神”的一句话：别人贪婪的时候我恐惧。

四、止盈后的操作

对多数人而言，止盈操作并不难，难的是赎回资金的再利用问题。赎回后资金的投资大致有三个方向：

第一种方法，继续投资原先的老基金。这个方式多适用于目标型止盈的后续操作。但需注意一点，如果你前期设定的投资收益率已经很高，那再次投入的风险也就水涨船高了，再买入的收益率应当适当降低，不可贪得无厌。

判断是否继续投资此基金其实有个简单有效的方法，就是抛开过往盈利不谈，只看当下情况下以对待一只陌生不了解的基金的视角来判断，你会不会选它作为投资标的，如果还是会选，那就继续买入，如果不会选，那就不再建议继续买入了。

第二种方法是转投新基金。这种方式多适用于技术型止盈的后续操作。老基金一旦步入衰退期基本上等同于宣判了死刑，其再现辉煌的可能性远远低于生龙活虎的新生力量。有人可能觉得自己很难再选一只收益匹敌老基金的新基金，其实，没必要一定复制辉煌，只要确保拿一只处于上升期的新基金来代替衰退期的老基金即可。

第三种方法是转为固收类投资。这种方式适用于整体行情不好的情况。如果股市一片低迷毫无亮点可言，很可能直接影响到我们选出好基金，贸然投资可能造成亏损的概率较大，那此时不妨变通一下，先找个固收类的产品过渡一段时间，等到行情明朗了再做谋划。

通过前九节的内容，相信大家应该明白基金投资的基本逻辑和概念了吧。当然，基金投资这种方式适合那些专业知识不够，时间也缺乏的投资者，对自己有交易经验的人来说，可以通过股票的交易，获得更好的收益率。有关股票投资的内容，我在下一个篇章和大家分享。

Chapter 4

第四章

股票

A股、美股、港股：几种股票的基本面分析

一、股票是长期投资最佳品种

股市有种说法叫“一赚二平七亏”，大部分人可能也真的感觉如此。但是，今天想分享的观点却是：一揽子股票组合，其实是 90% 的普通人能找到的最好的投资。

大家可能说了，过去 10 年，房子才是最好的品种。这话没错，但是这个时间段过于短暂，实际上在 1995 年以前，房价曾经长期低迷。让我们将时间周期拉长到 20 年左右，来看看中国的大类资产的收益率对比。

中国大类资产收益率对比

国家统计局统计过一次数据，从 1990 年开始到 2015 年，统计了股票指数、房价指数、通胀指数（CPI），对比这 25 年间的数据，结论也很清晰：

首先，从长期来看，股票指数都远大于 CPI，抗通胀是没有问题的。

其次，就是和房价相比，25 年间的房价复合增长率，北京市 9%，上海市 13%，而股票指数是 13% 左右，基本上和房价上涨最猛的上海持平。

当然，如果单独来看最近 2010 年以后的 13 年间，也是一线城市上涨最猛的时间段，平均年化大概是 17%。这个时间段股市确实是跑输房价的。这也就是大多数人觉得还是炒房子赚钱多的原因。再加上很多人动用了大量的杠杆买房，从而给人带来房价赚钱更多的印象。

所以，将周期拉长看，你会发现，其实股指的长期收益率并不逊色于房价。

美国等国大类资产收益率对比

那么，我们再来看看其他国家更长的历史周期的情况呢？

我们采用沃顿商学院的研究结果，根据两个世纪以来多种资产的比较，得出结论如下：

首先看现金：1 美元 200 年后购买力下降 95%，剩 5 分，基本等同于归零；黄金 200 年增长 4 倍多，剔除通胀后，年回报仅 0.7%；债券年回报是 3.6%；股票扣除通胀后年回报仍有 6.6%，大幅度超越其他的资产。

除了美国，我们再来看看世界其他 9 个典型的国家，包括德国、日本等国家。数据分析显示，扣除通胀后的净收益中，所有国家的股票资产仍然大幅度超越其他的资产；即使在德国和日本，长期股票收益率也依然是排名第一。

因此，从长期的、多样本的数据来看，股票不仅能成功对抗通胀，更能超越 GDP。财富向长期股权持有者集中，这是一个基本的历史规律，那么，是不是随便买一个股票都一定能赚大钱呢？当然不是。

二、A 股有哪些可以炒的股票？

可以这么说，股份有限公司是近代历史上一次伟大的发明，其当初诞生于

1602 年在荷兰成立的东印度公司，主要是为了大航海。因为大航海是一种很冒险的事，所以需要集合众多人力物力去干，当然冒险成功了收益也是大大的。可以这么说，股份制这种形态代表了人类最大的创新和野心，后来的工业革命也是因为有了股份制，才能够获得快速的发展。

股票是一种有价证券，是股份公司在筹集资本时向出资人发行的股份凭证，代表着其持有者（即股东）对股份公司的所有权，但也要共同承担公司运作失误所带来的风险。

股东主要通过分红派息来获得收益，如果公司经营得好，派息就会多，股票就变得更加值钱；如果公司经营不善，股东也就分不到钱，股票也会变得不值钱。这就是股票这种有价证券的基本经济学逻辑。

但是有人成为股东后，因为各种各样的原因，不想再持有股票了，就需要转让给别人。为了解决这个问题，诞生了股票交易市场。股票交易市场分为一级市场和二级市场两大块：一级市场也称为发行市场，是指公司直接或通过中介机构向投资者出售新股，我们常说的“打新”就是指这种；二级市场也称为股票交易市场，是投资者之间买卖已发行股票的场所，我们每天参与的这种交易，就是二级市场。

那么，我们可以参与的有哪几种股票呢？

三、有哪几种股票？

从权利的不同，可以分为普通股和优先股两大类：

普通股

普通股是指在公司享有普通权利的股份，是股票的最基本形式。现在上海和深圳证券交易所上进行交易的股票都是普通股。普通股股东按其所持有股份比例享有以下基本权利：（1）公司决策参与权。（2）利润分配权。（3）优先认股权。（4）剩余资产分配权。

优先股

与普通股相比，优先股有这么一些优先的权利：

（1）优先分配权。在公司分配利润时，先分给优先股股东，剩下的才给普通股股东，不过一般来说，优先股的股息是固定的。例如，2008 年华尔街陷入了流动性危机，高盛急需现金，巴菲特的伯克希尔公司以 50 亿美元现金购入了高盛的永久性优先股，条件是固定股息 10%；无论高盛的未来经营业绩如何，只要不倒闭，就必须支付巴菲特 10% 的股息，这就是优先权。

（2）优先求偿权。若公司清算，分配剩余财产时，也是先分给优先股股东，然后才给普通股股东。那么，既然优先股这么好，为什么主要还是普通股股东呢？那是因为成为优先股东，不是什么人都可以办得到的，必须是具有超级势力的“大金主”。

还有一个原因就是，优先股虽然股息是固定的，但基本上也就这么多了，如果公司经营得好，赚得多的话，也不会给优先股股东多分。剩下的全给普通股股东，所以普通股的风险比较大，当然，收益也会很高。

四、怎么判断股票的投资类别?

根据投资价值，可以将股票分为这么几种：

“垃圾股”

经营亏损或违规的公司的股票，我们经常说的 ST 股，就是这种类型。例如乐视股份，因为造假，有可能面临退市。那些买了乐视股票的股东，有可能亏得血本无归。对于这种业绩不好的股票，大家还是要非常地小心。

绩优股

公司经营很好、业绩很好的股票，一般来说，市盈率 10 ~ 15 倍。沪深 300

成分股中有很多中等规模的股票，都属于这种。例如格力电器，多年来发展一直很好，而且分红都很慷慨。如果能找到这种股票，低价的时候买入，长期持有，肯定会获得很好的收益。

蓝筹股

那些在所属行业内占有重要支配性地位、业绩优良，红利优厚的大公司股票称为蓝筹股，这类基本上以上证50的成分股为主，这些企业是中国经济的核心力量所在，只要长期发展趋势不变，蓝筹股的价值就会得到充分的体现。

2016年到2017这两年的行情大家都看出来了，很多“垃圾股”跌了70%以上，但是这些大蓝筹依然有不错的股价表现。

那么，最后一个问题，怎么开户交易呢?

五、如何投资A股、港股和美股?

A股

中国上市公司的股票有很多，包括A股、B股、H股、N股和S股等的区分。其他的就没有必要解释了，因为绝大多数散户可以交易的是A股。

A股是分板块的，这样方便投资者选择，上海交易所只有一个，就是主板。深市A股包括主板、中小板和创业板。

主板：股票主板是以传统产业为主的股票交易市场，例如贵州茅台、中国石油等，都是在主板上市的，以国企为主。

中小板：中小板是一些条件达不到主板市场的要求，但是又需要上市融资的企业挂牌的地方，目前都集中在深圳交易所，以民营企业为主。

创业板：是专为暂时无法在主板、中小板上市的创业型企业、中小企业和高科技产业企业等设立的股票交易市场，这个板块的高科技企业比较多。

港股

港股市场是大陆投资者最喜欢的一个市场，目前有三个途径：

第一个是通过沪港通、深港通，这个需要去证券公司开户，并且只能购买规定范围内的股票。

第二个是陆港两地基金互认：例如华夏、广发、工银瑞信、汇丰这些老牌的公募基金，旗下部分基金被选入了陆港两地基金互认名单，但只能投资基金，且投资产品较少。

第三个就是通过券商开通港股账户，在大陆内地开通账户只需提交身份证就行，手续很简单。感兴趣的可以找有关的券商业务人员一问便知。

美股

如果要直接投资美股的话，只有通过券商开户这一种途径，目前最好的方式是互联网券商开户。比较流行的是富途和美豹。当然，开户简单，投资不容易，炒美股的话，建议大家从几个重要的 ETF 开始，这里简单介绍一下：

第一个是 SPY，美股历史上的第一个 ETF，追踪的是著名的 S&P 500 指数，目前总资产规模高达 1562 亿美元，如果你要买美股蓝筹股，就是它了。

第二个是 QQQ，追踪纳斯达克 100 指数，你如果要投资科技股，这个是不二之选。比如苹果、谷歌之类都是其中的重要成份股。

第三个是 IEF，这是 7 ~ 10 年美国国债 ETF，应该是美国国债 ETF 领域规模最大最活跃的品种，是买美债的最佳选择。

炒股票比买基金要难度大很多，需要更多的专业知识，那么如何判断一个股票的好坏呢？我们下一节再说。

买股票就是买公司：
五个标准选出“大牛股”

上一节给了大家一个基本概念，股票的收益主要来自分红收益，那么，什么样的公司分红高呢？自然是经营良好的公司，用学术的说法就是：股票的价值由上市公司的内在价值决定，所以从价值投资的角度来看，买股票就是买公司，关键就在于识别优质的公司。

那么，怎么识别出优质的公司呢？一般来说，有一个“五好”原则，分别是有关内在价值的三个——好行业、好公司、好管理，和有关市场交易机会的两个——好价格、好心态。

第一要素：好行业

可以这么说，行业对一个公司来说，是最重要的因素了，例如过去几年，你如果去了互联网行业，肯定收入丰厚。不是经常有爆料，××× 互联网企业年终奖是 N 个月的工资吗？这让那些在传统行业工作的人非常羡慕。

那么，买股票到底要买什么样的行业呢？关键要看两点：第一点，这个行业钱多不多？第二点，这个行业将来钱多不多？

第一点：现金流充裕、资本支出少

现金流充裕，资本支出少的行业躺着都能赚钱。举个例子：喜诗糖果，这是巴菲特的经典案例之一。在 1972～2006 年期间，喜诗糖果的销售收入从 0.3 亿美元提高到 3.83 亿美元，税后利润从 208 万美元提高到 6200 万美元，其间只增加了 0.32 亿美元投资，而其他企业需要投入 4 亿美元才能办到！其间喜诗糖果留存的 10 亿美元利润再投资之后，又创造了 73 亿元的再投资收益！

可见，喜诗糖果快速增长只需要很少的资本开支，可以将净利润或者其他浮存金用于再投资其他企业。难怪后来巴菲特在回顾喜诗糖果时，把它列为梦幻般的最伟大的投资对象之一！

第二点：行业处于成长期

如果现在没钱也没有关系，只要将来有钱就行，这就是行业的成长性。

比如格力电器，属于过去十几年来市场一直对它有偏爱的企业，净资产收益率一直在 30% 左右，2017 年更是高达 37%，从 2008 年到 2017 年，营业收入增长不到 4 倍，但利润增加十多倍，这就是高质量的成长，利润增加比营业收入增加更加明显，而且市场份额、毛利率、净利率都会增加，这是伴随着利润增加、在行业内竞争力增加的典型表现。

第二个要素：好公司

判断一家企业是不是好公司，可以从巴菲特常说的“护城河”判断。那么什么是“护城河”？简单而言，“护城河”就是公司在同行业中具备优势且能够轻松赢利，而且还能阻挡其他竞争者的进入。主要有无形资产、转换成本、成本优势三个方面。

第一点：无形资产

无形资产说白了就是无法用金钱来衡量，比如品牌、专利、法定许可。

对于品牌最关键的不是知名度，而是其是否占领了消费者心智。比如喜诗糖果，正如巴菲特所言，加利福尼亚的每个人的脑海中都有关于喜诗糖果的记忆，而且绝大部分都是很美好的。试想一下，男孩在情人节的时候买了一盒喜诗糖果送给心仪的女孩，然后他们接吻了，多美好。也就是说，喜诗糖果就意味着甜甜的吻。如果能在消费者脑海中形成这样的印象，提价就轻而易举了。

其他的如可口可乐等，也都是因为品牌的价值而具备了定价权。

第二点：转换成本

何为转换成本？可以这样理解，大家都懒得换银行卡，是因为换银行卡手续特别麻烦，以前用银行卡绑定的东西换了又得重新绑定，而且还得重新开一张银行卡，简直是太麻烦了，这就是转换成本。

高转换成本可以绑住客户，这类公司的代表就是腾讯的微信。不止一次有人开发社交 App 想取代微信，最终都失败了，为什么呢？因为我的朋友、客户都在微信上，换了其他的 App，我去哪里联系我的朋友呢？

第三点：成本优势

成本优势说的就是你的成本比另外一家低，你不惧怕对方卖得便宜，如果对方降价就会亏损，因为他的成本高。这个典型的案例就是连锁大卖场，比如国美、苏宁。由于规模庞大，它的采购成本、仓储成本、配送成本比其他的小规模卖场都要低，所以我们会看到那些大卖场经常做一些大甩卖促销，但是小点的商场就做不到，因为价格再低就要亏钱了。

第三个要素：好管理

巴菲特认为，投资者购买的股票，其公司管理层一定要优秀。股票投资初看投资的是企业，其实更重要的应该是人，即这家公司的管理层。在其他条件相同的情况下，这家上市公司的管理层是否足够优秀，是你决定是否要投资该公司应该考虑的因素之一。对于管理层的评估，应该分为两部分：绩效制度和管理制度。

第一部分：绩效制度

管理层最好是分红高，而不是薪水高。因为分红是有风险的，大家为了高分红，就会努力干活。薪水是固定的，高薪有可能养懒人。

第二部分：管理制度

这个要通过和管理层的面对面沟通来发现，例如管理层是否会让亲戚朋友加入公司，这点在一些民营企业中表现得特别明显。而在现代企业治理模式下，因为家族成员矛盾而毁掉的好企业也比比皆是。

第四个要素：好价格

经过以上的好行业、好公司、好管理三方面分析，即内在价值判断以后，对公司的价值定性已经做出了大概的判断，但是仅仅有定性还不行，还需要量化，即当前这家公司的估值如何，这个价格值不值得买，何时买何时卖？

再好的公司，买的价格贵了，也是要亏钱的。例如 2007 年以 48 元买入某石油股票的股民，现在还套着。虽然这 10 年间，这家石油公司也给投资人提供了不少的分红，但是不足以弥补股价下跌的损失。其实从专业的角度来看，在 2007 年的时候，只要对这只股票的估值做一个大致数据分析，就可以得到结论，这就是估值方法。可以这么说，估值法是价值投资最关键的抓手之一，因为所有的定性分析，都需要定量的数据做支持。

估值方法一般分为两大类：绝对估值方法和相对估值方法。相对估值法包括 PE、PB、PEG，绝对估值法主要以现金流折现法为主，有关这个问题，我在下一节中专门给大家详细说明。

第五个要素：好心态

估值是比较容易判断的，最难的莫过于当股票价格很便宜时，你敢买吗？因为当时的情况下，市场会出现各种悲观情绪、坏消息，会扰乱你的思维，而此时最错误的想法是害怕短期下跌而卖出非常便宜的股票，需要的是以更长远的眼光来看待投资，应该以买公司的心态对待买股票。如果你确定自己买的是好公司，就算买入后短期股价下跌，也不要害怕，耐心持有，即做长期投资而不是短期操作，以 3 到 5 年甚至更长远的眼光看待投资价值，而不是过分关注市场波动。优秀的公司随着时间的流逝，价格自然会得到合理的修复。

当然，也不是说买了就一定不卖，如果出现以下的问题，还是要考虑及时卖出股票，包括：公司经营出现问题，有更好的股票选择，看错了公司。

如果所买入企业，没有出现上面三种情况，接下来要做的就是与企业一起成长，等待估值修复。例如某股票在 2008 年的时候一度大跌到 40 元左右，但是十多年后的 2020 年，股价已经高于 2000 元，这就是时间给你带来的收益。

人们对于上市公司的分析难度是非常大的，这也就是券商的行业研究部门有大量的专业研究团队的原因，个人投资者想完成高质量的研究还是比较困难的，需要长期的刻苦学习。当然，作为一个“小白”投资人，如果立志于在股票市场有所发挥的话，还是需要学些专业化的手段，否则，就很容易成为机构的“韭菜”。

这节讲了上市公司价值的定性分析，那么，有没有定量的方法来判断股价的高低呢？下节给大家介绍几个定量的估值模型。

狩猎价值：
几个估值指标判断低谷高谷

一些没有经验的股民，听风就是雨，往往看到某个“大 V”推荐了某个股票，就兴冲冲地买进去，结果亏钱，这种案例到处都是。其关键原因就是没有对公司的估值做深入的定量的分析。那么，到底什么是估值呢？

答案很明显，在确定自己买入和卖出的交易价格的时候，你会根据各种情况，估计一下股票的价格是多少，然后跟当前的价格比一下，看是高了还是低了。低了就买进，高了就卖出。当然每个人“估计”的方法不一样，有人看盈利，有人看形态，还有人瞎蒙。股票最后展示出来的交易价格，也就是市场上估低的人和估高的人之间形成的一个均衡值。

所以股票的交易价格，实际上是市场上大家一起“估计”出来的。指数也一样，只是在更大范围内，对更多股票进行的一次“估计”。

股票估值方法有两种，一种是绝对估值方法，就是现金流贴现模型，另外一种是相对估值法，包括市盈率/市净率/市盈率相对盈利增长率，也就是通常说的 PE/PB/PEG 等指标。

第一个：DCF 方法

绝对估值方法，也叫现金流贴现法（简称为 DCF 方法），这是一个最经典的绝对估值法，也是巴菲特最看重的企业内在价值的估算方法。

在讲现金流贴现法之前，我们首先要理解两个概念：自由现金流和贴现率。首先来看一下自由现金流。一个企业的自由现金流，你可以直接理解成，一个企业的经营活动，扣除所有开支以后，可以自由支配的钱。其实就像你自己的储蓄，税后工资扣除房贷、生活费用等各种开支以后，剩下的这个部分就是自由现金流。所以一个企业未来自由现金流的总和，就像一个人未来储蓄的总和。

但是这里有个问题，就是未来的钱不等于现在的钱，未来的钱需要你耐心等待，而且存在一定的风险，能不能把这些钱拿到手里，还是个未知数。所以，在给企业估值的时候，你需要把未来的这些现金流打一个折扣，折算到当期，也就是折算到现在，这个折扣率就叫贴现率。那些不确定性大的现金流折扣就大，反之折扣就小。

把所有折现的这些现金流加起来以后，就得到了公司的估值，所以这就叫作现金流贴现法。

这个方法算得上是金融正式“登堂入室”，成为一个正经职业的开端。为什么这么说呢？其实在 20 世纪之前，大家都认为，股市就是个赌场，买股票就跟掷骰子买大小一样，没有谁认为炒股是个正儿八经的职业。

直到 20 世纪 30 年代，哈佛大学有个博士生，叫威廉姆斯，他写了一篇论文，叫《价值投资理论》。他提出，股票也是一个商品，它是具有内在价值的，而这个内在价值就是一个企业未来能够创造的现金流折现回来的总和，它代表的就是一个企业能够替股东创造的价值。

这个理论提出来以后，“价值投资之父”格雷厄姆也提出了一个理论，叫作“市盈率估值理论”。这两个理论就成了证券市场上价值投资的开端。从此以后，所有崇尚价值投资的人都会对这种企业的内部价值非常重视。

现在你已经理解了现金流和贴现率的概念。下面我就用一个例子来给你具体说明，你怎么用这种现金流贴现法，估算一个股票的内在价值。而这个例子其实也是巴菲特的一个经典案例。

在 1988 年年底的时候，可口可乐的总市值是 163 亿美元，当时巴菲特研究这个企业已经很久了。他认为可口可乐有品牌优势，又有很强的管理层，所以它会持续地创造充沛的现金流。巴菲特的投资期限是很长的，以 10 年计算。所以这个时候，他要对可口可乐 10 年以后的市值做一个估算。

第一步，确定增长率

首先，他要确定可口可乐公司的增长率，包括两个增长率，一个是未来 10 年的增长率，一个是 10 年之后的增长率。

他预估，在下一个 10 年，可口可乐会保持 15% 左右的增长，这个 15% 左右的增长可不是空穴来风给编排出来的，而是在之前的 7 年，可口可乐保持了 20% 左右的增长率，所以巴菲特给出了 15% 这么一个相对保守的估测。至于 10 年以后的增长率，巴菲特认为，15% 这样的增长率不可能持续，所以给了一个 5% 的永续增长率，也就是他认为可口可乐在未来会永远以 5% 的速度持续增长下去。

第二步，确定贴现率

确定增长率以后，巴菲特还要确定“贴现率”。巴菲特给出的贴现率是当时美国的长期国债利率，也就是 9%。

确定了增长率、贴现率，以后的工作就比较简单了。首先巴菲特用 1988 年可口可乐的自由现金流为起点，按照 15% 的增长率，算出未来 10 年，每一年的自由现金流。然后，再用 9% 的贴现率，算出这些钱折回今天的价格。这个值算出来是多少呢？巴菲特算的是 484 亿美元。这个算术不复杂，用一个简单的 Excel 就可以算出来。

这个484亿美元，和当时可口可乐163亿的市值相比，几乎是3倍。所以巴菲特认为，可口可乐的股价是被严重低估的，就开始大量地买入。很明显，巴菲特是做对了。到10年以后，也就是1998年的时候，可口可乐的市值涨了11倍，远远超过巴菲特所计算的内在价值。

绝对估值法这个方法不单单可应用在股票上，它还可以为所有的资产提供一个估算内在价值的简单框架，例如：银行贷款。我们去银行贷款的时候，它就会按照你现在的收入、年龄，计算你未来的现金流，然后再确定你的偿债能力，其实这也是现金流贴现的变种。正是由于这种极度简单的实用性，这个方法受到了很多人的追捧。而金融业也从此逐渐变成了价值发现的行业。

除了公司的绝对价值之外，还需要考虑市场的情况，和同类公司比较，看高估还是低估，这就需要用到相对估值法，出于篇幅的原因，本节介绍最重要的两个：PE和PB。

第二个：PE（市盈率）

咱们先举个例子。比如你养了一只母鸡，会下蛋。预计未来3年，每天能下1个蛋。那么这只母鸡对你的价值，不考虑利息和鸡蛋涨价的话，大概就相当于365×3×1=1095个鸡蛋的价值。鸡的价值，等于它能下的蛋的价值。

上市公司也跟母鸡一样。每年能为股东赚10亿，如果公司总共发行了1亿股，就是每股股票能赚10元。这叫每股收益。对股东来说，参照老母鸡的定价，这只股票的价值应该相当于10元×某个系数。

这个系数应该能表示大家估计的，未来这家公司还能每年赚10元的年份数，也就是市盈率，简称PE。

市盈率=股票的价格÷每股收益

市盈率通俗地讲就是以目前的盈利情况，几年能够赚回公司目前的市值。

比如 6 倍市盈率就是以目前状况，6 年的总利润就能赚出来整个公司。

指数的市盈率呢？指数是很多只股票的集合，相当于一个养鸡场。指数的市盈率，等于综合计算的所有股票的价格，除以综合计算的每股收益。这相当于大家对未来这个养鸡场里所有鸡能够下多少蛋的一个估计值。

为什么上证 50 和创业板的市盈率有很大差别？这就要回到之前养鸡的故事了。指数就是养鸡场。不同养鸡场的经营理念不同。有的养鸡场专门养青壮年的鸡，现在下蛋就已经很多，这就是上证 50 指数。有的养鸡场专门养小鸡，现在下蛋很少，但是以后会下蛋很多。这就是创业板指数。

因为小鸡只要吃够了饲料，扣掉一定的死亡率，早晚能跟大鸡产量一样。所以它的价格应该贵一些，例如小鸡的 PE 估值可能是大鸡的 5 倍。

所以，未来越光明的公司，越容易获得高估值，PE 比例越高。创业板小公司的估值水平必然要超过已经稳定的大公司。即使创业板公司出现问题的概率很大，也是如此。

第三个：PB（市净率）

另外一个估值指标叫作市净率，它的公式是这样的：

市净率（PB）=P/B。

P：股价。B：账面价值（每股净资产）。

净资产简单理解就是归属股东的那部分资产，而每股净资产就是用净资产除以股票数量。**PB 通俗来说就是，每 1 元的公司资产卖多少钱**。

例如贵州茅台的 PB 为 9.0，也就是说 1 元的贵州茅台净资产，要花 9 倍的价格去买。工商银行的 PB 为 0.90，也就是说 1 元的工商银行净资产，现在只卖 0.9 元。

由于净资产比净利润更稳定，所以在分析如周期性行业这样利润波动比较大的个股时，PB 更加合适。总结一下：

如果 PB 等于 1，说明刚好以净资产价格买入股票；

PB 小于 1，我们就说这是在折价买入股票；

PB 大于 1，就叫溢价。

当 PB 变成负数的时候，说明公司资不抵债，不要把它当成普通的股票看待。

股票在牛市和熊市的时候，表现往往截然相反，需要用不同的分析方法，那么牛市的时候应该怎样操作，才能赚到更多利润呢？我们下一节详细讨论。

牛市投资宝典：
大胆追涨热门板块龙头股

俗话说："牛市选股靠想象，熊市选股靠价值。"这句话是什么意思呢？是讲：在牛市氛围中，很多股票本身并没有什么价值，只不过是市场凭借对概念、题材的想象将它炒了上去，至于这个概念、题材是谁想出来的、怎么想的、理由如何，那都是次要的，关键是这个题材、概念要得到市场的认同，炒作时要有人跟风，这时假的也变成了真的。

在这种情况下，你想在牛市中多获利，选股就要适应牛市这种氛围，多从题材、概念上挖掘一些日后有较大上升潜力的股票，因为这种股票在牛市中最有"戏"，一旦主力看上它，跟风的人就多了，往往日后涨幅就相当惊人。

但到了熊市，这种股票就没"戏"了，沾上它就要"倒大霉"。这种股票常常是"跌跌不休"，走向它遥遥无期的价值回归之路。因此熊市选股要改变思路，不能用题材、概念来选股，即使主力、庄家在熊市反弹中用题材、概念来炒作某股票，目的也是拉高出货，行情往往昙花一现，投资者对此一定要有个清醒的认识。

在熊市中能抗跌的，甚至不跌反涨表现出十足牛劲的股票是些什么股票呢？它一般都是物有所值，真正有投资价值的股票。换一句话说，它是实打实地靠上市公司本身的质地和它的发展，让股价自然地涨上去的。

尽管这些股票在熊市中只是极少数，但它们是熊市中最有生命力的股票。投资者如能有幸在低位挖掘到这种股票，往往就有可能成为熊市中的大赢家。所以对于牛市和熊市这两种不同特征的市场，需要有不同的投资策略和方法，本节我们来研究如何在牛市中抓住机会，获得更高的收益。

第一个问题：我们需要判断牛市的到来，那么牛市来临的征兆有哪些？

牛市来临之前，投资者常常对大盘的表象感到迷茫，有很多种方法可以判断牛市起点，这里简单介绍两个特征：

第一个特征：市场的量能和人气

牛市即将来临的量能因素是：成交量是否能够止跌回升，此时，如果股指继续下跌，而成交量在创出量后开始缓慢地上涨，成交量与股指之间形成明显的底背离走势时，才能说明量能调整到位。此外，恐慌盘的大量涌出以及市场人气的悲观绝望，都将促使大盘迅速赶底，大盘也将因此完成最后一跌。

第二个特征：走势形态

在牛市即将来临的走势期间，股指的技术形态会出现破位加速下跌，各种各样的技术底、市场底、政策底以及支撑位和关口，都显得弱不禁风，稍事抵抗便纷纷兵败如山倒。在大盘下跌接近最后几天时，甚至会出现连续几根长阴线暴跌，并且伴随向下跳空缺口，以强大做空力量贯穿所有的心理位。

第二个问题：牛市来了以后最应该关注哪些股票？

在一轮牛市中，操作的风格要大胆、泼辣，一味地谨小慎微，收获可能不如人意。要实现收益最大化，不妨关注一下短线选股的“三高”理论。

第一高是涨幅要高。如果股价从底部启动 50% 以上，进入主升浪应是顺理成章，最好能够成功突破前一顶部，并且股价创历史新高，说明价格重新定位，理应看高一线。

第二高是主力资金介入程度要高。主力资金敢于重仓介入的股票，前景看好。散户无法研究公司的基本面，但可以通过 K 线研究主力资金的进驻程度，那些主力实力非凡、大举入驻的，才是我们重仓参与的对象。

第三高是板块呼应度要高。有板块呼应度的股票，说明该行业发展前景较好，属当然热点或潜在热点，例如钢铁和有色是两个相关性比较大的板块，如果有某个钢铁股在连续大涨，而对应的有色板块也有相应的股票大涨，这就是呼应。对于这样的股票，可以大胆介入。

从这三个特点来看，其实就是要追那些最强的板块、最强的股票，因为在牛市的时候，往往投资者情绪很激动，从而使得涨得多的股票会涨得更多，而那些无人问津的股票，可能到了牛市尾声，也不会有啥表现。

第三个问题：用什么样的交易策略？

光有牛市的氛围还不够，如果想在牛市中获得更好的收益，还需要一些交易策略，我这里给大家介绍这么几个：

策略 1：追涨策略

当股市呈上涨趋势时，某一板块或某一品种会成为市场的领头羊而有较大的上升空间。当市场第一批敏锐的投资者介入该股时，出现首次跳空高开高走的局势，成交量开始明显放大，此时是追进的最佳时机。假如有股票出现这样的形态，就一定要追进。

这个形态就是多日之内股票一直以小幅波动的形态进行横盘整理，在整理多日之后，股价开始向上。特别是早盘的时候，如果该股票的量能够放到前一交易日的三倍附近，并且是向上的趋势；如果到 10 点左右可以涨到 5% 的话，说明筹码非常稳定，主力吸筹完毕，有可能开启一轮大波段行情。对于这种强势大涨的股票，一定要第一时间追进，坐上“轿子”，自然有后面的资金推动股价上涨。

追涨操作注意应用于主升浪行情、反转行情和中级以上的较大级别强势行情中。当然，即使是看好后市行情，投资者也不适宜采用满仓追涨的方法，稳健的方法是用半仓追涨，另外半仓根据行情的波动规律，适当地高抛低吸做差价。

追涨的过程中要设定盈利目标。到达盈利目标位时，投资者要坚决止盈，这是克服贪心和控制过度追涨的重要手段。

策略 2：跟庄策略

一只股票的上涨不可能是无缘无故的，这其中主要的原因是有大资金在运作。要想在一只股票中做庄，就离不开建仓、震仓拉升、平仓这三个阶段。散户在选择庄家、机构看中的股票时，首先要看清大趋势，掂量该股题材的分量，然后决定是否跟庄。

如果基本面较好，个股题材独特，当成交量明显放大、价格开始高开高走，可果断跟庄。跟庄时机选择股价在低位盘整时间较长、突然向上突破前期高点时最好。跟庄一定要密切关注庄家的动态，如果发现庄家有提前派发的迹象，一定要第一时间出场，不可恋战。

策略 3：买套策略

在牛市中股价大致沿着“上涨—回调—上涨”的趋势运行。在下跌时，主动买套既可以避免在上升高价时买进的风险，又为以后上涨留出了较大的获利空间，所以回调时应该勇敢买套。在牛市时主动买套只是暂时的，往往只是短暂地被套，随着股价上涨不但可以顺利解套也能轻松获利。

例如可以采用下面的方法：把资金分成 5 ~ 8 份，分批抄底。若资金抄完了仍未开始反弹，则可等待日后的大反弹。这时也可以运用解套办法，即每反弹 3 个点以上卖出一半，跌 2 个点以上买入原来卖出的一半，反复做短线。

策略 4：换股策略

换股策略是在股价轮番上涨过程中，将持有的已上涨股票变现，转而购进涨幅较小或尚未上涨股票的投资策略。

在牛市中各类股票往往出现股价轮番上涨的情形。投资者如能把握市场节奏，不断地在各种股票间转换，即不断地抛出涨幅较大的股票，以腾出资金购进价格尚低、即将上涨的股票，就能在股市的轮番上涨期间不断地获利。通过来回换股的方式，则可以避开股票的盘整阶段，享受股票的主升浪阶段，获得更大的收益。

策略 5：守仓策略

守仓是指不关注短期股价涨跌而长期持股不卖，待股价升到最终获利时才了结。但守仓只有在适当的低位并确认股市进入了上升时期，才可以选择这一投资策略。如果投资者在股价处在高位时仍然守仓，就会坐失赢利良机。

从持股类别来看，选择一些热点板块，或者滞涨板块，不要去追涨杀跌，应提前潜伏。在牛市初期，可以选择低价小盘股票、横盘时间较长的股票、主力提前介入的股票，耐心持股，风水轮流转，总有一天会轮到你。

从持股时间来看，一些“大牛股”持股时间甚至可在两年以上，因为散户的信息和资金都不如主力充沛，唯独时间成本比主力多，所以，不要急于做波段，用时间来平衡和主力的差距。在牛市中，短期波动调整十多个点甚至二十多个点都可以忽略不计。牛市中，持股周期越长，只要你选对股票，收益一定是越高的。

总之想要在牛市里获得利润最大化，那么就必须把股票持有到主升浪行情结束，这样股票涨得也就差不多了，大家在这个时候卖出是最好的，不过每个股票的主升浪何时启动，需要深入分析。

到了熊市中，我们需要用另外的方法来获利，具体的内容我将在下一节给大家阐述。

熊市投资宝典：
底仓、T+0和定投

熊市看价值，到了熊市的时候，各种概念和题材都“不灵”了，这个时候，资金会重新关注那些有价值的股票。所以在熊市中，就要做价值投资。

很多股民在熊市的时候，会丧失信心，这个不可取。真正的高手一定是穿越牛熊的，哪怕是在熊市中，有了好的交易策略，也一样可能获得不错的收益。

简而言之，熊市中有这么几个重要的招数，第一就是持有优质股票做底仓（所谓底仓就是长期持有的股票组合，也就是基本盘）。第二就是找机会高抛低吸。第三就是进行指数定投。

招数 1：选取优质股票

巴菲特的投资业绩长期保持在 20% 左右的收益率，这个业绩也使得他成为股票投资市场上的长跑冠军。

巴菲特在 1979 年致股东的信中谈道：“我们判断一家企业经营好坏的主要

依据，是公司的净资产收益率，也就是 ROE。”

那么，巴菲特所言的 ROE 究竟为何物？ROE，中文名为净资产收益率，是企业净利润与净资产的比值，其数值大小代表企业盈利能力的强弱。

通过 ROE 的定义可以知道，ROE = 净利润/净资产，即每块钱产生多少利润，从股东的角度衡量股东投入的资金使用效率，指标越高，说明股东投资收益越高，反之越低。ROE 越高，说明资金的使用效率也越高。资本是追逐利益的，因此更多的资金会追逐高收益的企业，于是会有越来越多的人看好高净资产收益的公司，并买入股票，从而推动股价的上涨。

市场流行一种杜邦分析法，即 ROE = 销售净利率 × 总资产周转率 × 权益杠杆值，简单地理解 ROE，就是把自己的钱和借来的钱（财务杠杆）放到聚宝盆（赢利模式）进行转动，转动一次赚多少钱（净利率）。

因此，那些优秀的公司都是 ROE 长期很高的公司。其实可以将 ROE 理解为汽车的马力，F1 赛车的马力肯定要比普通小轿车的马力强劲，所以同样的赛道，F1 赛车的速度就必然比小轿车要快很多。对于公司也是类似的原理，我们投入的资金，希望用最快的速度能赚回来，那些能够提供最高赚钱马力的公司，才是我们最应该关注的。

那么，具体来说，选择 ROE 有哪些标准呢？这里就说一个，从专业的角度来看，可以考虑连续 5 年保持在 15% 以上数据的公司，如果是高杠杆企业的话，ROE 数据做七折处理。通过这么一个简单的指标，再辅以前面的章节介绍的 DCF、PE 和 PB 指标，就可以选出一批真正优质的股票组合了。

然而熊市中就算选到的是优质股票，也不代表会逆大势，特别是在来回震荡的行情中，我们就需要利用这种市场特征，进行高抛低吸，这就是网格交易策略。

招数 2：高抛低吸（网格交易）

网格交易不是新东西，它起初在外汇市场很流行，属于震荡交易系统。网格交易追求的是行情的波动，波动越厉害，收益率越高。哪怕你的投资标的不涨，只要在一个区间不停波动，同样可以获得不错的收益。

具体来说，有这么几个要点，那就是从高到低，画一批格子，然后给不同的格子分配不同的资金。比如你可以交易的资金是 9000 元，分 9 个格子，那每个格子可以分配到的可交易资金是 1000 元。假定你今天首次建仓创业板 ETF，今天价格在第六格，那买入的资金应该是 6000 元。

接下来，我们只需要看看有没有成交就行。**一旦成交了，就以新的成交价为中心，再次预埋两个买入和卖出的单子**。

比如，创业板 ETF 明天涨到 2.12 元，你就卖出 1000 元。成交后，你就以第五格为核心，设置好两个委托买卖单：1.98 元买入 1000 元和 2.26 元卖出 1000 元。

网格交易最重要的就是网格的参数设置，包含了网格位置、网格大小、网格数量等。参数设置中的基础价决定了网格的位置，价差决定了网格的大小，而上下限则决定了成交价格区间。

假如某股票价格基础价格设为 10 元，价差设为 0.05 元，那么以基础价为基准往上 0.05 元就是一个网格。如果股票波动比较小，基础价上下只设一个格就够了，那么此时价格上限就应该设为 10.06 元，下限设为 9.94 元。这样就可以设置好一个网格，而且较为简单。

即为：

价格上限=基础价+价差+0.01

价格下限=基础价-价差-0.01

大家都知道网格交易最好用的情况就是当一个股票在盘整期的时候，

尤其是在底部盘整的时候。当股票出现单边行情时其实是不适合做网格交易的。价格上下限的设置使交易在一定价格区间内运行，变相避免了单边趋势的影响。

对于那些底仓的股票，大家都是长期看好的，所以肯定舍不得卖掉，通过网格交易的方式，主要是希望能将数量变多。这又有两种方法：

第一种：先买再卖

假如在做网格交易时前一天多卖出了一份股票，为了保持底仓不变，可以设置上限价格高于基础价 1 分，下限在基础价的基础上放开 1 到 2 个网格。

假定，基础价设为 10 元，价差设为 0.05 元，那么价格上限就为 10.06 元，价格下限为 9.94 元。这时只有当股票价格为 9.95 元时才会成交一笔买单（即使股票价格先从 10 元涨到 10.05 也不会先卖出股票），这样就把前一天卖出的那一份买了回来。然后以 9.95 元为基础价，以 0.05 元为价差继续形成网格，配对交易。

第二种：先卖再买

如果在前一天多买了一份股票，为了保证底仓不变就要在第二天先把多买的那一份股票卖出去。设置上限价格在基础价的基础上放开 1 到 2 格，下限比基础价低 1 分。这个道理和前面说的类似。

通过网格交易，可以在熊市的时候来回做波段，增加收益。但是网格交易的难度很大，对普通投资人而言，另外一种简单的做法是定投。前面讲过指数基金定投，其实对于优质的股票，也是可以定投的。

招数 3：定投

个股走势很大程度上受到整体股市，特别是对应的风格指数的影响。常见的风格指数当属沪深 300 指数，其也代表了大盘风格。在影响股指收益的各个因素中，最重要的是估值，这也是决定入场出场时机的第一个关键因素。

从另外一个角度来看，指数的高点、低点短期内受到市场情绪推动。股票市场波动印证的并不是事件本身，而是人们对事件的反应，所以市场情绪是第二个关键因素。

定投策略中有一种 55 格子法。横格子是估值，用 PE 表示；纵格子是情绪指标，用换手率表示。

例如参考 2010 年至今沪深 300 的日换手率、市盈率，并对两个指标在该区间进行百分位数排名，将市场情绪和估值各自划分为 5 个状态，结合起来就有 25 个对应的状态格子，这便是 55 格子法。下面我画了一张表格，供大家参考。入场以浅灰色表示，出场以深灰色区域表示。

沪深 300	估值低	估值较低	估值中等	估值较高	估值高
情绪低					
情绪较低					
情绪中等					
情绪较高					
情绪高					

（表1）

除了前面说的三个策略之外，想要在熊市中不亏钱，甚至还有些额外的收益，需要把握这样一些重要的原则。例如：

原则 1：控制资金与筹码比例。在熊市的多数时间里，保持空仓或轻仓，平时不轻易抢反弹。理由是熊市不言底，尤其是熊市初期的每次反弹，卖出都是正确的。多看少动能够躲避风险，保留大量现金，也就保留了希望，保住了真正抄底的火种。

原则 2：尽量做大级别反弹。大级别的反弹行情，主力介入程度较深，拉高派筹周期也较长，抢反弹的机会大于风险。如果频繁操作小反弹，往往是今天追入明天套，因小失大，得不偿失。

原则3：猎熊时不贪婪。在熊市趋势尚未转变之前，每次出击的收益不能定得太高，有赚即可，砍下的“熊掌”及时吃，否则贪婪，会被熊市大军的另一只“熊掌”所击倒，反而成为大熊的猎物。

熊市中最关键的是一定要选对股，可采取以时间换空间、打持久战的战术。但它的前提是自己所持股票是优质的，是被市场严重低估的股票，这就需要对股票的基本面做深入的分析，那么，有哪几种基本面分析方法呢？我们下节详细讨论。

基本面分析方法：
宏观、行业和财务报表

前面说了，股票的价格是由内在价值决定的，那么到底怎么去分析一个上市公司的内在价值呢？这就要用到基本面分析方法了，例如，分析宏观经济、行业背景、企业经营能力、财务状况等。通过这种方法，从公司的角度找到股票的“内在价值”，从而与股票市场价值进行比较，挑选出最具投资价值的股票。

基本面分析一般分为四个阶段：宏观分析、行业分析、财务分析和实地考察。

第一阶段：宏观分析

宏观分析就是判断宏观经济情况，要知道，任何上市公司的经营情况都离不开宏观大势，如果整个大环境不好，公司的经营压力就会比较大，获得好的收益也会比较难。

就像在大冬天的时候，你要想去种田，也没有办法获得好的收成啊，因为季节不对。判断宏观经济形势的基本变量是这么三个指标：GDP、失业率和通胀率。

GDP就是国内生产总值，它代表了国内经济情况好坏最重要的数据，例如中国过去 40 年中有很多年份都保持了 10% 左右的增长率，这也让中国从改革开放初期的穷国一举成为目前世界第二大经济体。

失业率是指劳动力人口中失业人数所占的百分比，如果失业率高，将会带来严重的社会稳定问题，在这种情况下，国家一般都会出台各种政策，例如减税，帮助企业渡过难关。

通货膨胀就是物价上涨，纸币贬值，比如一碗拌面以前是 1 块钱，现在是 5 块钱，这就是严重通货膨胀了。通常衡量通货膨胀的指标用 CPI 来表示。

除了宏观经济指标之外，还需要看三个重要的金融指标，分别是：货币供应量、利率和汇率。

货币供应量通常用 M2 来表征，货币供应量越多，说明市场货币流动性越强，资金越活跃。资金如水，水多了整个股市都会涨。钱多了，人们就愿意将钱拿来买股票；如果货币供应量降低，则大家会从股市抽回资金，转而存进银行，这样会引起股市下跌。

利率是另外一个对股市影响很大的指标，通常与证券价格成反比，也就是说利率越高，股票价格就越低。这个其实很好理解，利率高了，存在银行的存款收益就高了，而贷款的成本也变高了，大家都不愿意承担高的投资成本，就都把钱存银行了。

汇率就是一国与其他国家货币兑换的比率。汇率下降，本币升值，不利于出口，但会加大外国对本币的需求。汇率涨跌对股市没有直接影响，只会对相关行业产生影响。

除了这几个指标之外，还需要考虑一些其他的因素，例如政治因素。政局稳定促进股票上涨，政局不稳易造成股票下跌，这里的政局不仅仅包括国内，还包括国外，比如英国脱欧就曾造成市场大暴跌。

一般而言，宏观经济周期会经历四个阶段，即萧条、复苏、繁荣、衰退阶段。周期循环对证券市场价格的影响很明显，一般的规律是经济繁荣，证券价格上涨，经济衰退，证券价格下跌。

有关宏观经济周期的分析方法有很多种，影响力比较大的有康波周期、朱格拉周期、长债周期等。

第二阶段：行业分析

行业分析就是判断企业所处的行业的性质，以及行业本身的价值。可以从行业市场的类型和行业市场景气周期两个角度来考察。

第一个角度是行业的内容

粗粗来分，主要有完全竞争、垄断竞争、寡头垄断和完全垄断这四种业态。

完全竞争的行业是很难有“大牛股”的，因为竞争太充分了，利润会变得稀薄。例如街边的早餐店，除了像那些做成连锁店的，绝大多数最多也就是赚个糊口的钱。

完全垄断是指独家企业生产某种特质产品的情形，可分为两种类型：

1. 政府完全垄断。如铁路、邮递、彩票等部门。这些部门虽然利润丰厚，但是大多数利润要交给国家。例如彩票的收入主要都是给国家做福利事业或者慈善事业。

2. 私人完全垄断。从炒股角度来看，资本市场最喜欢的就是私人完全垄断企业，特别是那种依靠技术优势、资本雄厚而建立起来的壁垒，例如苹果手机。它可以获得远超于市场正常水平的利润率，自然也会给股东丰厚的分红回报，这样就会推动股价持续上涨。

第二个角度是行业的景气周期性

可分为周期性行业和防御性行业两大类。市场好的时候，要持有周期性的股票；市场不好的时候，多做防御性的品种，例如消费、医药、公用事业等。它们往往是熊市中的优质品种。

第三阶段（重头戏）：财务分析

上市公司提供的最重要、最有价值的信息就是财务报表了，那么对于财务报表应该怎么分析呢？其最关键的就是三张表：资产负债表、利润表和现金流量表。

我们先来看第一张表：资产负债表

无论是否从事财务工作，相信许多人都听过资产负债表。可是它具体指的什么，可能很多人就不清楚了。

我们举个例子：

小王看中了一套200万的房子，首付60万，银行贷款140万。

那小王买房这件事用资产负债怎么表述呢？

小王的资产负债表：资产（200万）=负债（140万）+所有者权益（60万）

大家可以发现，资产负债表主要是讨论资产、负债和所有者权益这三方面的内容。

资产 = 负债 + 所有者权益

资产负债表的定义：反映企业在特定日期（季末、年末）全部资产、负债和所有者权益情况的会计报表，是企业经营活动的静态体现。我们以福耀玻璃为例，看看它最新的资产负债表：

1. 截至2017年3月31日，福耀玻璃资产总计304亿，负债合计117亿，股东权益合计187亿。

2. 福耀玻璃资产负债表：资产（304 亿）=负债（117 亿）+所有者权益（187 亿）

大家可以从中看到，无论是个人还是上市公司（福耀玻璃），都可以用资产负债表来表述。

第二张表：利润表

读懂利润表并不困难，简单理解就是用一张表告诉大家，一家公司一段时间（一个月、一个季度、一年）赚了多少钱。

利润表的定义：反映企业在一定会计期间（一个季度或一年）经营成果的报表。

我们再举刚才的例子：

小王买了 200 万的房子，自己不住，想拿来出租。

假设一个季度租金收入 5 万，偿还银行贷款 3.5 万，房屋维修护理费 2000，税费 1000。

小王租房一个季度的净利润=5 万−3.5 万−0.2 万−0.1 万=1.2 万

事实上，上市公司利润表的计算原理和小王租房净利润的计算方式差不多。

收入−成本费用=利润

同样以福耀玻璃为例，我们看一下它 2017 年第一季度的利润表。

1. 截至 2017 年 3 月 31 日，福耀玻璃营业收入 42.00 亿、营业成本 23.4 亿、销售费用 3.15 亿、财务费用 2603 万……

2. 2017 年第一季度福耀玻璃利润表：营业收入−（营业成本+销售费用+财务费用……）−所得税= 42.00 亿−（23.4 亿+3.15 亿+2603 万……）=6.93 亿

第三张表：现金流量表

现金流量表最容易懂：拿到钱了，现金流入；钱花掉了，现金流出。

现金流量表的定义：在一个固定期间（一个季度、一年）内，一家机构的现金（包括银行存款）的增减变动情况。根据其用途，可以划分为经营、投资及筹资三类活动。

在公司的现金流量表中，常用三类净额来体现。

1. 经营活动产生的现金流量净额。

2. 投资活动产生的现金流量净额。

3. 筹资活动产生的现金流量净额。

再看小王的例子：

1. 小王看中了一套200万的房子，首付60万，银行贷款140万。

2. 小王买了房子，自己不住，拿来出租。

3. 假设一个季度租金收入5万，偿还银行贷款3.5万，房屋维修护理费2000，税费1000。

2017年第一季度小王现金流量表：

经营活动产生的现金流量净额：收到租金–房屋维修护理费–税费=5万–2000–1000=4.7万

投资活动产生的现金流量净额：购买房花费= –200万

筹资活动产生的现金流量净额：银行贷款–偿还银行贷款=140万–3.5万=136.5万

小王贷款买房后的现金净额：4.7万–200万+136.5万= –58.8万元。

看了这个例子，应该知道买房投资的压力了吧！买200万的房子，小王直接得掏58.8万。

下面，继续看看福耀玻璃的现金流量表：

2017年第一季度福耀玻璃现金流量表：

经营活动产生的现金流量净额：10.5亿

投资活动产生的现金流量净额：–9.80亿

筹资活动产生的现金流量净额：5625万

福耀玻璃现金净额：10.5 亿−9.80 亿+5625 万=1.26 亿

那现金净额又是什么意思呢?

我们可以理解为福耀玻璃经营了一个季度（2017 年 1 月 ~ 2017 年 3 月），拿到了 1.26 亿的现金。

A 股 3000 家上市公司，一天看 10 张报表，也得看一年，并且由于报表数据庞杂，需要有技巧地看一些重点。当然，基本面分析成本太大，对于大多数“小白”股民比较难，所以大多数人可以考虑采用技术分析的方法来做分析。有关技术分析的基本概念，下一节会给大家做解读。

技术分析方法：
趋势策略、波浪理论技术指标

股票的基本面分析，难度还是比较大的，适合基金、券商、私募这种机构投资。而对大多数普通投资者来说，需要一种更加简单易用的分析方法，这就是技术分析。

一、什么是技术分析

技术分析是在一百多年前创建的股票投资理论，是一批有经验的交易员通过对市场价格变化的长期观察，总结经验得出的有关股市波动的若干所谓的“规律”。经过长期发展后，形成了众多的门类，其中有代表性的是道氏理论和波浪理论。技术分析的理论基础是三个假设。

第一个假设：价格反映一切。基本面、政治因素、心理因素等因素都要最终通过买卖反映在价格中，也就是价格变化反映供求关系，供求关系决定价格变化。

第二个假设：价格以趋势方式演变。对已经形成的趋势来讲，通常是沿现存趋势继续演变，例如上涨会继续涨，下跌也会继续跌。

第三个假设：历史会重演。虽然历史不会简单地重复，但会出现一定程度上的重演。

与基本面分析法相比，基本分析法能够比较全面地把握股票价格的长期走势，但对中短期的市场变动难以做出正确判断。而技术分析法贴近市场，对市场短期变化反应快，且直观明了，但无法判断长期趋势。

所以，基本分析、技术分析各有优缺点及适用范围。从交易的角度，技术分析作为短期买入、卖出时机选择的参考，是非常不错的方法。所以哪怕是以价值投资为主的机构投资人，也会对技术分析进行研究，从而实现投资收益的最大化。

二、技术分析一般分三个步骤

第一步，学会看图

图表的类型很多，最基本和常用的是阴阳蜡烛图，也就是我们在炒股软件中说的 K 线。随便打开一个股票软件，例如东方财富网，都可以看到这种股票的蜡烛图，图中一根柱子表明一个时间段，例如选中 30 分钟，则一根柱子表明 30 分钟的交易。如果选中一天，则一根柱子表明一天的交易。

阴柱（也就是绿线）表明下跌，即收市价低于开市价；阳柱（也就是红线）表明上涨，即收市价高于开市价。

通过蜡烛图的形态，主要可以分析行情什么时候将反转，这样在一波上升行情中及早进场做多，或者在一波下跌行情的早期及时出局。蜡烛图还有一个优势，就是可以做形态研究，例如顶部三只乌鸦代表可能会暴跌，底部红三兵代表可能要大涨。学会看图就可以掌握主力资金的动向，从而第一时间跟进，获得市场波动的收益。

第二步，分析趋势

技术分析的第二个关键，是要学会画趋势线、阻力位、支撑位。支撑位是指存在较大支撑的价位，股价下跌到该价附近时容易企稳反弹；阻力位是指存在较大压力的价位，股价上升到该价位附近时容易遇阻回落。

计算支撑和阻力位主要用画趋势线的方法，例如在上升趋势中，将两个上升的低点连成一条直线，就得到上升趋势线。在下降趋势中，将两个下降的高点连成一条直线，就得到下降趋势线。

第三步，结合技术指标来判断趋势

光有趋势线是不够的，还需要结合技术指标，来确认对市场趋势的判断，技术分析的很多指标都是用来定量地描述趋势，例如 MACD、布林轨等。

技术指标的好处是可以尽可能避免个人的主观意愿对市场行情判断的干扰，如果采用程序化交易的方式，还可以进行多产品多周期的交易，从而降低失败率，提升收益风险比。技术分析中用得最多的有这么几个指标：

第一个指标：移动平均线

移动平均线是最常用的技术工具之一。将某个时间段（例如 30 分钟、2 天、20 天）的收盘价加起来，除以总的时间段数量，这就形成了一个移动平均线。移动平均线让价格运动平滑多了，从而可以有效追踪趋势。一些交易者会使用三条移动平均线来做趋势判断，例如期货交易中常用的方法是 4 日、9 日及 18 日移动平均线。

常用的移动平均线的买卖信号是这样的：当短均线自下而上穿过长均线时，买入；当短均线自上而下穿过长均线时，卖出，这就是通常说的“金叉死叉”。另外一个交易方法是利用收盘价和均线的关系来判断：当收盘价高于均线时买入，收盘价跌破均线时卖出。

第二个指标：相对强度指数（RSI）

RSI 的主要目的是测量该市场的强度。如果 RSI 高于 70 表明市场严重超买，那么后续的资金量可能缺乏，牛市将要见顶。相反，如果 RSI 低于 30，说明市场严重超卖，投资者过于恐慌，熊市有可能即将见底。

RSI 的另一个用处是来分析市场的背离情况，例如市场价格继续走高，而 RSI 未能在相同的时间内走高，这就叫作背离，可能预示着大盘将要翻转。原来涨的可能要跌，原来跌的可能要涨。

第三个指标：布林轨

单根均线由于有很多毛刺信号，从而给投资者带来错误的买卖信号，在这种情况下，采用多个均线构成通道，会是比较好的解决方法，例如布林轨。布林轨由一个移动平均和两个标准差所组成，一条线位于移动均线上方，一条位于下方。上方的那条线是增加到均线的两个标准差，下面的那条线是从均线减去的两个标准差，这样就形成了一个通道。

交易中一般将布林轨和 RSI 指标一块儿用，如果市场价格触及布林轨上轨并且 RSI 出现背离，是卖出信号；如果价格触及布林轨下轨，且 RSI 出现背离，是买入信号。从历史经验看，布林轨最佳的期间是 20 天左右。

第四个指标：MACD 指标

MACD 体现了一条快速均线和一条慢速均线之间的差距，其中，快速均线的时间段默认值通常是 12，慢速均线的时间段默认值通常为 26。

当 MACD 穿越到信号线之上时，上升趋势可能刚开始，是买进信号。相反，MACE 穿越到信号线下方，可能是下降趋势，是卖出信号。

掌握好技术分析，就算对上市公司的基本面没有了解，也可能在股市中获得很少的收益，但是需要注意的是，对于不同的交易品种，指标的参数都是不一样的。例如大盘指数的技术指标和个股的技术指标显然不能用同一套参数体系，这就需要投资人在市场的分析中，把握不同交易品种的特性，找到最佳的参数。

三、波浪理论

技术分析的另外一个理论是艾略特波段理论，是由美国证券分析家艾略特提出来的。他通过对道琼斯股票的形态研究，发现股市就像海浪的波动一样，有一定的规律，从而总结出了“8浪循环”的理论。基本原理是这样的：

一波行情就是一个波浪的循环，包括“上升5浪”和“下跌3浪”，例如中国的A股从2003年开始的大牛市，到2007年10月份见顶，这4年间，走了一波完整的上涨5浪；然后从2008年到2013年的熊市期间，是下跌3浪。

价格波动的两个最基本形态是上升浪和下跌浪，任何一个金融市场中，上升和下跌将会交替进行；没有永远上升，也没有永远下跌。上升浪可以再分割成5个小浪，一般用第1浪、第2浪、第3浪、第4浪、第5浪来表示，下跌浪也可以划分成3个小浪，通常用A浪、B浪、C浪表示。

在8个波浪（五上三落）完毕之后，一个循环即告完成，走势将进入下一个八波浪循环；时间的长短不会改变波浪的形态，因为市场仍会依照其基本形态发展。波浪可以拉长，也可以缩短，但其基本形态永恒不变。

波浪理论提出后，对金融市场的分析理论来说，影响很大，但是也饱受质疑，主要就是因为这是一套完全主观的分析工具，毫无客观准则，所以就有“千人千浪”的说法。

除了前面两个重要的技术分析理论之外，还有一些其他的方法。波浪理论之外，广受交易员使用的还有江恩理论和缠论。

江恩理论是投资大师威廉·江恩提出的，包括江恩时间法则、江恩价格法则和江恩线等部分。

“缠论”是网络名人“缠中说禅”关于证券市场的一种投资理论。“缠论”从几何的角度对走势的结构逐步推导，对市场的各种走势做出科学的完全分类，从而指导实际操作。

技术分析对普通的“小白”散户来说，相对容易掌握，毕竟不是每个人都有机会去做上市公司调研的，而通过技术分析来判断大盘的高点低点，可以提高自己进场出场的时机选择成功率。

不过对技术分析来说，最大的难点就是具体指标的选择和参数的设定，这时候就需要对历史数据进行分析，找到最佳的参数，这也就是量化策略之所以在最近几十年在华尔街大行其道的原因。有关量化这种工具的原理和逻辑，我们下节讨论。

量化投资方法：
为什么大量机构转型量化

管理规模高达一万亿人民币的平安资管，在 2018 年选择裁撤权益投资部门，全力转向量化和委外，这个消息震动整个资管行业。其实在过去几年，国际金融行业中，这种趋势一直在持续。

管理资产高达 1650 亿美元的桥水基金组建了新的人工智能团队，该团队设计交易演算法，通过历史资料和统计概率预测未来。

高盛 600 名交易员只剩 2 人，现在三分之一的员工是计算机工程师，接下来高盛还将使 IPO（首次公开募股）过程中约 146 个步骤获得自动化。

为什么众多机构投资，都要大量转向量化投资呢？其关键原因就是量化投资是一种科学化、体系化的投资方法，通过金融衍生品的对冲，基于大数据的策略，能够持续稳健地获利，哪怕是在大熊市中，量化投资表现也非常稳健。

例如在 2008 年的美国金融危机中，文艺复兴的西蒙斯教授，利用高频交易，当年获利 80%。而号称“华尔街空神”的保尔森，更是做空次级债，获利超过 500%，一举获得 50 亿美元的个人绩效，创造了对冲基金历史。

散户苦等牛市，量化穿越牛熊！

什么是量化投资?

简单来讲，量化投资就是利用计算机科技并采用一定的数学模型去践行投资理念、实现投资策略的过程。

传统的投资方法主要有基本面分析法和技术分析法两种，与它们不同的是，量化投资主要依靠数据和模型来寻找投资标的和投资策略。

但是，定性投资和量化投资的具体做法有些差异，定性投资更多地依靠经验和感觉；量化投资依靠模型判断。在每一天的投资运作之前，投资者会先用模型对整个市场进行一次全面的检查和扫描，然后根据检查和扫描结果做出投资决策。

量化投资涉及很多数学和计算机方面的知识和技术，总的来说，主要有人工智能、数据挖掘、小波分析、支持向量机、分形理论和随机过程这几种。所以可以看出，量化投资和价值投资不太一样，价值投资的基础是金融学，而量化投资的基础是数学。

我们知道，任何一门学科，只有以数学为基础，进行定量的、客观的描述，才能成为真正的科学，才能将结论大规模地复制。这也就是华尔街像巴菲特这样的价值投资人士寥寥无几，但是量化投资的对冲基金却大行其道的原因。

那么，主要有哪些量化投资策略呢?

第一也是最重要的一类策略：量化选股

量化选股就是采用数量的方法判断某家公司是否值得买入的行为。根据某种方法，如果该公司满足了该方法的条件，则放入股票池；如果不满足，则从股票池中剔除。量化选股的方法有很多种，总的来说，可以分为公司估值法、趋势法和资金法三大类。

公司估值法通过比较公司估值得出的公司理论股票价格与市场价格的差异，判断股票的市场价格是否被高估或者低估，从而找出价值被低估或被高估的股票。这种就是基本面量化。

趋势法就是根据市场表现，如强势、弱势、盘整等不同的形态，做出对应的投资行为的方法。可以追随趋势，也可以进行反转操作等。这种就是技术面量化。

资金法的本质思想是追随市场主力资金的方向，如果资金流入，则应该伴随着价格上涨；如果资金流出，则应该伴随着价格下跌。资金法本质上是一种跟风策略，追随主流热点，从而期望在短时间内获得超额收益。这种是交易行为量化。

通过量化方法选出来的股票，通过不断地轮换，就可以获得超额收益。

第二类策略：量化择时

传统的有效市场认为金融市场是不可预测的，价格充分反映了所有相关的信息，价格变化服从随机游走，对金融产品价格的预测将毫无意义。

但是随着计算机技术、混沌、分形理论的发展，众多研究发现，股价的波动不是完全随机的，它貌似随机、杂乱，但在其复杂表面的背后，却隐藏着确定性的机制，因而存在可预测成分。例如，利用一种叫 Hurst 指数的工具，可以在较大的时间刻度上判断出大盘的高点和低点。

根据量化择时的策略判断，可以进行大盘的高抛低吸，例如熊市底部抄底，牛市顶部抛顶。

第三类策略：对冲套利

对冲套利就是利用两个相关性比较高的品种，同时进行做多和做空的操作的一种交易策略，当两个品种的价差偏差超过了合理区间，存在较大的概率回归，这是对冲套利策略的理论逻辑。

目前国内资本市场可以进行的对冲套利策略包括期现套利、跨期套利、跨品种套利、跨市场套利、ETF 套利、分级基金套利等。

有了对冲套利策略，无论是熊市还是牛市，都可以获得比较稳健的收益。

第四类策略：期权套利

期权套利交易是指同时买进卖出同一相关期货，但敲定价格不同或到期月份不同的看涨或看跌期权合约，希望在日后对冲交易部位或履约时获利的交易。期权套利的交易策略和方式多种多样，有多种相关期权交易的组合。特别是期权的高杠杆特征，使得在熊市中，有不少优秀的交易员依然可以获得超过 50% 的收益率。

有关期权的话题，我后面会单独设立一节来详细讲解。

第五类策略：资产配置

学术界有一个公认的结论：投资中真正赚钱的关键是资产配置，而不是具体的交易。通过对主要的大基金的绩效归因可以得出结论，90% 的收益来自正确的资产配置，也就是说，选择市场比交易更加重要。

量化投资管理将传统投资组合理论与量化分析技术结合，极大地丰富了资产配置的内涵，形成了现代资产配置理论的基本框架。

现在，全世界有超过万亿美元的资产全部或部分以量化分析为基础进行资产配置。资产配置一般包括两大类别、三大层次，两大类别分别为战略资产配置和战术资产配置，三大层次分别为全球资产配置、大类资产配置及行业风格配置。这些对于那些千亿级别的超级大机构极为重要。例如全球的顶尖资管机构、5 万亿美元的贝莱德，就是通过资产配置赚的钱。

总而言之，量化投资，作为现代金融体系的全新的方法，目前在专业机构的投资活动中，得到了越来越广泛的应用。作为普通投资人，了解一下量化投资的方法和理念也是很重要的。有关这个话题，大家可以去读我的那本《量化投资——策略与技术》。

量化投资的一个重要结论就是：不要试图寻找十倍“大牛股”，因为概率实在太低，正确的做法是通过投资组合、多策略交易的方式，在控制风险的情况下，追求稳健和持续的收益。有关投资组合的概念，我们将在下一节阐述。

投资组合方法：马科维茨投资理论讲了什么

前面介绍了多种选股方法，那么问题来了，用了这些方法是不是一定就可以稳赚不赔呢？当然不是，受限于投资人掌握的信息不同和专业技能的差距，最终的结果也是天差地别的。特别是很多小股民总希望一下子找到一个股票可以翻十倍，却往往成了机构盘中的“韭菜”。从价值投资的角度来看，选择股票最关键的一点是安全边际。

一、安全边际

安全边际这个概念最早由格雷厄姆提出，由他的学生巴菲特等发扬光大。安全边际的本质，不是某个指标，而是一种思想，是一种给自己寻找安全护垫的思想。从个人到企业到行业，再到国家层面，有哪些可以参考的安全边际？有关这个问题的研究报告很多，这里给大家介绍四个最重要的安全边际。

第一个：好企业，是平庸的企业的安全边际

如果公司每年赚 6% 持续 40 年，最后的年化回报也就是 6% 左右，即使你买的时候股票有很大的折扣。但反过来，如果公司每年资产收益率达 18% 并且持续二三十年，即使你买的时候看起来很贵，它还是会给你带来惊喜。例如董明珠的格力，还有曹德旺的福耀玻璃。

第二个：低估的股价，是高估的股价的安全边际

这是大家所理解的普遍的安全边际，通俗点说，就是我买入的股价低。

有个朋友曾经有这样的对话：

问：你不怕股价大跌吗？答：我买得低。问：你不怕增长不及预期？答：我买得低。问：你不怕经济危机吗？答：我买得低。

总之，所有的担心，他都用一句“我买得低”，怼得别人无话可说。

对那些高估买入的人来说，只能期待公司的高速增长，或者有下家来接盘。也许没有下家，自己只能拿着。

第三个：强大的竞争优势，是弱竞争优势的安全边际

在生活类的股票中，龙头具有价格权利，具有号召力，具有优势的市场份额和资源。

选择行业内龙头以外的企业，不但受到龙头的优势挤压，同样也会受到后续企业的围追堵截，疲于应付，一不小心，就坠落悬崖。

第四个：市场低迷，也是市场繁荣的安全边际

历史证明，整体的市场低迷时期，都是买入股票的大好时机，比如近一点的 2008 年、2015 年。市场继续向下的空间被释放，相比繁荣的 6000 点和 5000 点时期，就具有了安全边际。反过来说，你在股市繁荣时期买入高估值股票，实际就是买入了风险。

那么，是不是按照以上的方法就肯定可以获得安全边际的投资组合呢？以上只是定性的办法，我们还需要定量的方法，这就是投资组合理论。通过量化的方法，构建投资组合，这样确保自己的投资拥有足够的安全边际，从而可以穿越牛熊。这个投资组合理论是由 1990 年的诺贝尔经济学奖得主马科维茨提出的。

二、什么是投资组合理论?

所谓投资组合，就是投资在很多而不是单个的证券上。因为很多证券可以分散风险，所以如果一个组合够大，就可以把单个证券的个体性风险全部分散掉，这样就避免了“把鸡蛋放在一个篮子里”的危险。

这个理论被尊称为“金融学的大爆炸理论”，是因为它把数学语言引进了金融，然后创造了一套属于金融学的方法论，这个理论对整个金融行业贡献巨大。

在马科维茨之前，也就是 20 世纪 50 年代之前，大家都知道金融市场有风险，但是对风险的认识特别地模糊，既不知道怎么衡量，也不知道怎么计算。当时马科维茨正在著名的芝加哥大学读博士，他意识到，作为投资者，在说投资风险的时候，真正关心的是，能不能从这个企业、这笔投资里面赚到钱。

所以用金融语言来说，我们真正关心的是投资收益的不确定性。那既然是不确定性，我们就可以用数学语言来表示了。

于是马科维茨用期望收益率这个随机变量来描述收益，用期望收益的方差描述风险，这看似简单的一步，把一个抽象模糊的事物变成了可以精确描述的数字。然后投资者形形色色的问题马上就简化了。投资问题就简化为一个数学规划问题，就能算出我们该在哪些证券上投多少钱，也就是哪些组合能使我们的投资风险最小，或者说使我们的收益最大。

从马科维茨这个理论开始，风险收益权衡的分析框架正式成为金融学的基础分析框架。大半个世纪以来，不管我们的金融学发展到多么高深的地步，不管它的数学公式发展得多么高深艰涩，所有金融决策的基础概念一点都没有变，就是围绕着如何减小风险、增大收益来进行的。

在马科维茨之前，原来的证券投资，基本上都是散兵游勇式的分析；在马科维茨之后，证券投资就演变成了一套可复制、可推广的体系研究，慢慢地形成了专业化的证券投资行业。换一句话说，这个理论不但是这个学科的起点，也是现代证券投资行业的起点。大家都意识到，证券投资不仅仅是一个分析股票的过程，而且是一个寻找最佳组合的过程，它是需要全局式的大量计算和分析的。所以从这以后，单兵作战的时代就慢慢地进入尾声了。

这个方法论对金融服务行业而言，就像模具和流水线对于工业生产一样，是可以复制、可以推广、可以进行规模化生产的。形成一个产业以后，整个金融市场的效率也被大大地提高，全球的资金配置也变得更加有效了。学术圈的人认为它是金融学的大爆炸理论，华尔街的人把它称为“华尔街的第一次革命”。

当然，马科维茨的理论是机构投资人的基石，里面涉及复杂的数学工具和模型，那么，这个理论如何让“小白”用得上呢？

三、简单的投资组合方法

对普通投资人而言，很难用到均值、方差、相关系数、协方差那么复杂的数学工具，但是可以记住以下几个常用的原则，也可以实现有效的投资组合构建。

第一个原则：仓位控制

很多“小白”总喜欢“一把梭”，重仓某个股票，这显然是有问题的，从投资组合理论角度看：单个股票仓位通常建议不超过 20%，资金量足够大的话，建议不超过 10%。还有一种计算方法，用单股可能的损失除以总资金量，以 1% ~ 3% 为上限，进而倒推单个股票的合适仓位。

举个例子。假设有个账户总资产 100 万的投资者，每笔交易损失 2 万以内可以承受。再假设他的个股止损是 1 块钱，那么他在这只个股上的仓位配置上限就是 2 万股（2 万/ 1 块钱）；假如这只个股最终他损失 1 块钱离场了，那么他的总损失是 2 万元，正好是他的承受能力上限，也就是 2%。

如果该投资者的承受能力只有 1%，其他条件不变的话，同一只个股，他适合的单股持仓就不能超过 1 万股。

第二个原则：行业配比要分开

如果买了 10 个股票，可是 8 个都是钢铁股，这显然不是靠谱的投资组合。因为同一个行业的上市公司，可能遭受同样的行业风险，例如长生生物的疫苗造假事件出来以后，整个生物医药行业的股票都跟着暴跌了。

另外，人工智能、新能源汽车这样的概念，都属于新兴行业，也可以和行业等同来看待。同一个行业或概念上的总仓位，我建议不超过 30% 为好。

第三个原则：时机选择要错开

时机的意思是说，组合买股的时机要错开，同一个交易日不做从满仓到空仓，或者从空仓到满仓的事情。这样可以避免昨天还是空仓状态，上午满仓买股，下午市场不好全部套牢的情况。因为这很影响心态。我们的建议是每个交易日的总仓位变化不超过 30%。

比如说，昨天收盘总仓位 50%，今天总仓位在 20% ~ 80% 之间可以接受，但直接上到 100% 仓位，或者降到 0 仓位，就过于激进了。

第四个原则：关注波动率

个股的波动率，即使是在同一个行业或概念板块中，也会有很大的不同。在组合的构建中，我们建议将高、中、低波动率不同的个股综合考虑。比如积极型的投资者可以构建一个波动率相对较高的组合，因为高波动率的股票收益也会比较高；如果你是稳健型投资人，可以多考虑波动率较低的品种。

需要说明的是，股票组合的构建，本身并不能让投资者的收益更好。它的好处是可以尽量平滑投资者的市值波动，最终让投资者以更平和、更理性的心态来对待这个市场和自己的账户波动，从而长期获取稳健的回报。这才是投资组合理论最根本的价值所在。

我们知道，宏观经济的“好坏”对股票市场具有重大的影响，但是宏观经济不可能“一直好”，那么，在宏观经济出现变化的时候，我们需要如何做行业的分析呢？有关这个话题，我们下节讨论。

经济向好如何选股：多关注周期性行业

经济好就做周期股，经济不好就做防御股，这是专业的券商分析师都会给你的答案。那么，什么是周期股，什么是防御股呢？我们先来看股市和国民经济之间的关系。

宏观经济周期与股市的关系

股市是反映国民经济状况最重要的指标，而且股市的兴衰也会很大程度地影响国民经济发展。但是从根本上来说，是国民经济决定股市发展，而不是股市决定国民经济的发展。

纵观影响股价的各大因素，宏观经济周期的变动是最重要的因素之一，它影响企业营运，进而极大地影响股价。经济周期包括衰退、危机、复苏和繁荣四个阶段，一般来说：1. 经济衰退时期，股票价格会逐渐下跌；2. 到危机时期，股价跌至最低点；3. 而经济复苏开始时，股价又会逐步上升；4. 到繁荣时，股价则上涨至最高点。

第一个问题：宏观经济周期影响股市的原因是什么？

在经济衰退时，企业产品需求减少，利润降低，促使企业减少产量，使股息、红利被迫减少，股民持股热情降低，抛售股票行为逐渐增多，从而导致股价下跌。

当经济衰退已经达到经济危机的程度时，整个经济生活处于瘫痪状况，大量的企业倒闭，股价相应地到达低谷阶段。

相反，当经济开始复苏时，企业产品需求增加，利润提升，企业加大产量，股息、红利相应增加，股民持股热情高，购买股票行为逐渐增多，股价上涨。

当经济接近繁荣峰值时，股民持股热情达到高潮，股价相应地达到峰值阶段，有先见之明的投资者们，已经开始停止大量购入，股价达到峰值。

所以，掌握好经济周期的变化，然后进行股市的轮动操作，就有望在不同的阶段都抓住获利机会。

第二个问题：怎么判断股市和经济周期？

学术上判断经济周期的最重要的要素是货币，所以，我们先通过货币的变化，来研究一下整个经济周期中各个行业的变化。

假设经济已经处于萧条低谷，此时为了拉动经济复苏，首先就要刺激消费，向市场加大货币的流动量，因此政府的货币政策就会放松，此时金融行业最先受益。

政府通过银行等金融业向市场供给资金，货币不断地流入市场，人们口袋里的钱增加，开始选择购买自己钟爱的商品。随着购买力的日益增强，企业库存开始下降，资金开始回笼，企业也开始扩大生产规模。

一旦企业的生产能力增加，就需要购买原材料，这样就刺激了资源类商品价格上涨，经济链条被激发。个人家庭生活和企业生产经营都对能源的需求上升到高峰，因此能源电力会出现短缺，相关行业开足马力生产，企业经营状况达到高峰。

整个社会都有钱了，政府会将过剩的流动资金往公共事业方面引导，公共事业类企业将受益。

随着扩大再生产无止境地加大，产品开始过剩，库存积压，通胀来临。此后控制通胀成为宏观调控的首要任务，因此利率和存款准备金率等开始上调，市场资金流动性出现收缩，相关企业受库存积压、财务负担加重等的影响，盈利能力开始下降，整体经济下滑。

此时受经济周期影响较小的日用消费品行业相对凸显出来，因为这些企业生产的产品是人们赖以生存的必备品，比如食品、饮料、日用杂货等，这些相关企业的股票就会成为这个时期的强者。

随着经济进一步紧缩，到极度萧条时期，失业率上升，人们手中的钱越来越少，某些与健康有关的股票，如医药行业股成为此时的“香饽饽”。根据以上描述，可以得出行业轮动与股市和经济周期的关系，我们画了一个图，供大家参考。

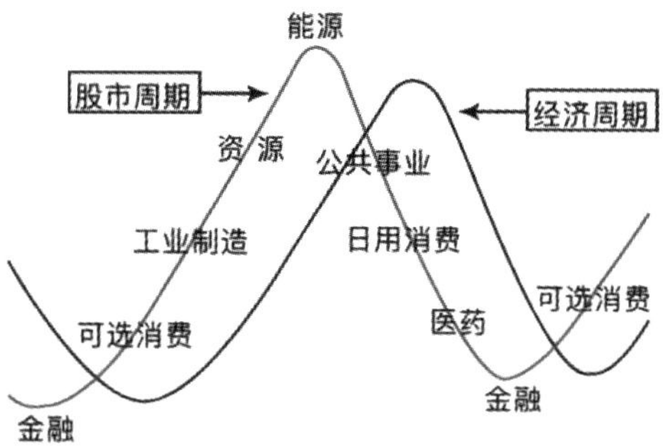

图中的两条曲线分别表示股市运行周期和经济运行周期，可以看出，股市的运行相对经济周期要快。各行业随着经济周期的波动产生的景气程度，刺激相关企业的盈利能力发生波动，从而形成了股市中的行业轮动效应。根据这种轮动效应，投资者掌握行业轮动节奏并参与投资，就会获得超额收益。

股票市场与经济联系得越紧密，或者说股市的市场作用越有效，这种轮动作用也越有效。所以，问题来了，经济形势向好的时候，我们应该选择哪些周期性板块呢?

第三个问题：有哪些周期性行业?

根据券商的研究结论，周期性行业一般分为消费类周期性行业和工业类周期性行业两大类。

第一个类别：消费类周期性行业

消费类周期性行业包括房地产、银行、证券、保险、汽车、航空等，它们的终端客户大部分是个人消费者，品牌忠诚度较低。具体来说有这么一些：

1. 银行。

银行业的盈利能力在几个行业中是比较稳定的，但银行业未来将面对利差逐步缩小和可能到来的利率市场化，还有房地产及金融风暴导致大量企业倒闭带来的呆坏账爆发的可能性。

2. 房地产。

房地产是典型的强周期行业。今后随着人口红利的消失，未来的房地产市场的普涨行情过去了，这时候就要关注龙头企业。因为龙头企业具有较好的抗风险能力，行业低谷可以带来低成本并购的机会，行业需求刚性和确定性较高。

3. 证券。

证券行业和股市的牛熊关系实在是太大了，例如 2007 年牛市顶部的时候，中信证券的股票涨了十几倍，但是到了 2018 年的熊市底部，证券行业指数极度低迷。所以股市中有句话，牛市买券商，就是这个道理。

4. 保险。

保险实际不属于周期性行业，但由于很多保险资金会投股票或者股票基金，所以保险业也会和股市的牛熊状态关系很大。应该注意的是，保险业是容易发生价格战的行业，为了获得暂时的市场份额和领先地位，可能出现非理性的保单设计，例如万能险这种。由于保单大部分都延续数年、数十年，坏账要很多年之后才能发现，这个不可不防。

5. 汽车行业。

汽车业车型换代迅速，技术更新较快，属于重资产型企业，而且行业竞争激烈，对油价敏感，影响利润的因素较多，即使景气度处于高峰期，企业的盈利能力也未必很高。属于糟时可能很糟，好时未必好的行业。

6. 航空行业。

航空业竞争激烈，恶性价格竞争经常出现（两到三折的机票价格随处可见），固定成本高昂，资本性开支庞大，总的来说，航空业的盈利能力比较低下。

房地产、银行、证券、保险这四个行业与日常生活密切相关，投资者可以比较容易直观地感受到行业的冷暖，而且影响盈利的因素比较简单，相对而言判断起来容易一些，是投资周期性行业较好的选择。

第二个类别：工业类周期性行业

工业类周期性行业包括有色金属、钢铁、化工等行业。这些行业产品价格波幅巨大、需求变化迅速，有时投资者根本没有反应的时间。

工业周期性行业的周期循环常常沿着产业链按一定的顺序依次发生，通常复苏始于下游企业，先是汽车、房地产、基础设施、机械、装备制造等，然后传导至中游的化纤、冶炼、压延等加工制造业，最后是上游的有色金属、石油、煤炭、石化等行业。衰退也是从下游行业开始，依次传导至中游、上游行业。

此外，还有一些非必需的消费品行业也具有鲜明的周期性特征，如高档白酒、高档服装、奢侈品等，因为一旦人们收入增长放缓，都会直接减少对这类非必需商品的消费需求。

第四个问题：怎么判断周期性行业的投资机会？

投资周期性行业股票的关键就是对于时机的准确把握，如果你能在周期触底反转前介入，就能获得更为丰厚的投资回报。虽然预测经济周期很难，但是还是有一些指标可以帮助大家决策的，其中最重要的就是利率。当利率水平低位运行或持续下降时，周期性的股票会表现得越来越好，因为低利率和低资金成本可以刺激经济的增长，鼓励各行各业扩大生产和需求。

相反，当利率水平逐渐抬高时，周期性行业因为资金成本上升就失去了扩张的意愿和能力，周期性的股票会表现得越来越差。

那么，当宏观经济下行的时候，是不是股票就不能投资了呢？当然不是，有一些行业就是在经济衰退的时候，体现出其强大的生命力的，找到这些好的行业和公司，同样可以在衰退期和萧条期获得不错的收益。有关这个话题，我们下节再说。

经济下行如何选股：
这几个行业能逆势飞扬

这两年，人们普遍在谈论另外一个话题：如何应对经济下行的压力？其实对某些企业来说，经济萧条的时候，反而是它们发展的好机会。我们需要更新我们的理念，因为：

好企业从来不会“靠天吃饭”

有一次度假，去了一个温泉度假村，它曾经赫赫有名，人声鼎沸，但是现在却失去了往日的兴隆，硬件设施老化，员工态度敷衍。我问他们的服务人员：“你们山庄以前做得挺好，现在出了什么事？”服务员跟我说：“因为公家消费少了，只好缩减开支，裁减员工，服务当然就跟不上了。”

公家消费少了，所以衰落。这个理由可以成立吗？

好企业从来不会“靠天吃饭”。如果一家企业把自己的命运与公家消费联系在一起，那根本就不是一家合格的企业。

在市场萧条的时候，有很多优质的企业采用逆向思维，反而获得了更好的市场机会。1994 年，墨西哥遇到了经济危机，当时几乎所有的企业都在缩减在墨西哥的投资，但是可口可乐却恰恰相反，趁机加大在墨西哥的投资力度，赢得了前所未有的业绩增长。

1998 年，金融危机席卷亚洲，多数企业也同样减少投资，缩减开支，但是三星却恰恰相反，逆势而上，加大在中国的投资力度，一举成为多个品类的龙头老大。

一个好的企业不需要风口，因为无论有没有风口，他们都能展翅飞翔，遨游蓝天。

经济不好的时候，也是有一些行业会有好的机会的，就像梅花总是在冬天开放，并不会去与牡丹争春。

经济寒冬的时候，会逆势飞扬的行业有：

行业 1：轻奢侈品

1930 年，美国面临经济危机，大批员工失业。在被解雇之后，很多女士选择去购买自己心仪的口红，对她们来说，口红虽然不是生活的必需品，但是当润泽的口红涂在嘴唇上时，却能安抚自己不安的心。这就是经济学上“口红效应”的由来。

“口红效应”，也被叫作“低价产品偏爱趋势”。在经济低迷的情况下，人们会有更加强烈的消费愿望，而低价奢侈品会给消费者一种心理上的慰藉和满足，所以这些行业会呈现出一种逆势增长的状态，类似的还有面膜、粉底、香水等产品。比如天猫“双十一”的火爆就是典型的“口红效应”。

行业 2：影视娱乐

在经济萧条时期，人们的收入与对未来的期望都有所降低，人们降低了购买力，手里反而剩余下闲钱。周末最好的选择就是去影院看电影，而我国平均电影票价 10 年来基本稳定在 30 元左右，这是既便宜又适宜的打发时间的方式。

在 20 世纪 30 年代大萧条的时候，好莱坞快速崛起，歌舞升平的繁盛景象为萧条中的人们带来希望。同样地，在中国最近几年的经济下行中，电影行业迎来一个新的发展期。

2014 年开始，中国电影总票房收入 296 亿元，同比增长 36%；2015 年中国电影总票房收入 440 亿元，同比增长 48%。这两年是中国电影市场发展的黄金之年。

说到休闲娱乐，同时繁荣的是影视和游戏。宅在家里追剧打游戏，既有意思，还能降低生活成本，所以，影视和游戏等娱乐行业开始受到消费者的追捧。

行业 3：低档烟酒

虽然说人们的生活水平会受到很大的影响，但是大部分人宁愿减少必需品的购买，或者降低生活质量，也不会放弃偏好类的非必需品，其中烟酒就是这样。当然，这里指的并不是非常高档的烟酒，而是处于中等档位的烟酒。低价白酒最近几年业绩大涨，也证明了这一点。

以烟草为例，尽管烟盒上标识着“吸烟有害健康”，同时大部分人也都知道烟草的税非常重，但仍然有人购买。

行业 4：医疗养老

中国已经进入人口老龄化时代，人口形势特殊，随着老年人口占比逐年增长，养老行业迎来繁荣。按照联合国对老龄化社会的定义：60 岁以上人口占比超过 10%，65 岁以上人口占比超过 7%。到 2016 年的时候，国内 60 岁以上人口比例为 16.7%，远远超过定义比例，已大踏步进入老龄化社会。有研究机构数据显示，预计到 2030 年的时候，60 岁以上人口的占比将达到 25%。

人们期盼着能够身体健康、长寿安乐，因此养老行业也得到空前迅速的发展。2016 年国内养老产业市场规模约 5 万亿，根据券商的研究，到 2030 年有可能超过 20 万亿，这是一个巨大的机会。

行业5：中小型餐饮

1937年，经济还有些低迷的美国，麦当劳兄弟的快餐生意却格外红火，他们专门制作味美价廉的汉堡包，使连锁快餐行业迎来黄金年代。

在中国也是一样，最近几年小型餐厅、外卖行业也是在大环境下得到迅猛发展的。

行业6：低值易耗品

由于人们对易耗日用品是一个刚性需求，且消耗量非常大，例如卫生纸、碗筷、鞋袜等，所以不管有没有钱，这些日用品总是要买的，贵的买不起，那就买便宜的。因此低值易耗品行业以及相关联的行业也会不断发展壮大。

在2018年的5月份，拼多多迎来上市。拼多多占领的市场非常大，其赢利模式也不容忽视，算是如今低值易耗品行业需求量巨大的一个有力证明。

行业7：修车洗车

由于购买力的降低，对于高价的产品，如汽车、房产，人们就不会追求所有权，换成使用权也是可以考虑的。所以对于破损的车辆，以前可能是考虑换新的，现在更多的是修理，因此修车、洗车、二手车行业会兴旺。最近有好几个二手车的网站到处做广告，也充分说明了这个道理。

房价越来越高，买是不指望了，那就租吧，所以我们看到房屋租赁业也很是红火。

行业8：彩票行业

1931年在美国大萧条时期，拉斯维加斯通过了赌博合法的议案，从此这里成了一个赌城并迅速崛起，面对强大的经济压力人们会幻想一夜暴富。而彩票行业也是如此，越来越红火。

那么，在熊市中，是不是就没有办法赚钱了呢？当然不是，利用好对冲工具，在市场不好的时候，依然可以获得稳健收益，这就是股指期货。有关股指期货的原理和应用方法，我们下节讨论。

股指期货对冲：
伊斯顿赚20亿的秘诀

到了熊市的时候，大多数股票都是跌的，那么，是不是熊市里面就没有办法赚钱了呢？不是。2015 年的时候，很多股票多头的基金损失惨重，但是有一批人用对冲的方式，不但没有亏损，反而从中大发横财。那么，他们到底是怎么赢利的呢？本节的内容有点深，对“小白”投资人来说，需要花点时间来掌握。

一、学会熊市做空

传统的股票做多，是先买后卖，只有卖的价格高于买的价格，才能从中获利；做空则是先卖后买，可以高价的时候先卖掉，过一段时间低价买回来，一样可以赚取价差。这个就叫做空。一般情况下，散户投资者可以有三种方式做空。

第一种方式是融券

所谓融券，就是借券。向谁借？投资者所开户的券商。具体怎么操作呢？比如你未来看空某只股票，在这个股票股价高位时向券商融券借入股票 1000

股，目前的股价是 10 元，并在这个价位卖出 1000 股股票，获得现金 1 万元。

一段时间之后，这个股票遭遇重大利空，股票“呼啦啦”地暴跌，跌至 6 元一股。此时你抄底购入 1000 股，总共花了 6000 元，买回 1000 股股票，还有 4000 元现金。然后你将 1000 股该只股票还给券商，并支付利息和手续费（比如说 500 元）。此时你做空该股股票总共获利 3500 元。这下就懂了吧？那问题来了，券商为什么要借给你呢？因为有很多股票是机构投资者托管给券商的，比如指数基金、保险基金等，他们反正也会卖，干脆借给别人赚点利息也是好的。

第二种方式是期权

期权是一种权利。从形式上可以分为认购期权和认沽期权。购买认沽期权就是做空股票的一种方式。A 股推出的期权，目前只有上证 50ETF 期权。有关期权的话题，我们在下一节详细阐述。

第三种方式是股指期货（重点）

股指期货是与股票指数挂钩的期货合约，由于股指期货可能做空，并且有杠杆，所以在熊市的时候，这是非常好的对冲发现的工具。

股指期货的一个特点是可以杠杆交易，在投资者做出正确交易行为的情况下，可以放大盈利。下面我们来看看股指期货的基本概念。

二、到底什么是股指期货?

目前中国金融期货交易所推出的期货交易品种有三种，分别是沪深 300 股指期货（简称 IF）、上证 50 股指期货（简称 IH）以及中证 500 股指期货（简称 IC）。

上面三个合约所对应的标的大概可以这样理解：IF 基本与沪市指数相一致；IH 所跟踪的是沪市 50 只有代表的权重个股；IC 所跟踪的是中小创业板 500 只个股，这个也会牵引小盘股的走势。

股指期货的杠杆很大，比融券要大不少。以 IF 为例，某一天 IF1808 报收的是 4000 点，1 个点是 300 元，那一手合约就需要约 120 万。是不是太贵了？没关系，只需支付 8% 的保证金就可以交易，也就是 9.6 万。在股灾前保证金还能下调至 5%，但股灾发生了单边下挫且断崖式的下跌，目前最低保证金基本已调整至 15%，换句话就是一手合约目前需要 18 万左右。

股指期货要是看涨就开多单头寸，就是买一份指数；看跌就开空单头寸，就是卖一份指数。以刚才的 4000 点的 IF1808 为例，方向对的话一个点就赚 300 元；如果暴涨 400 点，那么以 10% 的保证金来计算，开了空单的已经爆仓，就是保证金全部输光，但是如果开了多单的话，则保证金翻倍。因此股指期货是零和游戏。那么，股指期货有哪些交易策略呢？一般来说，股指期货有做空、套期保值、期现套利、跨期套利这么几种。

三、第一个策略：利用股指期货卖空

卖空是指投资者当某个期货合约价格看跌时，便抛出该期货合约，在发生实际交割前，将卖出的部分如数补进即可。如果价格下落，可以从更低的价格买进，从而赚取中间差价。

例如目前，你觉得上证 50 指数快到顶了，那就可以在 3500 的附近开上证 50 股指期货（IH）的空单；到了年底，果然，上证 50 跌到了 2800，你再从 2800 的位置平掉空单，这样就在这一轮下跌的行情中，赚了 700 点。那么，如果大盘没有跌，而是继续涨到 4000 呢？那就只能在 4000 的位置高位买回来，这样就亏了 500 点。

所以，利用股指期货可以放大杠杆进行方向性的交易，其关键就在于你是否能判断对未来大盘的走势。有关股市高点低点的判断，这就是另外一种比较高深的学问了，我未来会开设相应的股票投资课，做详细的解读。

四、第二个策略：套期保值

套期保值的目的是回避价格波动风险，特别是市场下跌的风险。

例如，在2018年1月19日，某投资者所持有的股票组合总价值为1000万元，当时的沪深300指数为4403点。该投资者预计未来3个月内股票市场会出现下跌，但是由于其股票组合具有较强的分红和送股潜力，于是该投资者决定用2018年6月份到期的沪深300股指期货合约，实施空头套期保值。

2018年1月19日IF1806合约价格为4410点，则该投资者需要卖出8张，具体计算过程就略过了，大家可以去查阅相应的文档。

到了2018年6月30日，沪深300指数跌到3510点，该投资者的股票组合总市值也跌至800万元，损失200万。但此时IF1806股指期货价格相应下跌至3500点，于是该投资者平仓其期货合约，将获利（4410–3500）点×300元/点×8=218万元，弥补了在股票市场的损失，还有点多余。这就是空头套期保值的原理。

当然，如果股票市场上涨，股票组合总市值也将增加，但是随着股指期货价格的相应上涨，股指期货市场的空头持仓将出现损失，也将正好抵消股票市场的盈利。这样就相当于锁定了持仓组合的价格波动，锁定了亏损，也锁定了盈利。

五、第三个策略：期现套利

股指期货对应的是相应的指数，但是由于股指期货市场和股票市场的投资者行为不同，所以会存在细微的差距，这就造成了股指期货的升水和贴水现象。

如果股指期货的价格高于指数价格，叫作升水；如果股指期货价格低于指数价格，叫作贴水。

由于股指期货到期的时候，是按照指数的价格结算的，换句话说，无论股指期货的价格如何波动，到了最后的交割点，都是强制收敛到指数，所以中间就产生了无风险套利的机会。

比如2015年6月份的时候，市场极为狂热，当时股指期货的3个月后的价格比现货的价格高出大概5%，出现了无风险套利的机会。当时我组织了大量的资金，买入沪深300的ETF，同时做空IF1509合约。果然过了1个月以后，这个价差回归了。我们从中白赚了5%，时间大概是1周。要知道，对几十亿的大资金而言，这个收益率已经相当可观了。

那么，为什么股指期货跟现货的价格偏差这么多呢？主要是因为当时的市场情绪太过狂热，散户们都觉得会涨到一万点，所以认为远月的空间更大，因此纷纷买入远月股指期货，从而造成了巨大的偏离。

但是最终市场规律还是起作用的，那些在顶部疯狂买入股指期货的人，最终损失惨重。

六、第四个策略：跨期套利

跨期套利是指利用同一股指期货市场上不同月份的期货合约之间的价差，同时进行一买一卖的相反交易以从中获利的交易行为。

例如，当股票市场趋势向上时，交割月份较远的期货合约价格往往会比近期月份合约价格更容易迅速上升，即涨幅会大一些。此时投资者可以考虑在卖出近期月份合约的同时买进同等数量的远期月份合约。例如买进 9 月份合约，卖出 3 月份合约，这种策略称为多头跨期套利。

当股票市场趋势向下时，交割月份较远的期货合约价格往往会比近期月份合约价格更容易迅速下跌，即跌幅会大一些，此时投资者可以考虑买入近期月份合约的同时卖出同等数量的远期月份合约。例如买进 3 月份合约，卖出 9 月份合约，这种策略叫作空头跨期套利。

套利比较复杂，这里就不多阐述了。

这节介绍了在熊市中，利用股指期货来进行对冲交易获利的策略，但是必须提醒“小白”的是：期货交易，一念天堂，一念地狱，千万不要放太大的杠杆，重仓交易，很容易就会陷入爆仓的境地。

那么，有没有一种不爆仓也能放大杠杆做空的品种呢？有的，这就是期权。有关期权的内容，我们下节阐述。

股票期权：
别的股票暴跌，它3天涨了1000倍

看到这个标题，估计大家都在想：3 天涨 1000 倍，可能吗？你还是先别下结论，因为这是真实发生的。

当上证 50 指数狂跌时，这时候有一个期权品种叫 50ETF 沽 2 月 2750， 这个品种从最低时的 0.0001 元涨到了一毛多，最高时涨了 1239 倍，收盘时依然有 800 倍之多。除此之外，这一天大量的期权产品平均的涨幅在 10 倍以上，让大家非常吃惊。我将历史的图标截图在这里，大家感受一下。

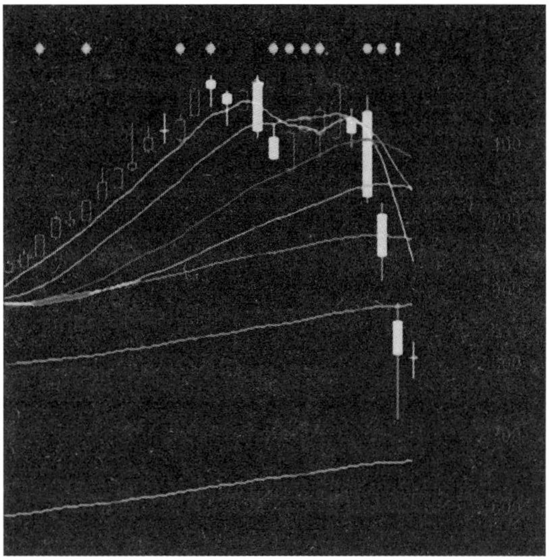

神奇吧？这就是期权的魅力。那么，到底什么是期权呢？期权就是一种权利的买卖，当你拥有了期权合约，就意味着你在未来有一个买入某个标的的权利。

举个例子，你和卖烧饼的签订一个合同，4 个月之后以 5 块钱的价格买入烧饼。现在你需要向卖方花 5 角钱的价格买个期权。因为你已经花了 5 角钱买了期权，所以卖烧饼的有 4 个月后卖给你烧饼的义务，而你有选择买或不买的权利。烧饼涨到 8 元钱的时候以 5 元的价格买入，这样你就赚了。

烧饼价格跌到 2 块的时候可以选择不买。卖烧饼的为什么要卖这个期权呢？万一真的跌了，他不是可以获得 5 角钱的补偿吗？反正他的烧饼总要卖的。我们下面通过几个问题，来搞清楚期权到底是什么。

问题 1：期权是什么?

期权：一种代表权利的合约，有点类似保险和彩票。保险合约就是一种期权，它代表着如果发生事故可获得赔偿；足彩也是一种期权，它代表着如果某队获胜可获得报酬。

但是“权利”不是免费的午餐，绝不会从天而降，所以想要得到权利的一方就必须付出一定的费用，这个费用就是权利金（又称为期权费）。

付了费用，获得权利的一方就是期权的买方；得到费用，给予权利的一方就是期权的卖方。

问题2：同样姓“期”，期权和期货的差别在哪儿？

期货：一种约定到期日一手交钱、一手交货的标准化合约。既然如此，到期可以不交钱或不交货吗？当然不行，这叫作违约。期货中到期必须交钱的一方常称为期货的买方（多方），到期必须交货的一方常称为期货的卖方（空方）。

由于期货买方有义务交钱，卖方有义务交货，你说天下对义务最好的约束手段是什么呢？自然就是保证金！因此期货买卖双方都需要缴纳保证金，一旦担保品不足，就会面临着强行平仓的风险。

如果把期权想成保险，你说保险的买方既然付了保险费（权利金），还有义务吗？没有了，只有权利，没有义务了，所以不再需要缴纳保证金，也不会有任何爆仓的风险。而保险的卖方（保险公司）呢？保险公司收取了保险费后，没有了任何权利，只有义务。因此同样姓“期”，期权的买方只有权利没有义务，卖方只有义务没有权利。

问题3：买期权和卖期权哪个挣钱？

买期权和卖期权的挣钱驱动因素完全不同，按照足彩的语言来说，就是胜率和赔率的博弈。低胜率必然伴随着高赔率，高胜率一定伴随着低赔率。

所以买期权的人就像买彩票的人，看重的是股价无限的空间，用未来的时间来换取股价持续上涨或下跌的空间，由于股价持续大涨或大跌毕竟是小概率事件，所以可以说是用低胜率来博取高赔率。

而卖期权的人就像保险公司，看重的是时间的流逝换取未来的安静与太平，平时一般都能稳赚保险费，但某次高昂的赔偿将带来较大损失，是用高胜率来换取较低的盈亏比。

问题 4：期权一定要持有到期吗？

这要看你买的是什么期权。期权分成场外期权和场内期权。

场外期权是一对一签订的协议，除非设置中途退出条款，否则一般不具有任何流动性，也只能持有到期。比如，签一份半年期的场外黄金看涨期权，即便半年内黄金一路下挫，你也没有办法将该期权转手给第三人。

而场内期权的交易就像我们平时炒股一样，属于竞价交易。每一个买期权的人，只要期权不到期，都可以挂出卖单把期权平掉；同样的道理，每一个卖期权的人，只要期权不到期，都可以挂出买单把期权平掉。当然，你完全可以不平仓，等待到期视情况选择是否行权！

问题 5：期权价格是交易所定的吗？

不是！场内期权市场在交易价格形成上十分类似股票交易，市场上每一个愿买的人挂出买单，愿卖的人挂出卖单，市场价格是买卖双方竞价出来的，交易所只是提供撮合成交的服务。正是由于这样的竞价撮合机制，才会使得同一份期权合约在当天 4 小时内的交易价格变来变去。

与股票一样，当价格变高时，说明买方势力变强，需求开始胜过供给；当价格下跌时，说明卖方势力变强，需求小于供给。

以 2016 年 8 月 15 日为例，50ETF 当日暴涨 2.82%，由于认购的买方是看大涨的，盘中许多交易者对认购合约的需求突然变得十分旺盛，买盘力量迅速变得犹如“洪荒之力”，因此当日的认购出现了普涨的现象。几个流动性好的认购合约普涨了 50% 到 300%，过瘾吧？

问题 6：期权会爆仓吗?

很多人看到“期”字，就会马上联系起一个恐怖的词语：“爆仓”。或许我们应该把爆仓的实质在此梳理一下。爆仓往往源自保证金不够，而需要保证金是因为怕你到期不交割或不还钱。市场上有着形形色色的工具——股指期货、融资融券、分级 B、股票期权，判断一个产品是否会爆仓，只需问自己一个问题，那就是：“持有这个合约后，身上有没有义务，需不需要缴纳保证金？”

对期权而言，我们必须把买方和卖方分开看待。投资者买了期权，就像买了一份保险，我向保险公司支付一笔保险费后，他们还会向我讨债吗？那是自然不会的！因此这个特性反映出了买入期权的一大特性，那就是损失有限，不会爆仓。

而卖方呢？假设卖方是一个卖保险的人，他拿了别人的钱，肩上承载着巨大的义务，为了让投保人放心，他必须押着担保品，一旦情况开始朝对他不利的方向走，他就必须追加更多的担保品，直至破产，所以有着爆仓的风险。

问题 7：关于一张期权合约的要素，我需要知道哪些？

对于股票，你只需要知道股票代码（一个维度）就能迅速找到想买的股票，比如 600104 代表上汽集团，000002 代表万科。

对于股指期货，你只需要知道标的和月份（两个维度）即可，比如沪深 300，今年 9 月到期的期货合约，代码记为 IF1609；又如中证 500，明年 3 月到期的期货合约，代码记为 IC1703。

对于股票期权，你需要知道标的、类型、月份、行权价（四个维度）。莫慌！为帮助你迅速地明白自己在买卖哪份期权，我们只需要看一下期权的合约简称：

举个例子：50ETF 购 9 月 2300。它表示标的是 50ETF，9 月到期，行权价为 2.300 的认购期权。具体如下图：

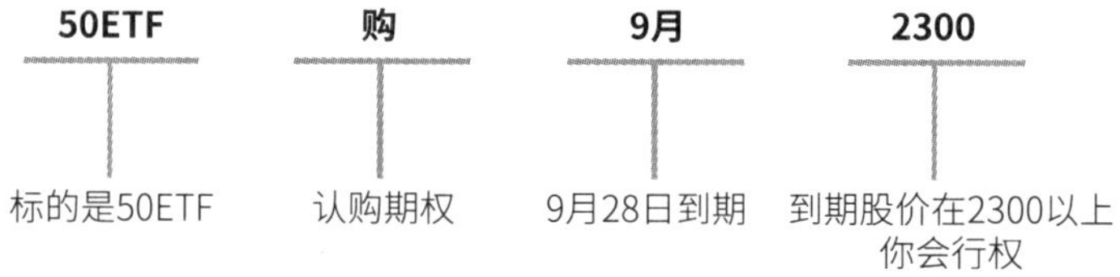

又如 50ETF 沽 10 月 2200。它表示标的是 50ETF，10 月到期，行权价为 2.200 的认沽期权。具体如下图：

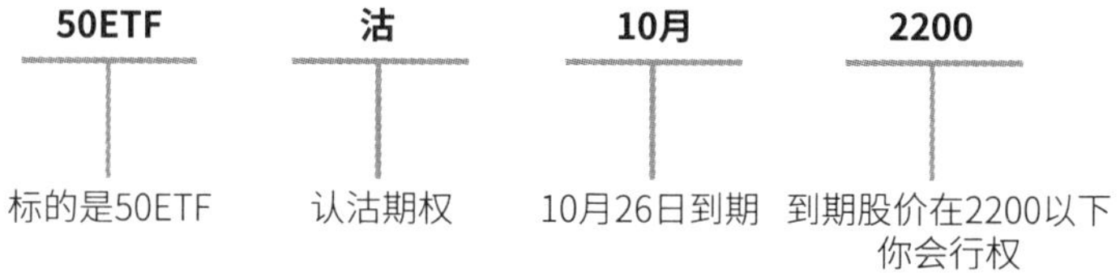

问题 8：我看到一张期权涨了 1000%，它会不会也跌那么多？

期权的魅力之一就在于收益与风险的不对称性。重要的事情说三遍：期权的买方就是投保人，投保人，投保人！

你看到过买保险的人付完保险费后，还会亏损更多吗？绝对不可能！所以一张期权可能涨了 1000%，也可能涨了 2000%，但它最多亏损 100%。

问题 9：听说期权可以穿越牛熊，具体怎么操作？

总结了 24 字的操作口诀，叫作“看大涨买认购，看大跌买认沽，看不涨卖认购，看不跌卖认沽”。下图形象地展示了这 24 字的口诀：

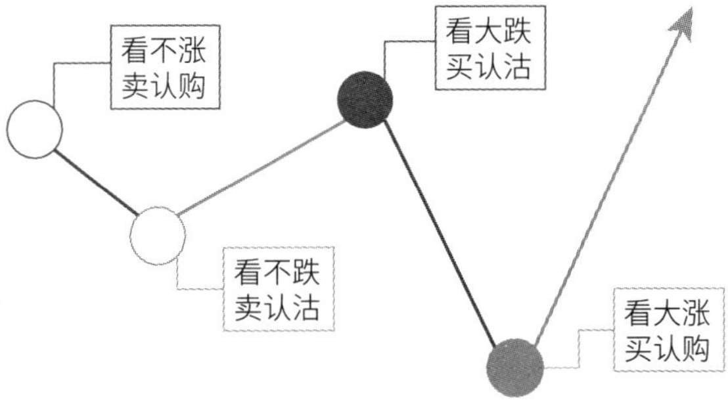

问题 10：期权交易千万不能有的误区是什么？

大部分股票交易者都有着补仓思维，这一点恰恰不能带到期权的交易上来。每一份期权都有着到期日，到期以后这个合约就会从“人间”蒸发，不见了！

股市中你可以补仓是因为，只要股票不退市，你终究会等到翻盘的那一天。但在期权交易中，由于到期日的存在，逆势而行下的补仓会加大你的总亏损，或许还没等到反弹的那一天，你的钱已经牺牲在“解放前”了。

好了，到现在，原理基本搞明白了，那最后一个问题：怎么进行期权交易?

首先要达到一定的门槛，这跟参与股指期货、融资融券、港股通等业务一样，监管部门针对个人投资者参与其交易，是有投资者适当性管理的。例如，你的账户里面至少要有 50 万，否则不让你参与，而且开户之前还得去参加考试，考不过也不能参与。之所以设定这么严格的标准，就是为了让那些没有风险承受能力的散户不要进入这个高风险的市场，免得亏钱。

通过前面内容的梳理，大家对股票的投资逻辑基本上应该有一个大致的概念了吧，希望大家能从中搞清楚股票的基本概念，不至于在股市糊里糊涂地亏钱。股票的交易是非常复杂的，未来我也会开设专门的股票投资课，给大家说清楚具体的投资和交易方法。

Chapter 5

第五章

保险

为什么买商业保险：
社会基金只能提供基本保障

说到保险这个话题，大家对保险的印象不是很好，总觉得保险是骗钱的，投保容易理赔难。特别是很多人都觉得“我有社保，就不需要商业保险了”，其实这是一个误区。因为社保只能给我们最基础的保障，如果不想因为一些意外让自己的人生一下子崩溃，就需要商业保险。

一、万一得了大病怎么办?

人的一生中，有两个我们无法预知的偶然事件：疾病和意外。如果一个人真的遭遇大病或残疾，有三笔费用是必须面对的：医疗费、康复费、收入损失费。

社保可以给大家解决医疗费的问题，但如果得了重病，需要进口药或者复杂的手术，那就只能自费了。这是一笔巨大的开支，特别是病后的恢复。

医学上有 5 年生存率的说法，意思是：一个人在重疾治疗结束后，若能平安度过 5 年，就表示过了危险期，复发的可能性就比较小了。这 5 年要持续疗养，保持心情乐观，多休息，多补充营养。

这时候商业保险就派上用场了，例如：

老王得了癌症，治疗费花了 10 万。幸运的是，他买了 50 万重疾险，根据保险合同，保险公司将赔付他 50 万，这额外多出来的 40 万，让老王安稳地度过了几年的恢复期。这就是商业重疾险的特征：“买多少赔多少。”除此之外，人万一哪天碰到意外事件呢？意外险就派上用场了，这笔钱可以帮助你熬过困难的岁月。这就是一定要购买商业保险的原因。

二、商业保险主要保障什么？

总的来说，保险按照被保险对象不同分为财产险和人身险两大类。顾名思义，财产险就是以财产为保护标的的险种，例如家里失火了、汽车给偷了，这种事也只有商业保险才会管。

财产险中最大头的是财产损失险，顾名思义就是对个人、家庭或企业所拥有的财产进行保险，在发生损失时由保险公司承担该部分损失的补偿。比如，有车一族每年都要购买的车险，快递公司对我们邮寄物品的保险，担心家里房子失火、水淹或者被盗所投的保险等。其他的还有责任险和信用保证险。

财产险在进行保险补偿时有两个重要的原则，第一个是“损失补偿原则”，就是你“损多少、赔多少”。例如你投保了 50 万额度，但是损失只有 10 万，保险公司只赔 10 万。当然，如果保险额度小于损失的话，例如你只投保了 5 万，就只能按保险额度进行赔偿，也就是 5 万，额外损失只能自行承担。

第二个原则是“重复保险分摊原则”。有人想，既然一家保险公司最多就是按照损失额度赔，那我多投保几家是不是就行了？不行。因为同时投了几份保险，最终的赔偿是由各家公司对该损失进行分摊赔偿。所以，多投没用。

人身险就是人为保护的标的，除了前面说的大病之外，还有一些意外事件，例如出了交通事故。这些事虽然概率很小，但是万一出了，影响就很大，有可能自己的人生轨迹一下子就改变了。

人身险是保险的主力，社保是其中一种，保障人身一部分。而更多的保障内容依靠的是商业保险来补充。

三、社保主要保障哪一块?

目前的社保是强制缴纳的，只要你工作了，工作单位必须给你缴，一部分从你的工资里面出，一部分是公司给你出，就是大家常说的“五险一金”。现在有很多企业为了降低成本，总是找各种方法少缴纳，对于这样的公司大家要擦亮眼睛。“一金”，我们在前面已经介绍过，就是“住房公积金”，那么这“五险”是哪五个呢?

第一个是养老保险，就是老了给你一笔退休金。现在的许多老人大多数都有这个养老金，而且国家年年都在涨退休金。

第二个是医疗保险。大家去医院看病，一般都会带个医保卡，里面绑定的就是你的医疗保险账户。医药费一般都是先从这账户里面出，不够了才自己掏，就是“花多少，报多少”。

第三个是工伤保险。这个主要是那些重体力活的危险行业用得着，例如建筑工人、快递小哥等。

第四个是生育保险。这个是给女人的，就是女人生孩子，国家会给补贴一笔钱。

第五个是失业保险。

从这几个方面可以看出社保的保障范围。而商业人身险，可以是补充社保的另一种保险。

四、商业人身险能保障我们什么？

商业险主要包括健康险、意外险和人寿险几大类。我们先来看健康险。

第一种是健康险，顾名思义，就是和我们的健康方面有关的保险，每个人都希望健健康康的，但是万一得个大病，就得看你银行卡上的钱多不多了。健康险又可以分为疾病险、医疗险和收入保障保险。

疾病保险又分为重疾和轻症。目前我国保监会对重疾保险规定了部分主要发病的重大疾病，该部分为每一款重疾保险均需涵盖的。疾病险的理赔方式一般为给付型，就是一次性给笔大的。对于重疾险这种品种，我的建议是一定要买，不要以为你现在没病就不用，等到你有病的时候，再想买保险，也不能买了。

我在前面介绍过我的一个以前的同事，突然得了重病，结果一下子将几年的积蓄都掏空了，还找我借钱治病。病来如山倒，如果你是家里的顶梁柱，更是需要一份重疾险，不仅仅是保你自己，更重要的是保障家人。

商业医疗保险是社保的重要补充，主要是为了补充那些高档的医疗服务的，因为很多进口的药和手术器械，社保是不报销的，就只能依靠商业医疗险了。其中高端医疗都会有一批指定的可以直付的医疗机构。

收入保障保险：就是被保险人由于疾病或意外伤害导致残疾，丧失劳动能力，保险公司在一定期限内分期给付保险金，让你能有一份收入，不至于活不下去。

第二种是意外伤害保险，是指意外伤害致残疾或者死亡，赔你一笔钱，让你可以治病，或者留给家人。这个赔付标准一般会根据残疾标准来，国家有专门的鉴定机构。

第三种是人寿保险，这也是一个“大头”。以被保险人的寿命为保险标的，通俗地说就是人逝世了或者患上重大残疾，给一笔钱给家人。或者人没逝世，提前取出来用也行，类似强制储蓄。

在国外，很多富人都通过大额的人寿保险来规避遗产税。所以，如果钱直接留给孩子，要交一大笔遗产税，但是可以买成保险，这样你去世后，这笔保费由孩子领取，就合理避开税了。

寿险又分为定期寿险、终身寿险、两全型保险、年金险四大类。有关这个话题，我会在后面的章节中会做进一步介绍。

对上班族来说，最重要的就是重疾险。给自己买一个安心，万一得了重病，也不至于手足无措。经常出差的人，买一份意外险也是有必要的，比如，每次买机票和高铁票，花几元钱买一份意外险。谁都不想出事，但是万一呢？

人生不怕一万，就怕万一啊。

商业保险面面观（上）：必须要配置一份重疾险

这节来给大家介绍几个常用的必备的保险。

第一个险种：车险

第一个就是车险。车险属于财产险的一种，但是和家庭财产险又有不同。家庭财产险包括房屋、家居、电器等，是一种固定的财产形式，但是汽车这种不一样，它是交通工具，因此会带来交通的风险。这也就是车险单独列出来做一个独立险种的原因。

由于车险的内涵并不仅仅是财产的部分，更主要的是汽车的责任带来的风险。所以国家法律明确规定，要办理机动车交通事故责任强制保险，也就是大家通常说的交强险。

很多朋友首次购车时，要买全险，就是交强险+商业险。但一般都比较贵。“贵那也没办法啊，销售员说必须要在他们店里购买全险才可以把车开走。”这纯属忽悠人。法律规定，车险中只有交强险是必须购买才能上路的，商业险车险可不需要买，当然，出于安全的考虑，多买一份也是可以的。

最后要提醒一下，每年的车险保费都会根据上一年出险次数来定，出险次数越多，价格相对就越贵，所以安全驾驶才是真的替自己省钱。不要因为买了保险就觉得无所谓了，安全驾驶不仅仅是可以节约保险费，也能避免自己发生意外。小心慢行，永远都不会错的。

第二个险种是重疾险

这个保险确实是人人都应该买的。重疾险原理很简单，就是患上符合合同约定的疾病，保险公司会赔给一大笔钱。这笔钱我们可以自由支配，可以用来治病、出国理疗、恢复身体、购买保健品等。

市面上 80% 以上的重疾险，都是传统的保终身的重疾险，这类重疾险的保障责任可以看作“疾病”和“身故”两份保障。

例如，你买了一份 100 万保额的重疾险，如果活到 90 岁没有患病，就算自然死亡也能获得 100 万的赔付。

这些传统的终身重疾险产品目前比较多，比如大家常见的平安福、泰康百分百等。

除此以外，还有一种不含身故责任、只关注疾病的保障、没有寿险责任的产品，这类产品我们可以叫作“消费型纯重疾险”。这类产品由于去掉了寿险的保障，而且还可以选择只保一段时间，比如只保到 70 岁或 80 岁，所以每年保费可以做到非常非常低。

上述产品没有好坏对错之分，大家结合自己的需求来看就好，按需选择。

重疾险的核心就是疾病，目前行业将病种主要分成“重疾”和“轻症”两大类。什么叫重疾？危及生命的疾病，治疗过程花费巨大。什么叫轻症？不会危及生命，花费不大。

在 2007 年，保险行业协会统一制定了《重大疾病保险的疾病定义使用规范》，对各大保险公司疾病进行了统一。所以无论是 80 种重疾，还是 100 种重疾，前 25 个病种各家保险公司定义都是相同的。

所以，大家不要简单粗暴地理解，认为重疾险保的疾病种类越多越好，不能说保 1000 种疾病的一定比保 25 种疾病的更好，因为许多疾病很有可能遇不上。

保险行业协会只对 25 种重疾进行了统一的规范和确定，对轻症没有统一的标准，但是一般来说，轻症的话，没有必要买保险，社保和个人的积蓄足够支持。我们要的就是患重大疾病时的保障。

重疾险的逻辑就是得病拿钱，准确地说是符合合同约定才能赔。对涵盖绝大部分理赔的前 25 种重疾进行分析，基本可以将之分为 3 类：确诊即赔是 3 种；实施了某种手术才能赔的是 5 种；达到某种状态才能赔付的是 17 种。具体如何，都写在保险合同里面呢，大家仔细阅读即可。

有的朋友在购买重疾险时，会认为到 80 岁的时候能返还保费的保险，一定比不返还的好。真相真的是这样吗？根据某个保险公司的返还型保险产品，我们做了一个大致的分析得出结论：相同的条件下，同样是 50 万保额，如果追求 66 岁保费返还，那么每年需要多交 56% 的保费！

保险公司在几十年后返还的保费，实际上就是你现在多交的保费。不花钱免费得到保障，这种事情只会发生在童话世界里。

本来重疾险已经够复杂了，如果再考虑分红、返本的因素，普通消费者根本就没有辨别的能力。保障归保障，理财归理财，不要想着通过重疾险实现理财的目的。而能实现这样目的的产品，一般都是有缺陷的。况且保险的理财能力，远不如基金。

还有一个问题，重疾险的保额选多少？我一直都在强调一个买保险的理念：买保险就是买保额。因为重疾险的本质是收入补偿，所以保额太低根本是没有意义的。

以某家保险公司 2017 年的数据为例：2017 年累计赔付重疾保险金 11.76 亿元，件均赔付为 5.03 万。试想一下，在物价飞涨的今天，买了 10 万元保终身的重疾险又有什么意义呢？

我建议大家重疾险的保额至少 30 万起步，如果生活在一线城市，或者期望获得更好的补偿效果，那么建议保额至少 50 万。如果资金不足的话，可以考虑将购买的期限放长，或者将一些保险的附加功能去掉，只买单纯的保障。但是无论如何，一定要记住：重疾险最重要的是保额！保额！保额！重要的事情说三遍。

目前市场上流行的另外一种保险——百万医疗险，动辄几百万的保额，而且不限社保 100% 报销。有的朋友会好奇，买了这种几百万的医疗险，还需要买重疾险吗？

我的结论是，当然需要，医疗险是无法代替重疾险的。医疗险报销的上限不会超过自己的医疗花费，就算你买了 500 万保额的，如果你治病只花了 10 万，保险公司也只给你赔 10 万，而不是 500 万，这点一定要弄清楚。治疗期间无法工作、术后的疗养康复，医疗险都是不管的，这就需要重疾险，所以这两个险种保障的范围和效果是完全不一样的。

第三个险种：长期护理险

与重疾险有关的还有一个险种，叫作长期护理险，这个也可以考虑和重疾险搭配着买。因为人一旦得了重疾，往往需要较长的调理期。特别是年纪有点大的、身体不太好的人，如果得了重大疾病，往往需要相当长的恢复期，这就需要大量的资金支持。

长期护理险大约 20 年前在美国开始流行，日益成为广大家庭最受欢迎的险种，目前已占美国人寿保险市场 30% 的份额。截止到 2020 年，我国老年人口达到了 2.4 亿，我国人口老龄化进入了一个新的阶段，年轻人工作繁忙使得照顾老年人的时间减少，这就需要长期护理险。

一般来说，出现以下的情况，保险公司将给付保险金，投保人可以拿着保险金请相应的家政服务人员，或者请专业的护理机构服务。像日常活动能力丧失，例如起床和睡觉，或起居活动、穿衣和脱衣等；认知能力障碍，听不清，看不见，或者大脑思维不清，等等。至于保险责任，各保险公司不一样，这个要看不同保险产品的合同约定了。

不管怎样，人这一辈子，生老病死是必然过程，特别是年轻的时候，就应该及早买保险，免得到了年老的时候，想买也买不到了。

这节给大家介绍了三个常见的保险常识，这也是大多数人需要掌握的，而了解它们内在的逻辑和内容，大家可以去看相应的保险合同，后购买。

另外三个重要的保险是寿险、意外险和家财险，有关这三个险种的问题，我们在下一节给大家做介绍。

商业保险面面观（下）：提前做好养老和财富传承

上节给大家介绍了车险、重疾险和护理险，其中后面两个是重要的人身保险，可以让你得了大病以后不至于没钱看病。另外一种很重要的人身险就是寿险，即人寿保险，是一种以人的生死为保险对象的保险。按照业务范围可以分为：生存保险、死亡保险和两全保险。按照保障期限可分为：定期寿险和终身寿险。

一、寿险怎么买?

定期寿险保障的保障期限一般为定期，明确具体的保障年限，包括 20 年、30 年，保障至 60 周岁、保障至 65 周岁等。

终身寿险的保障期限则为终身，一般到生命表的终极年龄 100 岁为止。也就是说，无论你 20 岁买还是 40 岁买终身寿险，都是保障至 100 岁。因为保障的周期相差巨大，特别是人老了以后身故的风险更大，所以终身寿险的费率远高于定期寿险。从市场平均来看，终身寿险的保费往往要比定期寿险高 4～5 倍之多。

其实这点完全可以理解，定期寿险只有在一定期限内发生投保人死亡或者全残这种重大的事件才会赔付。如果在保障期内人活得好好的，保险公司既不用赔付，也不用退还保费，这笔钱就白白收了。而终身寿险保障的是终身，意味着“一定会”赔付。

所以从这个意义上来说，终身寿险类似强制储蓄，保单具有现金价值，既可以中途退保，也可以在急需用钱时，用保单做抵押，向保险公司借款。定期寿险是消费型，到期后已缴纳的保费再也回不来了。所以，终身寿险集合了保险和储蓄投资于一身，而定期人寿保险保单则是一份单纯的保险单。

寿险非常重要，购买的时候，有几个要点一定要注意：

第一个：全残保障不可少

死亡导致的收入中断固然可怕，但高度残疾更可怕，除了导致收入中断，还会带来巨大支出，因此，投保人在选择定期寿险的时候，最好选择死亡和全残均有保障的寿险。

第二个：如果有可能，最好选择终身寿险

终身寿险具有储蓄型产品的特点。中途退保了能领取现金，保障期间如果去世，赔付的保险金能缓解家人的经济压力，保障期满还活着也能获得保险金。

由于终身寿险的保险金最终“一定会”赔付，很多有资产传承需要的人群可以通过购买终身寿险，达到转移资产、合理避税的目的。现在富人阶层，大都购买大额的终身寿险，如果自己去世了，这个保单的资金就可以由子女领取，从而可以避开巨额的遗产税。在西方很多国家，遗产税高达 50%，这就是很多富豪家族设立家族基金，通过信托、保险的方式保护财产的原因。

假如经济条件有限，尤其如果你是上有老下有小、房贷、车贷压力重重的家庭经济支柱怎么办？那就先买定期寿险，主要是为了防范投保人的死亡而导致收入中断。

从寿险角度看，购买定期寿险能以较小的代价，保证万一家里的收入主力突然倒下，不至于给家庭带来太大的经济冲击。

人身保障是最重要的保障，寿险产品人人都应购买（尤其是上有老下有小、背负房贷、车贷一族）。从经济学的角度看，买了寿险，就是用较小的代价锁定了未来的收入，因为只要你一直健健康康的，就可以努力工作几十年，那肯定能赚回那些收入。

有了重疾险和寿险还是不够的，还有一个险种也需要配备，那就是意外险，用于防范突发的意外情况。

二、意外险到底可以保什么?

对于意外险，估计很多朋友都不陌生。因为平时外出旅游，或者乘坐飞机轮船，都会遇到购买意外险的情况。但是意外险保障哪些范围，却并不是所有人都清楚。

意外险中的“意外”，并不完全等同于我们日常生活中理解的“意外”。在保险行业内，它有着明确的解释范围，总结下来就是外来、突发、非本意、非疾病。

外来指的是外来的致害物，比如不慎溺水、被狗咬、被车撞等。突发是指投保人遭受突然迅猛的袭击，例如走到大街上一棵大树倒下来了。非本意是指被保险人没有预见的意外，例如飞机从天上掉下来了。非疾病是指由被投保人自身以外的因素所造成的身体伤害，像长期喝烈酒造成的身体伤害就不属于意外险保障范围。

天有不测风云，生活中，处处存在发生意外的可能，没法预测什么时候会遇到意外，既然避免不了，就只能选择借助外力，来转移伤害所带来的损失。像利用意外保险，来补偿因意外造成的个人和家庭的损失。

一个人购买了意外险后，一旦不幸遇险，可以获得高杠杆的保险金赔付，使得整个家庭能够缓解灾难带来的冲击。可以这么说，意外险是保险险种中保费最低，杠杆却是最高的。

一定要给大家再次强调的一点是，所有的意外险都是只对外来、突发、非本意、非疾病导致的事故进行赔付。突发疾病身故都是不赔的！

所以，购买意外险，最重要的是要想清楚，自身的需求究竟是什么。很多保险产品名字里可能都含有“意外”二字，但保障的内容可能大相径庭，投保时需注意查看清楚，这里给大家一些建议。

对于那些经常加班加点的白领，由于长期处于高压状态，很容易突发疾病，在选择意外险时，可选择附加突发疾病身故的险种。

对于隔三岔五乘坐飞机出差的商务人士，肯定要买航空意外险。

对于喜欢外出旅游的人群，旅游意外险是不错的选择。

对于乘坐公交上下班的白领，可考虑交通工具综合意外险。

意外这种事情谁也不愿意遇到，但是不以人的意志为转移，例如引发广泛关注的“重庆公交车”事件。因为司机和乘客在车上斗殴，结果引发重大交通事故，一车人都掉进长江活活淹死。如果车上的人没有买意外保险的话，这些人的家庭生活可能一下子就“雪崩”了。谁能想到会出这种事呢？所以，平时用小钱买个意外险，总是好的。

三、家财险需要买吗？

人身保险是最重要的保险，其次就是财产类的保险，根据保险产品的侧重功能不同，目前市场上的家财险主要分为保障型、两全型和投资型三种。其中保障型产品最有价值，它是一款单纯的具有经济损失补偿性质的险种。

保障型家财险的优点是保费一般较低，不会占用太多的家庭资金；缺点是只有在发生保险损失时才能得到保险公司的赔偿，没有投资收益。

例如有一款“家财险综合保险”，房屋保障门槛较低，保费最低 1.6 元每年。虽然低至如此，但并不代表这 1.6 元可以满足一个家庭的财产保障需求，实际它对应的保额有 5000 元。那么，有人问了：投保以后家里的东西都可以保吗？

当然不是啦！可保财产有明确规定，诸如拥有全部产权的房屋及室内装潢、家用电器、衣物、家具等。至于不可保财产，合同中也会列明，如金银、首饰、珠宝、票证、古玩、字画等无法鉴定价值的财产。

有人可能会这么想，既然单个保单保额不够，我多投几个，是不是就能多拿几份赔偿金呢？家财险最多只赔你的损失，如果你买了好几份，就在几家保险公司之间分摊。

比如老王在某家买了 10 万元的家财险，觉得保额有点少，又去另一家买了一份 10 万元的家财险。

3 个月后不幸家中被盗，丢失财物合计人民币 4 万元。王先生分别向两家保险公司报案，那么，老王会获赔多少呢？并不是他认为的 20 万，而是在两家保险公司之间分摊，从每家各拿回 2 万，一共就是 4 万，正好弥补他家里被盗的损失。

所以，家财险多买是没用的。

通过两节的阐述，我将最重要的也是最常见的 6 个商业保险给大家说清楚了。大家应该明白了，在人的一生中，会有各种不同的意外和危险，有了保险的支持，让大家可以在发生特殊情况的时候，依然有可能保证生活质量。

在保险方面，很多人有一个误区，总觉得钱扔出去了，没有发生意外，这不是亏了吗？所以很多人会买那种带有理财功能的保险，对于这种想法，我的回答是，错！因为保险的核心功能是保障，而不是“钱生钱”，有关这个话题，我们下节阐述。

保险不是为了钱生钱：核心价值是转移风险

2016 年，有一次在业内投资会议上，我和几个来自保险行业的朋友就“保险理财”这个话题进行了技术上的交流。他们推荐“万能险”这个所谓的高收益品种，而我则非常不看好，因为我认为这个品种违背了保险的初衷。

这节我来多花点时间给大家谈谈保险的理念，免得大家因为各种错误的保险理念，而买到没有必要的产品。

一、第一个，也是最重要的理念：买保险的目的是保障意外，而不是赚钱

有句话叫作“天有不测风云，人有旦夕祸福”，就拿前段时间“重庆公交车坠江”事件来说，车上的乘客谁能想到好好地坐公交，居然将性命丢了呢？这种极端的小概率事件一旦发生，就会给家人带来巨大的痛苦。

这些极端的“黑天鹅事件”，并不会因为你有钱或者没有钱而远离你，实

际上，就是那些没钱的人碰到问题的时候，伤害才会更大。例如有些经济实力较低的人，在身体得了小毛病的时候，能忍则忍，实在不能忍才会上医院，结果小病拖成大病，最后拖到不可救药的时候，一切都晚了。

有钱人生病可以请最好的医生，用最好的药，但没有钱的人则不一样。为了挽救亲人的生命，一般情况不外乎这么几种：要么拿出所有的积蓄，要么借遍所有的亲朋好友，要么变卖家里所有值钱的东西，要么向银行贷款。

对于没有钱的人来说，家里那点存款，相比昂贵的医药费用简直就是杯水车薪；亲朋好友，能够支援的也很有限；家里能变卖的值钱东西无外乎房产，但卖了房子全家住哪里？没有值钱的东西做抵押，哪家银行会向你放贷？

朋友圈里面经常有那种得了重病而众筹的消息，我就在想，为什么不在自己健康活着的时候，给自己买上一份保险呢？保险并不是有钱人才买的，富人买保险更多的是为了保全财产，其实穷人才更应该买保险，因为你和你的家庭经不起任何风险的冲击了，一次大病和意外就会给你和你的家庭造成毁灭性的打击！

所以，买重疾险，不是为了得病，而是为了好好活；而买意外险，不是为了出事，而是为了一生平安；买寿险，是为了年老时，不动不动就找子女。所以保险不是为了钱生钱，而是用 10% 的钱保护 90% 的钱。这是极为重要的理念，也是买所有保险的最基本的出发点。

英国前首相丘吉尔说：“我真想把‘保险’二字写到家家户户的门上，我深信，每个家庭只要付出微不足道的代价，就可免遭万劫不复的灾难。”

华人前首富李嘉诚也这么说：“大家都说我很富有，其实真正属于我的财富，就是我给自己和家人买了充足的人寿保险。”

二、保险不是有钱就一定能买得到的

媒体上有过一个报道：曾经一个千万富翁开着豪车出事故了，结果车有保险赔了 80 多万，他个人没有商业保险，只赔了 2 万元，车和人到底谁值钱？这个问题也许不值一问：当然是人值钱！

可是在现实生活中，却并非如此。在这起事故中人和车的身价竟然相差了近 40 倍，由于家中的顶梁柱突然倒下，千万富翁的妻子不得已，只能出来找工作养儿子、还房贷，上面还有 4 位老人，整个家庭快崩溃了……一个千万富翁身价只值 2 万元，你不觉得他走得“太便宜了”吗？

许多人都认为，保险嘛，有钱就能买到，等我有闲钱的时候再买也不迟。但是事实真是这样吗？我只能告诉你：有钱在保险公司不好使，要看你的年龄和身体状况。保险公司有这么一些通用的投保原则：

原则 1：70 岁以上的人，只能买意外险。

原则 2：50 岁以上的人，必须体检。

原则 3：40 岁以上的人限额。超过额度必须体检。

原则 4：无论年龄多小，只要是患糖尿病、高血压、心脏病、癌症、神经系统疾病的人都会被拒保。

原则 5：无论您几岁，只要有过生病住院的记录，就要体检，公司还要核保，保费还要增加。

看到了吧，不是你生了病，想起来要买保险的时候就能买的。如果你真的住院了，你再想买保险就难了，因为你属于那种高危客户。保险公司就算卖给你保险，也要提高价格，或者严格审核。

记住一句话：年龄越大，保费越贵，保障的时间越短。就是越在年轻的时候，越需要买保险，等年纪大了，有钱都不一定买得到。

但是现在有很多的人，将保险当作是另外一种理财产品，有一些保险公司也是打着高收益理财的旗号发行保险产品，这是本末倒置的行为，例如前几年火热的投连险、万能险和分红险。从保障的角度来看，这三个险种是没有什么意义的。

三、买投连险不如指数基金定投

投连险的正式名称是“变额寿险”，是集保障和投资于一体的终身寿险产品，除了保障之外，投保人可以在不同投资账户之间自主选择、及时转换。看上去感觉很好的样子，保障也有了，理财也有了，只是，真有这么好的事情吗？

投连险投资范围比较广，固定收益、上市权益、基础设施、不动产等都可以投，看到了吧，投连险基本上就是一个私募基金干的活。说起私募基金，大家都知道风险很大的，最近两年，也连连出现私募基金的产品腰斩甚至跑路的情况。所以从投资范围看，投连险的风险非常大，而且风险完全由保单持有人承担。

那么，投连险到底能不能赚到钱呢？这就要取决于保险公司的投资能力了，但是保险公司的投资能力真的很强吗？我们来看看华尔街，所有的保险公司中，除了巴菲特的伯克希尔之外，其他就没有一个以投资著名的。我们熟知的优秀的投资机构，都是先锋基金这样的共同基金或者桥水这样的对冲基金。

从流动性的角度看，投连险就更差了，一般投连险的期限都在 5 年以上，和 5 年期国债差不多了，但是收益率未必能比国债强，更不要说和基金和券商理财相比。

所以，从理财的角度来看，买投连险还不如定投指数基金。

四、分红险不如大额存单

分红险从细分的角度来看种类很多。有的险种保障功能较强，具有定期寿险加储蓄加分红的特点；还有的分红险险种基本上没有什么保障功能，纯粹就是一个强制储蓄。

但是从投资理财的角度来看，分红险拿到客户的钱，其实也就是去购买各种固定收益产品，还不如客户自己去做同样的操作。其实大多数的保险公司并没有强大的投研团队，他们最终还是将主要的资金拿去购买基金产品，有的干脆直接委托给基金公司管理。

还有一些部门采用委外形式。啥叫委外？就是委托给外部投资团队。为什么要委托给外部团队？是因为自己的团队投资能力太差了。

因此，保险产品的关键是保障功能，而不是理财收益。保障的归保障，理财的归理财，这点务必要注意！

如何做好保险规划：量身定做买好保险

人这一生，会面临不同的机遇与风险，不同的人生阶段也都是不一样的，那么，如何利用保险这个金融工具来做好自己的人生风险规划呢？

首先，要搞清楚自己的保险需求是什么。

一、先搞清楚自己的需求

不同的财务情况，对应着不同的保险需求。

所以对特别富有的阶层，尤其是经营企业的企业家来说，可能最重要的是要把“家庭现金流”与“企业现金流”严格区分。因为经营企业的风险太多了，企业家需要预留退路，给自己预留一笔东山再起的资金。

另外一个就是财富传承问题，特别是国内的民营企业家交班后，往往会造成财富的大幅度缩水，甚至破产。例如曾经的山西首富、海鑫钢铁的少东家李兆会，娶了女明星以后，没几年就将公司糟蹋没了。

对于这种超级富豪，他们最需要的是大额的终身寿险，将资金转移到寿险保单里，就算企业经营失败了，还有一笔钱是可以保证自己和家人继续很好地生活下去。

工薪阶层最重要的是根据家庭的资产负债表来设计保额。比如银行按揭 100 万买房子，那碰到风险时你有没有办法来还这个 100 万的银行贷款？还有就是未来需要开销的钱，比如未来 10 年小孩子的教育和生活等，假设这个现金流也是 100 万，那么这个家庭的整体负债就是 200 万，那应该设计的保额至少就是 200 万，这就是最基本的保障需求。

当然，在购买保险的时候可以买纯保障的，也可以买返还型的，看个人的偏好。买纯保障的意味着可以用最小的代价获得 200 万的保额；但如果要买返还型的，而且要分红，那每年交的保费就要提高。我个人推荐购买纯保障的。

关于职业经理人需要什么样的保险，这里拿一个我在投资公司的朋友自己购买保险的案例给大家分析一下。

他自己买的是纯正的保险，这种保险是很多老百姓不愿买的，而且是很多老百姓最不看好、认为是最不划算的保险。但恰恰这种保险是保险公司的高管、精算师喜欢买的。

他每年交 10 万，交费 20 年，一共交 200 万保费，没有一分钱返还。他的家庭通过银行贷款买房，当下的负债是 1000 万左右；家庭成员在相当长的时间内保持现有生活品质，也要 1000 万，那就是未来的负债是 2000 万，所以他设定的保额就是 2000 万。

但为什么很多人不买这个保险？因为 20 年交了 200 万，一分钱没有拿回来，亏了。但是从专业角度讲，这是最合算的，因为他用最小的代价得到最高的保障。

我这个朋友是美国名校毕业，目前的事业也蒸蒸日上，如果他健康、没有风险，只要正常上班，未来赚到 2000 万毫无问题，所以他的保险就是为了规避人生风险，用200万保护未来的2000万，从保障角度去考虑就是最合算的。

二、做好家庭保险规划

从家庭的角度来看有三个最核心的问题：给谁买？买什么？买多少？这里有三个原则。

第一个是“一家之主”原则。理想的状态是家庭的每个成员都应该配置充足的保障计划。但假如一个家庭中有一个人必须要先买，那么，谁挣钱最多，谁的家庭责任最高，他就应该是购买保险的第一选择人。

第二个是“自下而上”原则。投保险就像建房子一样，地基一定要牢固。意外和医疗是人生无法避免的问题，而保费相对较低，投保门槛相对较低；此外，重疾保障也必须做好准备，因为重大疾病的危害较大，并且产生的影响及资金需求非常大。

此外，要给自己准备好养老金和孩子的教育金，确保自己未来有品质的养老生活，也不会给子女增添负担。

第三个是“保费保额”原则。买保险是买保额，不能便宜了事，便宜了保额不够，起不到保障的作用。假设家庭年收入为50万元，建议家庭的年缴保费在5万左右，保费如果超过20%，就有可能对家庭的经济造成负担。保额设置在年收入的10倍左右，也就是500万的样子，这样当风险来临，才真正能够起到保障作用。

对于保额，还需要考虑到未来的负债情况，例如，你是否将来有换房子的计划？如果有这个计划，大概准备向银行贷款多少？这个就是未来的负债。还有就是孩子的教育花费，也许还要包括孩子的婚姻费用。现在结婚开销很大，往往需要很多钱才能买得起房子或仅仅是付首付，这些都是未来的负债，设计保额的时候一定要考虑进去。

三、人生的不同阶段保险的侧重点也不同

根据人生的不同阶段，可以分为青年期、中年期和老年期三个时间段来进行不同的保险规划，这三个阶段的财务实力、生活需求都是不一样的，所需要的保险的侧重点也会不一样。

第一阶段是青年期，主要是指 18 ~ 35 岁这段时期。

18 ~ 30 岁这段时间，很多年轻人刚刚参加工作，收入较少，但生活中有很多需要花钱的地方，要买衣服、租房子、谈恋爱、准备结婚等。但这个时期又往往是个人资金的原始积累期，并且由于年纪轻，抗风险能力强，学习能力也很强，也是就业单位比较喜欢的“劳动力”。所以未来的收入应该比较可观，但是就当下来说，最怕的是突然有意外，所以这个时候应该买一些保费比较便宜的保障型保险，比如意外伤害保险和重大疾病保险。

等到了 30 ~ 35 岁，个人事业初步成形，组建了家庭，经济收入有了一定的增加，生活开始走向稳定，但伴随着孩子的出生，家庭的经济负担也在加重。一般来说，到大城市打拼的小夫妻，这个时候最大的支出是购房，按揭是一个很大的负担。这时候可以考虑房屋贷款保险或者定期寿险。如果借款人在还款期间身故或者残疾，丧失还款能力时，保险公司会代为偿还剩余的贷款本金。

当然，如果啥事也没有的话，自己的工作收入也是足以偿还这份贷款的。

在孩子出生后，就要开始为孩子积累教育费用，这时候需要考虑教育保险。

第二阶段是中年期，主要是指 35 ~ 60 岁这段时期。

人到中年，事业开始走向成功，收入日见丰厚，这一时期，一定要给自己投保养老险，为退休养老做好充足的储备。当然有关养老保险，目前社保和企业年金已经给大家准备了一份，但是只有这个肯定不够，可以通过购买终身寿险的方式作为补充。

再有，人过40岁，身体开始走下坡路，疾病开始主动找上门，因此尽早为自己投保重大疾病保险和医疗险也显得尤为重要。特别是随着年龄的增长，重疾险和医疗险的费用也会越来越高，晚买不如早买，这一点一定要弄清楚。

第三阶段是老年期，指60岁以上的时期，也是退休期。

进入退休期，家庭的收入减少，而休闲和医疗费用增加，其他费用减少。此时，家庭的风险承受能力下降，对资金的安全性要求远高于收益性，因此，在资产配置上要进一步降低风险，进一步减少风险投资的比重，甚至不进行风险性投资。在前面介绍过养老FOF的概念，可以根据你的退休年纪，选择相应的养老FOF产品。从专业性的角度来说，养老FOF的收益肯定要比购买固定收益产品高。

如果家里的经济条件比较好，在拥有足够养老金的前提下，可以考虑终身寿险，做好财产传承规划，规避将来的遗产税。

这里总结一下人生不同时期的保险重点：

（1）青年时期的特点是未来的潜力大，但是抗风险能力弱，时间是年轻人的优势。这时候的保险重点以保障型为主，比如重大疾病保险、意外伤害保险、房屋贷款保险。

（2）中年时期已经有了一定的财富积累，但是这个时候是上有老下有小，这个阶段的保险需要保障型保险和储蓄型保险并重，包括定期寿险、重大疾病保险、医疗保险、养老保险。

（3）老年时期，需要有足够的资金保证晚年的生活品质，而且很多保障型的险种已经没有办法买了，医疗方面更多地依靠社保来解决，所以这个阶段可以考虑终身寿险。

这样通过不同的社会阶层角度、家庭角度和人生不同阶段的角度，给大家普及了保险规划的基本逻辑，具体怎么做，可以去找那些实力比较雄厚的保险公司的业务员，详细了解他们的产品细节。

在购买保险的过程中，最重要的自然就是保险合同和保单，保险公司的权利和义务都体现在上面。我们应该如何读懂保单呢？对于这些保单，我们需要关注那些要点呢？下一节我来给大家讲述。

读懂保单：
明白保险合同的时间、保额和责任

保险产品的权利与义务都是通过保险合同来约定的，由于保险合同内容很复杂，经常有几十页纸，很多人就听保险经纪人说，看都没有看就买了，这种习惯很不好。我们有必要将保险合同和保单仔细看看，否则，到了理赔的时候就会有问题。

一般来说，保险合同包括这么一些内容：1.保险单；2.保险条款；3.投保单；4.客户服务指南；5.人身投保提示书。

保险单相当于目录，主要包含个人和保险产品的全部信息。在保单上面我们可以清晰地看到保的谁、保什么、保多久、每年多少钱。保险单生成后会有一个保单号码，这相当于我们在保险公司的身份 ID。通过保单号，保险公司可以查询到合同的全部信息。保单上除了个人信息，还包括这款保险的产品信息。

由于保险合同的条款实在太多，很多人搞不明白，这里告诉大家几个重要的地方。

一、首先要看清楚四个重要的时间

第一个时间叫作冷静期，一般是 10 天。投保人签收保单后，如果在冷静期后悔了，可以无条件解除合同，保险公司最多扣除工本费，却可将已经缴纳的保费全部退还。

犹豫期的产生，是为了防止客户因一时冲动而买保险，如投保人对所购买的保险不满意，只要不超出犹豫期，都可以无条件要求退保。

第二个时间叫作观察期，一般为 180 天。这个主要是在医疗险、重疾险中，被保险人在首次投保时，在观察期内，就算被保险人得了重病或者出现其他的健康意外，保险公司也不赔。

这么做自然是为了防止人骗保，知道自己得病了，赶紧去买个重疾险，让保险公司“背锅”。所以，还是我前面说的，保险就应该在自己没病没灾、健康的时候买，等真出了事情，临时买是买不到的。就算买到了，保险公司也不会赔给你。

第三个时间叫作宽限期，一般为 60 天。这是针对那些分期缴纳的保单，如果过了到期日，还没续保的话，会给你一个宽限期。在此期间保险合同仍然有效。如果没有交，最多就给你保 60 天，从第 61 天开始，合同就失效了。保险公司这么做，是不希望失去客户，特别是那些没有出过险的客户。

第四个时间叫作复效期，一般为 2 年。如在宽限期满还没有续交保费的，从第 61 天开始之后的两年时间内，如能及时补缴，保险合同恢复效力。不过在此之间如果出了问题，保险公司是不赔的。

二、其次要看清楚三大金额

第一个金额自然就是保费了，就是你得给保险公司交多少钱。

保费分为一次性缴纳和分期缴纳两种。一次性缴清的优点在于手续简单，不用担心以后因为没钱使得保单失效，特别是对于寿险这种。万一哪天你创业失败了，没钱交保险可就麻烦了。如果经济有困难的话，那就分期交吧，不过问题就是，你得留足保费，免得那天交不起了，前面交的也白交了。

第二个金额就是保额。即保险人承担赔偿或者给付保险金责任的最高限额。

前面一再说了，买保险就是买保额，所以这个是你能拿到的最多的钱，一定要搞清楚。当然对财产险来说，保额只是最多给你赔多少，如果损失不到保额，那就按照实际损失给你赔。

第三个金额是现金价值。用通俗的话来说，就是你退保的时候能拿回来多少钱，这个主要是针对那种储蓄类的保单而言的，例如终身寿险、分红险等。如果急用钱，可以用保单质押贷款，银行也是根据保单的现金价值给你批复贷款额度的。

三、再次要搞清楚两大要素

第一个，也是最关键的要素就是保险责任。

顾名思义，保险责任就是出了哪些问题保险公司会赔你。你买保险的目的就是这个，所以合同中的这一项一定要看清楚。不同的保险产品，责任相差也是很大的。下面，我会用更多的内容来阐述这个问题。

第二个要素是免赔责任。

不是你投了保就一定会得到理赔的，其中有很多情况，保险公司是不赔的。有哪些情况呢？都仔仔细细写在合同里面了。

四、最重要的：搞清楚保单责任

不同的保险产品自然责任不一样，前面介绍过 6 大类的保险，由于篇幅的限制，这里讲几个最常用的保单分类说明一下。

第一类是寿险。寿险的责任很简单，即人不在了可以赔多少钱，这个金额会在保单上注明。对于终身寿险的话，如果人过了 100 岁还没去逝，那也可以拿到一笔钱。如果是定期寿险，过了保障期去逝，那也拿不到钱，这个要搞清楚。所以，还是得努力多活啊。

第二类是重疾险。重疾险主要是三个要点：赔付金额、等待期和保障期。不同种的重疾险等待期不一样，不同保险公司的等待期也不一样，当然不同保险的保障期限也不一样，常见的有终身的、到 70 岁的、保 20 年的等，这个一般都是行业的标准内容，大多数保险公司都相差不大。

第三类是意外险。这个就很广泛了，意外险非常简单，注意两点即可：额度和保障期限。

至于伤残标准，所有保险公司都是使用的国家相关机构公布的标准，也有专业的第三方判定机构，都是标准流程，所以并不需要去关心这些细节。当然最好还是不要出意外。

第四类是医疗险。医疗险是复杂的，要读懂最好是多看几遍。医疗险是属于补偿性的险种，你需要关心的有三点：门诊和住院，什么情况下可以赔？社保报销完了以后，还能不能继续赔？最高额度可以赔多少？

五、理赔和退保怎么办?

买了保险，都关心理赔，实际上关于保险理赔的相关信息，都已经详细写在保险条款当中了。

很多人会担心保险公司扯皮，拖时间不赔钱。其实这种担忧是完全没有必要的，无论是银保监会还是保险法，都对保险公司有着严格的监管。只要申请理赔，一般 30 天内，保险公司必须要出具理赔结论，不会出现拖了几个月才赔的情况。

如果消费者对理赔结果存在异议，可以通过法律诉讼的方式解决，一般保险合同会约定保险诉讼时效，如果对理赔结果有异议，有理有据的话，可以对保险公司进行诉讼，但是要在规定的时间内进行。

大部分保险可以在 10 天的犹豫期中全额退款，而在犹豫期过后，投保人也可以在任何时候要求解除保险合同，并得到相应的款项，只不过不同情况下得到的退保金额多少会不相同。如果临时缺钱了，还可以将保单质押给保险公司借到一笔钱用于临时急用。

投保人在填写投保单时，要认真填写受益人的姓名、身份证号码、与被保险人的关系等重要信息。不然真要出了事，赔给谁呢？那时候扯皮就晚了。

具体的理赔和退保的要点和技术性问题，我们下一节讨论。

Chapter 6

第六章

固定收益

不再保本保收益，应该如何选择

在大多数人的心目中，银行理财肯定是很安全的，而且收益要比定期存款高很多。但银行理财最大的影响就是要打破刚性兑付，也就是说以后银行理财不允许保本了，允许出现亏损。

举个例子，假设你买入某银行净值型理财产品的价格是 1 元，这个理财产品投向了各类债券，债券的价格上涨了，产品净值可能涨到了 1.03，收益率就是 3%，但如果债券价格下跌了，产品净值跌到了 0.98，收益率就是 –2%。所以，收益率不再像以前固定收益类理财产品那样——预期一年 5% 的收益率，到期时实际收益率还是 5%。那么，在这种情况下，银行理财还能买吗？如果买的话，应该怎么选择呢？

一、为什么银行理财的收益率差别不小？

经常买银行理财的人可以发现，同样期限的，有的收益率高，有的收益率低，这是怎么回事呢？

理财产品收益率的差异，一方面与发行银行的规模、评级等因素相关——规模大、信誉度高的银行，理财成本收益率相对更低；另一方面与银行对资金的需求程度不同相关——银行理财可以看成存款的替代，所以在存款获取难度较大时，银行会提高理财产品的收益率来间接获得存款。

选择银行理财的时候，对于收益率要搞清楚，比如有的银行理财会直接写清楚收益率，例如预期收益 5%，但有些理财产品会写一个收益率范围，比如 2%～7%，这中间会有什么差别呢？

这些收益率的表述都是用年化的方式，并非实际投资期限内的收益率。比如 6 个月的银行理财产品，年化收益率 4%，那持有 6 个月到期后，实际持有期的收益率只有 2%。银行理财的预期收益率和持有期限有很大的关系，期限越长的，预期收益率也就越高。

那种有收益率范围的，叫作结构化理财，和传统的银行理财相比，风险略高一些，自然收益率波动空间也会大一些。这种理财产品的原理是先采用保本策略，例如用大部分资金去购买债券，然后用一部分的收益去购买沪深 300 指数。如果沪深 300 指数涨了，这个理财的收益率就会比较高，如果跌了，就会损失一部分收益。但是由于大部分资金都是买的债券，所以损失也不会很大，只是收益率会低一些。这就是这类理财产品收益率有一个波动区间的原因。至于到底能不能拿到最高的预期收益率，就看你的运气好不好了。

关于收益率问题，还有一个需要注意的地方是，要将产品期限和产品的募集期结合起来看。假设 C 银行有 A 和 B 两个理财产品，收益率同为 5%/年，其中，A 产品期限为 60 天，B 产品期限为 180 天，两款产品的募集期都是 7 天，到底哪个产品的实际收益率高呢？

初看之下，好像两个差不多，其实仔细算一下，还是不一样的。考虑募集期的因素，就会发现短期产品的收益率将被稀释。产品 A 考虑募集期后，真实资金占用时间是 67 天，对应的实际收益率仅是年化 4.47%，B 产品的真实资金占用时间是 187 天，实际收益率是年化 4.81%。产品的期限越短，被募集期稀释的影响会越大。

对于投资理财，了解自己的投资需求永远是最重要的，比如，投资金额多少，目标收益率多少，投资期限多长，能承受的最大风险是多少。清楚了这些问题，还要考虑到“高收益总是与高风险相伴而生”，综合这些因素来选择一款最适合自己的理财产品才是最重要的。

二、如何选择银行理财?

在购买银行理财产品之前，需要了解产品，仔细阅读理财产品说明书，弄清楚产品的各项信息。

第一步要搞清楚收益率。

是年化收益率还是累积收益率，是税前收益率还是税后收益率，这个具体的收益率和你购买的产品相关。保本保息型，收益是固定的，风险比较低，产品到期后，你能拿到本金和约定好的收益。

保本浮动收益型，你投入的本金是可以保证不会亏损的，但是利润就不一定了。银行会给你一个最高收益率，产品到期时能够拿到多少利润是不一定的，前面说的结构化理财就是这种。

浮动收益型，既不会保证本金，也不会保证收益，风险相对比较高。如果你购买这种理财产品，就要承担全部的风险。

2020 年以后，资管新规的过渡期满，保本型的银行理财产品退出了市场，这对大家的鉴别能力提出了更高的要求。

对于收益率，还有一个投资期不要忽视。投资期就是产品从开始到终止的一段时期，是算你收益率的一段时间。募集期是从产品开始销售到销售结束的时期，一般需要 6 天左右，这段时间是不计收益的。清算期是产品终止后进行清算的时间，一般为 3 个工作日左右，这期间也是不计收益的。

第二步要看清产品投资对象和流动性。

资金将投放于哪个市场，具体投资于什么金融产品，这些决定了该产品风险的大小及收益是否能顺利实现。如果是挂钩型产品，应分析其所挂钩市场或产品的表现，判断收益是否具有实现的可能，例如在 2015 年顶部挂钩沪深 300 指数多头的结构化理财，挂钩的部分出现亏损的概率是很大的。

对这种挂钩指数的结构化理财来说，如果有提前赎回权会非常有价值，一旦产品出现亏损，你可以提前赎回，如果指数大涨，你也可以及时止盈。

第三步要看清楚发行主体和运作模式。

银行不仅仅卖自己的产品，很多时候也会帮基金、信托、保险卖产品，虽然在 App 里面都叫投资理财，但其实是不一样的。发行主体是银行的，特别是自营的理财产品，安全性都是比较高的。

如何区分理财产品是谁发行的呢？只要看理财产品的说明书就好了，里面会注明发行人的。

除了标明的发行人，根据运作模式看，理财产品有这么几种类型。

第一种是封闭式净值型，资金规模被限定，投资期间不能追加投资，也不能赎回。产品终止时按照价值来兑付，例如结束的时候净值到了 1.2，那你就赚了 20%。

第二种是封闭式非净值型，资金规模被限定，投资期间不能追加投资，也不能赎回，产品终止时按照收益率来兑付，例如买的时候约定为 5% 的预期收益率，结束的时候，就给你本金 +5%。

第三种是开放式净值型，资金规模不定，从开始投资期到投资终止期都可以申购或者赎回，申购和赎回的价格是按照每份产品的净值来计算，这个和公募基金一模一样。

还有一种是开放式非净值型，资金规模不定，从开始投资期到投资终止期都可以申购或者赎回，按照产品份额申购，按照约定收益率兑付。

明确收益率、明确产品投资对象和流动性，以及看清发行主体和运作模式，搞定这三步，基本上就搞清楚怎么买银行理财了。

总的来说，银行理财的风险是比较低的，但前提条件是你买的是真理财。如果你买到了假理财，那可就很容易血本无归了，这种就是俗称的“飞单”。

三、如何避免买到假理财？

2017 年 4 月 19 日，民生银行北京管理部航天桥支行被爆发生 30 亿元风险事件，原来这些投资人在该支行购买的理财产品系支行行长张颖等人伪造，这些资金被民生银行北京航天桥支行用以表外放贷，结果贷款对象没有回款，30 亿资金血本无归。这种违法违规销售理财产品的事件，就是“飞单”事件。那么，如何避免在银行买到假理财呢？有这么几个要点要注意：

首先要仔细阅读产品说明书，千万不要相信理财经理的一面之词，只有这个说明书是具有法律效力的，里面说明了关于收益、风险等级以及计息等一系列的相关问题，正规的理财产品都有产品说明书。

其次在签合同时必须看清合同条款。一般的合同仔细看完也就 5 到 10 分钟，有人觉得没必要，但要知道很多假理财往往就在这个环节上出问题，所以一定要注意。

再次要谨慎看待超常规收益理财产品。要知道，高收益的产品对应的风险肯定是比较大的，这是最基本的经济学原理。假理财之所以吸引人，主要就是依靠高收益。在银行理财这个层面上，100 万以内有 6% 收益的都很难，1000 万以上有 8% 收益的不容易，如果超出了这个利率范围，你就要仔细想想了。

另外就是要查看理财产品的“身份证”。2014 年，银监会发文明确表示，银行发售普通个人客户理财产品时，需在宣传销售文本中公布所售产品在“全国银行业理财产品登记系统”的登记编码。客户可通过产品“登记编码”在中国理财网查询。你买的产品是不是“黑户”，一查便知。

还有一个细节就是，如果有银行员工让你到某个隐秘的地方购买高收益理财产品，要警惕。按照规定，购买银行理财签订合同时必须在银行营业网点的监控下进行，得有录音和录像。

所以只要注意以上几点，一般来说，就不会买到假理财。

本节给大家阐述了有关银行理财的问题，总的来说，银行理财是风险最低，当然收益也是最低的一种固定收益产品。为了获得高一点的收益率，可以考虑债券，例如国债和高等级信用债，有关这个话题，我们下节详细阐述。

国债信用债：
比银行存款的收益高一个点

想获得比银行理财收益率高一些的固定收益产品，那就是债券了，债券分类有很多种方式，比如根据发行方、流通渠道等。本节我们采用一种专业人士常用的分类方式，将债券分为利率债和信用债。

一、有哪几种债券？

什么是利率债？简而言之，就是有国家信用作为背书的债券。很显然，它的偿付安全性通常来说是很高的，主要包括财政部发行的国债和金融机构发行的金融债。

国债，很多不做投资的人也听说过，并且是很多离退休人士和部分工薪阶层的最爱，因为风险最低，当然利率也较低。

国债分为可以交易流通的记账式国债、不能交易流通的凭证式储蓄国债和电子式储蓄国债三种，不过对投资者来说，更应该关注的是记账式国债，因为它才是二级市场可以买到的品种。

金融债，是由金融机构发行的债券。当前在中国，主要是由政策性银行和证券公司发行，其中国家开发银行发行的国开债的流动性最好。

市场上除了利率债，其他所有的债券都是信用债，也就是没有国家信用作为背书，所以信用债的风险就是违约概率大，需要更高的利率作为风险补偿。

信用债又分为城投债和产业债。城投债，就是地方政府的投融资平台以城市建设、公共基础设施为目的发行的债券，也称为准市政债。而产业债就是除了城投债以外的所有信用债。

产业债又可以分为企业债和公司债。企业债是由中央政府部门所属机构、国有独资企业或国有控股企业发行的债券，不过这种债券基本上都是机构内部消化。公司债是由股份有限公司或有限责任公司发行的债券，也就是说，什么人都可以发行公司债，哪怕你只是一个刚注册的小公司也可以，但能不能卖掉就看你自己的本事了。对普通投资者而言，在二级市场能够交易的品种主要就是国债、金融债和公司债。

二、国债怎么买?

国债和银行定存，都是安全性高且适合普通大众投资的方式，但是国债相比定存有更多的优势。

第一个就是更加安全。2015 年存款保险制度的出台，意味着银行是可以倒闭的，根据制度，银行真的倒闭的话，最高可以赔付 50 万。在经济下行周期，一些小银行的风险其实是不小的，相比之下，国债的发行主体是国家，具有最高的信用度，也是最安全的投资工具。

第二个就是国债利率普遍比定存高。根据历史数据统计表明，长期来看，国债的利率比银行定期存款要高出 0.5% 左右。

此外，国债可以提前分档计息支取。我们知道银行定存提前支取的话，利息是按照活期算的，但是国债提前支取会按持有时间分档付息，比按照活期利率要划算很多。不过，国债作为长期投资，一般不建议提前兑取。在持有 6 个月之内，建议不要提前兑取，因为持有 6 个月之内提前兑取不但没有利息收益，还要扣手续费，切记。

说完了国债的优势，那么哪些国债是大家可以购买的呢？

目前大家能买到的国债主要有三种：第一种叫作凭证式国债，这是最古老的一种方式，只能在银行柜台购买，第二种叫作电子式储蓄国债，可以在网银或者手机 App 上购买，比较适合年轻人；第三种叫作记账式国债，也称为交易式国债，在股票账户里面购买，适合股民。

另外，不要觉得只有大银行的国债才有保障，其实每个银行发行的国债利率都是一样的，安全程度也一样，因为都是国家保障的，反而是中小银行的人流少，更容易买到。

对股民来说，最好的方式是通过股票账户进行国债的买卖，其实股票账户里面，除了国债之外，各种交易所债券都有，地方债、公司债、企业债、可转债等，一应俱全，而且交易所债券的门槛比较低，很多债券一张只需要 100 元，最低交易单位一手为 10 张。1000 元起就可以交易。而且交易所债券的流动性更好，转让更加安全、方便和快捷。

三、信用债怎么分析？

国债基本上等同于定存，没有风险，其他的债券或多或少总是有些风险，这就要进行专业的分析了，要从收益和风险两个步骤来考量，不能只贪图收益率，而忽视了风险。

第一步就是分析不同类型的债券的收益率。

相对来说，信用债的收益比利率债要高不少，特别是公司债，在 2008～2020 年这十几年间，有的公司债收益率高达 10% 以上，但风险比较大。从银行间市场与交易所市场的情况来看，高风险债券前 20 名中，基本为公司债，它们都有一个基本特征：公司所处行业产能过剩，2018 年“爆雷”的债券公司也以这些高收益的公司债居多。一般来说，债券收益的大小，主要取决于以下几个因素：

首先是债券票面利率。票面利率越高，债券收益越大，反之则越小。形成利率差的主要原因是基准利率水平、残存期限、发行者的信用度和市场流通性等。

其次是债券的市场价格。债券购买价格越低，卖出价格越高，投资者所得差额越大，其收益就越大。

再次是利息支付频率。在债券有效期内，利息支付频率越高，债券复利收益就越大，反之则越小。

最后是债券持有期限。在其他条件相同的情况下，肯定是期限越长，收益率越高，这就是时间溢价。

第二步就是要看债券的风险，债券的风险主要有三种。

第一种是信用风险，又称违约风险，通俗地说，就是还不上钱了。所有债券中，国债基本上没有违约风险，除此之外的其他债券，或多或少都有违约风险。虽然债券多年以来一直是刚性兑付，但是近年来已经有多个债券发生违约事件，特别是一些国企的债券也出现了不能到期还本付息的情况，这给债券投资者们敲响了警钟，债券投资并非无风险投资，不能指望永远是“刚性兑付”。

第二种是利率风险。毫无疑问，利率是影响债券价格的重要因素之一，利率提高，债券价格降低；利率降低，债券价格就会上升。由于债券价格会随利率变动，所以即便是没有违约风险的国债也会存在利率风险，这个话题我在前面已经说过，读者可以回顾债券基金那一节的内容。

第三种是流动性风险，通俗地说，就是想卖的能不能卖掉。债券市场的流动性是远不如股票市场的，所以如果急用钱，债券不一定能卖掉，这点在投资中一定要考虑清楚。

四、到底买哪些债券？

投资债券的过程中，我们应该如何选择，才能既规避风险，又能买到收益高的债券呢？

首先看债券评级。信用评级是一个由评级机构发布的“可信度的评估”。它代表了专业的第三方机构关于特定债券的信用价值的观点。简单来说，当评级机构调低某债券的信用等级时，投资者可能会认为该债券的信用风险增加，进而反映到债券的价格上去，导致债券的价格下降，收益率升高。

其次看行业发展前景和公司情况，例如企业资质、经营业绩是否持续下滑，资产负债率、现金流动性、利息保障倍数、现金流、抵押物能不能充分防范风险、有无信用担保，等等。

如果投资者想回避债券的信用风险，最简单的方法就是购买评级高、有担保、抵押充足、有政府或大国企背景的债券。例如国有大银行发行的利率债、央企发行的债券等。一些优质的上市公司，如果发行债券的话，肯定也是优先考虑的对象。但是资本市场有一个现象，缺钱的公司才会发债券，优质的企业不需要融资。所以债券的投资很多时候就是一个两难的问题。

本节介绍了有关债券的投资逻辑和价格机制，总的来说，债券是一种通用类的固定收益产品，对缺乏分析能力的普通投资人来说，找到好的债券有点难度。其实还有一种方法，就是专门到资本市场去找固定收益的产品，例如券商理财和收益凭证。有关这两个固定收益品种的逻辑，下节给大家介绍。

券商收益凭证：
2020年以后，该怎么买

银行理财产品是大家比较熟悉的产品，而券商理财产品对大多数人而言，了解得比较少。银行推出理财产品的最根本目的就是吸纳存款，固然它名义上是为投资者提供收益高于存款的投资渠道，但如果我们换个角度来看，这只是变相的高息揽存。

券商的集合理财，其实质是客户资产管理业务，是券商接受投资者委托，将投资者的资金投资于股票债券等金融产品的一种理财服务。从这个角度来看，券商的集合理财更像是一种理财产品。

银行操作理财产品时，主要从投资目标的选择上控制风险，债券、央行票据的国家级信用是其安全基础。而券商集合理财的风险较银行理财来说还是高一些，毕竟会有部分资产参与二级市场。

券商有一个特别好的固定收益产品，收益率比银行理财要高不少，而且风险很低，保本保收益，这就是收益凭证。

一、什么是收益凭证?

用官方的话来说，收益凭证是一项场外市场的债务融资工具，是证券公司以私募方式向合格投资者发行的，约定本金和收益的偿付与特定标的相关联的有价证券。特定标的包括但不限于股权、债权、信用、基金、利率、汇率、指数、期货及基础商品。

通俗点说，收益凭证类似短期债券，证券公司向客户借钱，然后约定期限还本付息。某种程度上，你可以理解成这是证券公司的“存款业务”。因为大券商的这些业务都是有很好的现金流的，并且收益凭证的发行规模有限，需要证监会同意，因而风险系数很低。在同样的情况下，收益凭证的收益率要高于银行理财，风险度和银行理财差不多，因此是非常好的固定收益品种。

根据统一数据显示，截至目前，期限在 6 个月以内的券商收益凭证占比 70% 以上，而且证券公司还可以根据自身和客户的需求，自行约定收益凭证的期限，所以收益凭证的期限很灵活。

从投资门槛来看，截至目前，在已发行的 7000 余只收益凭证中，起始认购金额 5 万元的占比 73%，门槛也很低，大多数投资人都可以参与。按照收益支付类型的不同可以细分为固定收益型和浮动收益型。

固定收益型收益凭证，是指投资收益在产品认购前确定为固定年化收益率的，和银行理财、债券相同。例如，某券商的收益凭证产品约定年化收益为 5.5%，期限 100 天，投资者购买 10 万元产品，到期后可以获得的确定收益为：$100000 \times 5.5\% \times 100/365=1506$ 元。

对于固定收益型的收益凭证，为了保证风险可控，其实大多数都会投资券商内部的固定收益产品，包括融资融券。目前券商提供给客户的融资融券的利息大概是 8%，对那些风险较大的股票而言，可能融资融券的利率可以高达 10% 左右，而通过收益凭证获得资金的成本只有 5%，中间有着充分的收益差。由于券商的交易系统风控功能强大，一般来说，只要不是发生极端行情，融资融券的固定收益部分基本上是可以获得的。

另外一个收益来源是内部产品优先级。很多券商和私募基金合作发行有分级的产品，私募基金负责募集劣后资金，给优先资金提供安全保证，这种类型的优先资金，很多时候也是保本保收益的。从目前的市场同行情况来看，券商发行的结构化产品的优先级基本上可以获得 8% ~ 10%的固定收益，这也是收益凭证的重要收益来源。

浮动收益型收益凭证，它是挂钩某个特定标的，例如指数、汇率、期货等。这种产品到期后的收益是不确定的，要看对标的的方向判断是否准确。例如某券商的收益凭证的标的是沪深 300 指数，并且约定：当沪深 300 指数期末比期初涨幅超过 5% 的时候，产品年化收益率是 3%；当沪深 300 指数期末比期初跌幅超过 5% 的时候，产品年化收益率是 6%。

从设计上可以看出，这是一个固定收益+看空期权的组合。那么，到底能拿到多少收益，就要看市场方向怎么走了，走向越低，你的收益就越高。

在具体的收益方面，大家还需要关注的是计息规则，一般来说，收益凭证是 T 日认购，T+1 日起息；T+n 日到期当日计息，T+n +1 日兑付资金可用，所以中间会有两天的空窗期，这个日期是没有收益的。

了解完收益凭证横向的知识，接下来就要从纵向对比一下它和同类型产品的收益水平。根据 2017 年的统计数据，银行理财的平均收益率是 1.5% ~ 4% 之间，信托理财的平均收益率是 4% ~ 6.5% 之间，券商收益凭证的平均收益率则处于 5% ~ 7% 之间，在重要的时间节点，例如年中或者年底的时候，有的券商为了获得短期的资金补充流动性，会发行收益较高的收益凭证产品，例如就曾经出现过 11% 左右的短期收益凭证。

从风险角度，我们再来看看券商收益凭证和银行理财的区别。根据资管新规，银行对理财产品不承担保本保收益的义务，所以一般都用预期收益率来描述，当然目前大多数银行都会达到预期收益率，但是等资管新规正式实施之后，就不一定了。

因为对银行来说，理财资金属于表外负债，预期收益是否兑现，全凭银行的良心和对声誉风险的看重，银行理财产品到期后没有支付给客户预期收益的情况也并不少见。

而券商收益凭证，对于券商而言是表内负债，也就是说，券商是负有法定责任的。对于收益凭证的优势，券商的描述中往往有一句话：“只要券商不破产，固定收益型的收益凭证都能保本保收益。”

针对多数保本保收益型的收益凭证，证券公司往往会以自由资金保障产品的本金及到期收益支付，除非证券公司账户出现冻结、破产等极端情况，才会导致证券公司无法履行承诺。据中证协目前可查的统计数据，2018 年前 10 月，券商收益凭证未发生一例到期违约情况，全部如约兑付。

二、去哪里买收益凭证?

券商收益凭证分为报价系统发行和柜台交易系统发行两大类。其中报价系统发行的收益凭证是专门给机构的，柜台交易是给散户的。

针对个人发行的收益凭证属于柜台产品，也叫作 OTC 产品，各大券商的 App、官网都可以购买，只需开通证券账户即可。如果你拥有证券账户，通常情况下，登录自己开户证券公司的 App，在“理财”菜单中选择“定期类”，就可以找到收益凭证产品列表。如果还未开通 OTC 权限，那么按照操作指南开通，即可按照页面提示，选择产品进行认购。具体的你可以咨询券商投资咨询顾问，由于券商收益凭证收益高，风险低，目前已经成为非常稀缺的火爆产品，对于这种要做好准备工作，例如提早登录，选择速度比较快的电脑等。市场是有效的，好东西大家都会抢的。

至于起购门槛，高风险级别的非保本浮动收益型产品会要求 100 万的起购门槛；保本型低风险产品，多数起购金额为 5 万元，适合大多数的散户投资人。

很多人买理财产品，总会想起银行，或者互联网渠道，其实要论买理财产品最好的渠道，从我的角度来看，还是券商最佳。

原因只有一个，券商是最专业的卖方机构，各大基金公司、保险公司的研究报告都是来自券商的研究所，所以，它们总可以给客户提供最优收益风险比的产品。

除了收益凭证之外，券商中还有一类理财产品很值得关注，就是私募产品的优先级。很多私募基金自己提供劣后资金，放大杠杆来做交易，优先级给一个固定收益，很多时候收益率高达 8% 以上。

当然这种产品的母基金是有风险的，一旦出现亏损，先从私募基金的劣后资金中扣除，当产品跌破清盘线的时候，券商会将产品接管并强制清盘，以保证优先级客户的收益可以及时兑付。不过这种产品一般需要 100 万元，适合那些高净值客户购买。

本节给大家介绍了券商收益凭证这种收益高、风险低的固定收益品种，对于想通过理财方式获得稳健收益的人来说，去证券公司开通股票账户，是非常有价值的。在投资理财方面，券商是专业机构，对收益风险的控制能力远远超过那些互联网理财平台，所以还是要相信专业的力量。

其实除了收益凭证之外，在股票账户里面，还有其他很好的理财品种，例如场内货币基金和逆回购，它们流动性好，收益率高，但是对投资者的交易能力提出了一定的要求，这两个产品到底是怎么回事呢？我们下节介绍。

逆回购和场内货基：股民闲置资金怎么提高收益

对股民来说，市场不好的时候，必须降低仓位，或者空仓。但是一旦市场机会到来的时候，又要及时抓住机会，因此这部分闲置资金就只能做流动性很好的理财产品。在股票市场有这样两个专门为股民提供理财服务的金融产品，一个叫作场内货币基金，一个叫作国债逆回购。

一、场内货币基金

货币基金在前面已经介绍过了，但是大多数人接触的货币基金都是场外货币基金，在银行、基金公司等场外平台能够申购/赎回，但不能交易。能在二级市场通过证券交易软件进行申购/赎回或者交易的货币基金叫作场内货币基金。

场内货币基金可以分为三种类型：只能申购/赎回、不能交易的申赎型场内货基；可以日内交易也可以申购/赎回的交易型场内货基；既可以日内交易，也可以日内申购/赎回的交易兼申赎型场内货基。

场内货币基金中规模最大的两只基金分别是华宝添益和银华日利，我们以华宝添益为案例来说明场内货币基金的具体操作方法。

华宝添益是国内首只上市交易型货币市场基金，由华宝基金发行，于 2013 年 1 月登陆上交所上市交易，也是目前中国场内最大的货币基金，买入/卖出代码为 511990。

大家打开行情软件，输入华宝添益的代码就可以看到，华宝添益的价格很稳定地保持在 100 元左右，成一条直线，这是因为华宝添益每天收盘后的净值都保持在 100 元整，而每天持有华宝添益产生的收益，如果不满 100 元收益会单独存放，如果满 100 元就会通过华宝添益份额的形式转给投资者。

因为是日内交易，所以投资者在 T 日买入华宝添益之后，当天就确认基金份额并开始享受收益，当然也可以当天赎回，当天卖出。如果当天卖出后得到资金，可以用来买股票，但是只有第二天才能到银行账户，因为需要收盘后进行清算。

所以很多股民在没有机会的时候，会将资金放在场内货币基金里，一旦行情出现机会，立刻卖出得到资金去追股票的机会。

如果你是以申购方式获得华宝添益的话，T 日申购，T+1 日确认基金份额并开始享受收益，T+2 日份额可卖出。T 日赎回华宝添益之后，仍享受当日基金收益，T+2 日资金可用。所以可以看出，以交易的方式获得华宝添益，是流动性最好的方式。

主流的场内货币基金最近的年化收益率大概在 2.5%～4.5% 之间，高于一年期的定存利率，而且流动性极好，所以将钱放在这里面，比存定期要好很多。

很多交易高手喜欢用场内货币基金做短线交易，因为他们都是 T+0 交易，当天买入，可以当天卖出，虽然价格波动很小，大部分时间的波动都在 0.03% 以内，但由于很多券商都将华宝添益和银华日利的交易手续费设置为零，所以还是有可能赚到差价收益的。

比如华宝添益每天的价格走势，大多数时候会出现上午价格较低，下午临近收盘的时候价格较高的现象，所以可以在每天的上午买入，下午临近收盘卖出，来获得非常微薄的差价收益。

另外一种方式就是在二级市场套利，以华宝添益为例，我们看每日价格走势图，经常发现出现一些“毛刺”，这意味着出现了套利机会。比如，2017 年 12 月 28 日，一天国债回购 204001 的年化收益率最高达到了约 96%，导致很多华宝添益的持有人卖出华宝添益去做国债逆回购，华宝添益的价格被砸出了一个“大坑”。如果以当天 99.820 左右的最低价格买入 10 万元华宝添益并当天赎回，4 天时间年化收益率大概 12.04%。

还有就是可以进行一二级市场套利，由于华宝添益买卖依据的是市场交易价格，申赎依据的是净值，当价格和净值产生差额的时候，就有了跨市场套利的机会。

当华宝添益价格<净值时，执行“买入并赎回”，二级市场买入，一级市场赎回，赚取价差。当华宝添益价格>净值时，执行“卖出并申购”，二级市场卖出，一级市场申购，赚取价差。

举个例子，2018 年 7 月 17 日周二，以均价 100.023 卖出，再以 100 申购，当天的货币基金收益为每万份 0.8422，则对套利者来说，两天获得的平均收益为［（100.023−100）× 100+0.8422］/2=1.5622，即每万元收益为 1.5622 元，折算年化收益率 5.5%，对货币基金来说，这种收益率相当可观了。

总的来说，场内货币基金优势很多，在证券交易软件中直接下单即可，操作亦很简单。对有时间做交易的人来说，是非常理想的固定收益产品的选择。

二、国债逆回购

另外一个可以做场内理财的产品就是逆回购，机会好的时候，逆回购的收益率相当可观。例如 2017 年 3 月 30 日，股市大跌，盘中上交所的 GC001（一天逆回购品种）的年化收益突破 30% 了，而深交所的 R-001 也飙涨到 26%。

国债逆回购本质就是一种短期贷款，股票账户中，将资金通过国债回购市场拆出，以约定的利率出借资金，并在约定时间获得本钱和利息。本质就是我们借了一笔超短期贷款给有国债的一方，对方以国债做质押，到期收回本金和利息。

逆回购的风险是很小的，首先你的交易对手方是用国债做抵押，国债会出问题吗？基本不会。另外，交易的场所是证券交易所，除非交易所倒闭，才会有风险。

从操作角度来看非常方便，只要用股票账户的软件，点击“卖出”就可以按照当前市场的利率成交了。这里提醒一下，逆回购的操作是“卖出”，而不是“买入”。比如上交所一天期国债回购 GC001，代码 204001。输入 204001，选择卖出！假如你手滑了买入怎么办呢？没关系，因为你想买也买不了，只有那些需要用钱的大机构才可以。

从收益的角度看，逆回购的收益是确定的，在你卖出的那个瞬间的成交价，就是你的收益率。很多人看到操作完后逆回购的 K 线暴跌，以为亏钱了，其实不是。例如你卖出时候的收益率是 30%，尾盘跌到了 5%，只是代表在尾盘做逆回购的投资人的收益率降低到了年化 5%，而你当初卖出时候的 30% 就确保了你的收益率有 30%。

逆回购“卖出”后，是不需要再进行买入操作的，到了结算日那天，交易所会自动给你清算好，将你的本金和收益返回到你的股票账户里。

上交所跟深交所的门槛是不一样的。沪市的门槛是：10 万元起，按 10 万元的整数倍申购，最高不超过 1000 万元，例如 GC001，就表示一天的逆回购。深市的门槛是：1000 元起，以 1000 元的整倍数递增，没有最高限额。假如你想多借出去几天，还有很多品种，期限有 1 天到 182 天不等。具体的你只要打开交易软件，都可以看到。

虽说逆回购是一个稳赚不赔的买卖，但是中间同样有一些技巧，如果用得好，可以大大增加收益率。特别是一些私募基金的高手，开发出量化交易系统，据我所知，他们在逆回购上的操作，可以做到一年 6% 的无风险收益。这个收益率相当可观了。这里，我给大家介绍几个简单的攻略。

第一个攻略：最佳操作时间是周四

不少投资者习惯于在节假日或周末（非工作日）的前一天进行逆回购操作，其实这是一种“错误”的操作策略。

以周五操作 GC001 为例，实际占款天数为 3 天，周五、周六、周日，但计息天数仅为 1 天，因此，周末前进行逆回购操作的最佳时机就是周四，购买 1 天期逆回购占款天数仅 1 天，但实际计息天数却是 3 天。

周四操作 2 天期、3 天期和 4 天期的国债逆回购计息天数均为 4 天，投资者可选择较高的利率进行操作。此外，一般来说，周四的收益率也是最高的。

第二个攻略：尽量上午交易

从数据统计看，上午 9:30 ~ 10:00 之间利率较高，因为那时候大家都缺钱，下午 14:30 以后，往往利率就会跳水，因为临近收盘，需借款的人基本上已借到钱了。

此外，每个月末季末，逆回购的利率会比平时要高。同样，要选择在季末月末的周四操作，一天逆回购利率会更高。

如果不是每天在电脑前操作逆回购，建议您可以操作 2 天、3 天、7 天逆回购，时间太长就没有意义了，因为做逆回购本来考虑的就是流动性，你的资金如果超过一个月不用的话，那可以买入券商的收益凭证了，这样收益率更高一些。

第三个攻略：看央行是否大规模投放流动性

每次到了半年和年末考核点的时候，就是市场上缺钱的时候。如果央行进行了大规模投放，市场上就不会缺钱，逆回购的收益率就不高，否则的话，商业银行就只能找股民借钱，逆回购收益就会飙升。

例如，2017年3月30日，当天沪市一天逆回购品种年化收益率一度飙至32%。

如果你手头有100万元现金，按照当日32%的最高利率做一笔一天逆回购，1天利息就接近900元；同样100万元的现金存入银行，按1年定期的利率计算，1天的利息仅40多元。逆回购利率超过同期银行存款20倍。

所以对喜欢“薅羊毛”的人来说，到了重要的时间节点，关注一下逆回购，也许就可以美美地赚上一小票。

本节给大家介绍了利用证券账户的优势，进行逆回购和场内货币基金操作的方法，善用这两个工具，差不多可以做到无风险年化5%的收益，远远超过一般的货币基金产品。

远离P2P：互联网理财产品大多是庞氏骗局

2018 年注定是中国金融历史上忘不掉的一年，这一年大量的 P2P“爆雷”。例如，6 月 16 日“唐小僧”被查；6 月 23 日“联壁金融”被查；6 月 27 日，涉及国资的“湖商贷”遭警方立案。

到了 7 月份，仅仅 1 个月的时间，超过 100 家互联网金融平台出现兑付危机，涉案人数高达千万人次，金额更是数以千亿计。

在此次“雷潮”之中，不少 P2P 平台跑路、失联、自首、被抓。到底为什么会出现这么大规模的群体性“爆雷”事件呢？因为他们违背了一个基本的经济学原理，叫作“投资不可能三角”。

一、投资不可能三角

为什么 P2P 平台给不出这么高的收益率呢？以前有民间高利贷的时候，利息不也是很高的吗？这就涉及一个经济学的基本原理，叫作：投资不可能三角。

这个概念是我第一个提出来的，在我 2017 年出版的那本《FOF 组合基金》中专门讨论了这个问题，目前已经得到了业内同行的认可，很多专业机构，例如银行、保险、基金的分析师也用这个原理重新评估旗下的众多投资品种。

这个原理说了什么呢？一句话，任何投资策略，不可能同时实现收益率、风险和规模的最优。几乎每个投资人的理想策略都是收益极高、风险几乎没有、随时可以开放。但是很遗憾，这种策略是不存在的。一旦有这样的策略存在，大量资金一定会涌入该策略，从而造成收益率大幅度降低，或者市场容量大幅度降低。

以前的民间高利贷虽然利息也不低，毕竟整体规模不大。但是当整个 P2P 行业规模超过几万亿的时候，实体经济哪儿来这么多的利润填补呢？

我们做一个简单的测算，以过去几年 P2P 平台平均 15% 的年化收益率为标准，加上销售费、平台的管理费以及其他各种杂费的分摊，借款方需要支付不低于 20% 的利息才有可能拿到钱。根据 i 财富的统计数据，2017 年年底 P2P 行业总规模超过 6 万亿，那就是 P2P 平台的借款方需要支付 1.2 万亿的真金白银，这个商业模式才能继续下去。

根据万得数据统计，中国所有 A 股上市公司在 2017 年的净利润总和是 3.35 万亿，也就是说，P2P 平台借款方的成本已经达到所有 A 股上市公司净利润总和的 35%，这是多么惊人的比例！

所以并不是高收益的投资产品有问题，而是高收益的产品做到这么大的规模才出问题的。那么，是不是这些 P2P 平台的人员专业能力不够造成的呢？换了那些厉害的交易员是不是就可以了？

1998 年的时候，一家名叫长期资本的对冲基金的崩溃震惊了华尔街，在短短的几天之内，他们的损失超过 90%，最可怕的是他们手中持有一万亿美元的金融衍生品，华尔街可能因此崩盘。这家对冲基金有华尔街历史上最梦幻的团队，没有之一，负责人是债券套利之父，还有财政部前副部长，以及两个诺贝尔奖获得者。在开业的 4 年间，平均年化收益率超过了 35%，回撤小于 3%，最可贵的是，规模超过了 1500 亿美元，按照可比价格计算，相当于 2020 年的 1 万亿美元的规模。

这么强的团队，在短短几天时间就烟消云散，最终不得不由美联储出面，组织高盛等机构救助它，才避免了华尔街的崩溃，也创造了一个名词“大而不能倒”。看到了吗？最专业的机构投资人也无法超越“投资不可能三角”。

那么，高收益、低风险的投资品种就不存在吗？当然存在，不过规模肯定不会很大，例如，量化投资专业人士西蒙斯教授的大奖章基金，连续 30 年平均收益率超过 35%，但是，它只有 50 亿美元的小规模，而且早就不接受客户资金了。

所以，那些收益高、规模大的投资品种，背后一定隐含着巨大的风险，只不过有的没有到爆发的时候，所以你会觉得没事。那么，既然 P2P 平台产品的风险很大，为什么拖到几年后才“爆雷”呢？这就要说一下 P2P 平台的“资金池”模式了。

二、P2P 平台的资金池模式

我们从一个日常生活的小故事说起，假定一个水池有一条进水管和一条出水管，单开出水管 40 分钟可将满池水放完，单开进水管 30 分钟可将空池注满水，现在池中有 2/5 的水，如果同时打开两条水管，多少分钟能满？

如何将资金比喻成水，这个池子就是资金池，一边存进来，一边放出去。不管是 A 用户的钱、B 用户的钱，还是 C 用户的钱，只要进到池子里，就都叫池子里的钱了，至于哪一块是 A 用户的、哪一块是 B 用户的，哪一块是 C 用户的，就分不出来了。大家可能会说，这不就是银行吗？没错，银行就是一个大资金池。这个池子有两条进水管，一条让投资款流进来，一条让借款人的还款流进来；还有三条出水管，一条是把钱借出去的通道，一条是投资人提款的通道，还有一条是平台的利润通道。

一旦开动，这五条管子就都是打开的状态，两进三出，来控制资金池里的水位，也就是钱的多少，如果池子里面的水比较少，问题还不大，一旦池子水多了，问题就来了。

如果入水管流量过大，池子里全是水，这种情况，平台亏钱，干不长。原因很简单，池子里的钱是有成本的，只进不出，没有利差，拿什么付投资人的利息，时间长了，就只能用投资人的本金还投资人的利息，借新还旧。

突然来了这么多钱，怎么办？只能把放贷出水管的流量调大。放贷的这条出水管上有两个阀门，一个叫找项目，一个叫作风控。遇到这种情况，经常就是两个阀门一块儿打开，但由于放松了对风险的把控，能不能再流回来，就不好说了，这就是很多 P2P 平台“爆雷”的原因，因为借钱的公司还不上了。

另外一个原因就是，提款的出水管流量变大，这个学术上的名词就叫挤兑。例如一旦发生了负面新闻，大家都害怕没钱了，疯狂地挤兑。比如 e 租宝事件后，很多其他平台的用户疯狂地提现，直接就将资金池抽干了。大家可能要问了，为什么银行不怕挤兑？

谁说的？银行也怕挤兑。

但是互联网理财平台就不一样了，没有人会救的，其最终的结果就是只能跑路。

所以远离理财风险，从读懂资金池开始。平台设立资金池，投资人将资金投到平台，若是短时间内找不到合适的借款人，那么资金就只能在资金池存放。但是池子里的钱是有成本的，只进不出，没有利差，拿什么钱付投资人的利息，时间长了，就只能用投资人的本金还投资人的利息，借新还旧，形成庞氏骗局。

也许平台开始安守本分，规矩做生意，但是随着资金池中资金的不断积累，平台也可能禁不住诱惑，拿资产池资金去做期货，或者把钱拿来扩展自己的经营，甚至借给其他平台，等等。若是经营得当，资金链循环往复还能维持正常运转，一旦经营不善，资金链断裂，受害者最终还是投资人。

投资设立资金池的 P2P 平台对投资人来说是很危险的，真正的平台只是一个信息中介的角色，借款者找到 P2P 平台表明借款意向，然后 P2P 平台帮助寻觅适合的投资人，投资者借助 P2P 平台直接将钱借给借款者。这个过程 P2P 平台是不能碰资金的。

然而现在国内的 P2P 平台大多本末倒置，先找到投资人募集资金，然后再寻找借款人把资金放出，而先前从投资人手中募集到的资金就要先放置在 P2P 平台一段时间，这就形成了资金池。当前面的人资金到期，需要还本付息的时候，如果平台暂时没有好的项目，就只能用后面的人的钱去支付，这种借新还旧的模式，就是“庞氏骗局”。

三、国内的 P2P 大都是庞氏骗局

“庞氏骗局”源自一个名叫查尔斯·庞兹的意大利人，他 1903 年移民到美国，1919 年起，庞兹宣称，购买欧洲的某种邮政票据，再卖给美国，便可以赚钱。他一方面在金融方面故弄玄虚，另一方面则设置了巨大的诱饵。他宣称，所有的投资在 90 天之内都可以获得 40% 的回报。而且，他还给了人们眼见为实的证据：最初的一批投资者的确在规定时间内拿到了庞兹所承诺的回报。于是，后面的投资者大量跟进。

在一年左右的时间里，差不多有 4 万名波士顿市民，变成庞兹赚钱计划的投资者，而且大部分是怀抱发财梦想的穷人。但是到了 1920 年 8 月，庞兹破产了，因为他压根没有买邮政票据，而是用后来的投资者的钱，给前面的投资者以回报。后来将这种借新还旧的玩法叫作庞氏骗局。1949 年，庞兹在巴西的一个慈善堂去世，死时，这个“庞氏骗局”的发明者身无分文。但是这种金融骗局却一直流传了下来，并且以不同变种的方式出现在市面上。

本节给大家阐述了一个基本的经济学原理，就是“投资不可能三角”，这个原理决定了 P2P 大多数必然“爆雷”的命运。

ABS和REITs：新金融产品的基本原理

资产证券化，简称 ABS，是指以基础资产所产生的现金流为偿付支持，通过结构化等方式进行信用增级，在此基础上发行资产支持证券的业务活动。简单地讲，就是通过出售基础资产的未来现金流进行融资。我用一个通俗的例子说明。

一、什么是 ABS？

比如，楼下老王开了个面包店，每天能有 500 元现金收入，生意不错，想再买个小面包车进货，把生意做大。买面包车需要 5 万块钱，老王没有这笔钱，怎么办呢？找银行借也借不到，因为老王没有啥值钱的东西抵押。

这时候隔壁老李说，这样吧，你现在一天有 500 元收入，1 个月就是 1.5 万，我一次性给你 6 万，未来 5 个月的现金就直接打我账上，如何？老王一想，这也挺好啊。我拿到 6 万元，买了面包车后，每天的收入可就不止 500 元了，于是这笔交易就成了。

那么，老李真的会出6万吗？会，但是他自己也没有这么多钱，于是他走亲访友，告诉大家说，我找了个好项目，你们来投资，每人一万，每个月都能返本金和利息，比存银行好多了。邻里们有些担心，说，你又不是开银行的，怎么能保证按时还钱？老李说，别担心，老王每个月赚的钱都会给我。况且他儿子有钱，如果他赖账，我就去找他儿子要。

有人知道这个收益是要靠老王卖面包赚出来的，问不赚钱了咋办？老李说，我们弄一个保证书，我自己出2万，如果赔钱了，从我这里先赔。

大家想想，老王的面包店生意挺红火的，一时间赔钱的可能性不大，再加上有老李自己的钱做保证，应该问题不大，于是大家都来投资了。

老李筹到了钱，给左邻右舍都写好了按月付收益的保证书，老王收到6万元就去买车了，生意很快做得很红火，赚到的钱每月打给老李，老李又把钱转给拿了保证书的人，当然自己也留了一小点。

这个老李写的保证书就是资产支持证券（ABS），面包店就是基础资产，万一老王赖账，他儿子拿自己的钱出来抵债，叫外部增信。老李自己也投2万块，面包店不赚钱的话先从那2万块里亏，这就是劣后级，其他投资者持有的是优先级，这一过程叫内部增信。老李干的活，看着好像是空手套白狼一样，其实就是投行。

邻里们知道只要拿着保证书就可以每月收到钱，于是手头紧的时候就把保证书卖出去抵钱，这样一来保证书就交易起来了，这就是二级市场。

那么，这个玩法会不会出问题呢？假如村头赵大麻子看乡亲们买卖保证书不亦乐乎，想到个主意：既然拿着保证书就可以每月收到钱，要不然我再搞点钱来买点保证书，再拿到别的村，跟他们说这东西拿着能挣钱，保准能卖出去。

赵大麻子自己没什么钱，于是他想办法动员乡亲们给自己投资。

赵大麻子说，我这里有个好项目，我要去隔壁村卖老李印的保证书，大家来捧个场，赚钱了我每月给你们收益。

于是面包店产生的现金流，成了持有老李保证书的收益；而去隔壁村卖老李保证书收益带来的现金流，又成了赵大麻子保证书的收益，然后还可以继续一层一层往上套，这就叫“金融衍生品”。

有一天，城管来了，说老王的面包店是违章建筑，强行拆除，而老王的儿子也失业了，没钱给老王还，一下子现金流就断了。于是老李的保证书成了废纸，赵大麻子的保证书也成了废纸。

这个在 2008 年的金融危机中，叫作次级债，后来让雷曼兄弟倒闭的就是在次级债基础上的各种保证书，也就是金融衍生品。

这下懂了吧？所谓 ABS，就是将一种可以将产生现金流的基础资产拿出来融资，扩大业务规模。从这个意义上说，股票也是一种 ABS，因为股票是可以拿到分红的，也具有现金流收入。

因为和银行贷款相比，资产证券化的最大的优势就是门槛低。找银行贷款的话，要靠抵押来证明自己还得上钱，比如拿房子、设备或者股票质押，大不了可以卖房卖车换钱。对于那些没有抵押品的，ABS 对这一问题提供了解决方式：拿未来能拿到手的钱作为保证，以获得现在的融资。目前的 ABS 项目都是一些有优质现金流的资产，例如商铺未来几年应收租金、污水处理厂建成后头几年应收的处理费、高速公路未来几年通行费等。

2016 年，企业 ABS 的发行量大幅增长。Wind 数据显示，企业 ABS 全年共发行 359 个项目，发行总额超过去年的两倍，高达 4355 亿元，同比增长 113%。主要有这两大类：

第一类是信贷 ABS，主要是将流动性差的贷款打包成证券化产品出售，主要在银行间市场发行。

第二类是企业 ABS，基础资产包括企业应收款、租赁债权、信贷资产、信托受益权等财产权利。在利率方面，从 2017 年年初到 2018 年 6 月，企业 ABS 平均利率为 5%。

个人投资者在选择 ABS 产品时，不要光看收益率，因为基础资产才是 ABS 还款的第一现金流来源，是判断 ABS 项目风险最重要的方面。因此，重点是需要仔细弄清楚某个 ABS 产品的基础资产是如何获得收益的，以及获得收益的过程是否稳定。一般来说，银行 ABS 的基础资产的质量比企业 ABS 的高些。

二、什么是 REITs?

另外一个将来会得到大发展的固定收益产品叫作 REITs——全称就叫“房地产投资信托基金”，用通俗的话来说，就是集资炒房。将闲散的资金汇集起来，将整栋的楼宇或者商铺买下，然后出租获得租金；然后将一部分的收入作为收益返还给投资人，所以 REITs 是一种基金。

对于那些买不起房子的，可以用少点的钱参与 REITs，我买不起客厅，还买不起厕所吗？不懂得房地产投资的，也可以把钱交给基金经理代管，人家毕竟专业，咱们省心省事，等着拿分红就行了。

按照规定，大部分的 REITs 必须将 90% 的收入进行分红，所以只要楼宇的条件好，不用担心没有分红，从这个角度来看，REITs 是抗通胀的利器。根据数据显示，全球过去 20 年的 REITs 产品，只有两年没有跑赢通胀。

从国外的金融市场来看，REITs 的种类很多，主要有：住房类，这是最常见的，就是买下房子，租出去，赚租金；办公楼类，也一样，买下办公大楼，租给企业用来办公；零售类，就是商场物业、大型购物商城、小型街区店铺等；工业类，就是厂房、工业园区、工业仓储、货物配送中心等；医疗类，就是租给医院的，这种很优质，一般医院都是长租，而且收入不受经济周期影响，毕竟医疗看病是刚需；基础设施类，包括铁路、电站、风能太阳能设施、通信信号塔等；林地类，包下一大片林地，种树，然后砍掉卖钱；数据中心类，例如现在很火热的大数据中心就是这种。

上面说的这些，都是做实物资产的 REITs，也就是它们手里握着实际的产权，然后经营和投资。还有另一种完全不一样的 REITs，它不做实物房地产投资，而是投资房地产相关的债券。它们会从银行借钱，投资到这些债券里，从中赚取利差。这就是房地产抵押债券。比如我把我的房子抵押给银行，银行借给我一笔钱，也许是房贷，也许是其他用途。然后银行如果不想承担这个风险，就会转手把我这笔债卖掉。

截至目前，国内尚且没有标准的 REITs 产品，不过这不妨碍大家提前学习了解。虽然国内的 REITs 还没上市，有兴趣的朋友可以“借道”以下仅有的 6 只基金来投资海外的 REITs 产品：

鹏华美国房地产基金（206011）——专门投资美国 REITs 的 QDII 基金；

广发美国房地产（000179）——专门投资美国 REITs 的被动型指数基金；

嘉实全球房地产（070031）——专门投资全球 REITs 的 QDII 基金；

诺安全球收益不动产（320017）——专门投资全球 REITs 的 QDII 基金；

国泰美国房地产开发股票（000193）——专门投资美国 REITs 的被动型指数基金；

南方道琼斯美国精选 REITs 基金（160140，160141）——跟踪道琼斯美国精选 REITs 指数。

如果你对通货膨胀存有着强烈的焦虑感，懂一定的房地产投资，愿意承受略高的风险去争取高收益，不妨考虑一下 REITs，用最少的资金成为业主。

本节介绍了未来两个新的固定收益品种：ABS 和 REITs。大家可以发现，它们和 P2P 的一个关键区别就在于，这两个产品是有监管机构的，而互联网金融是没有的。所以购买 ABS 和 REITs 的话，要认准“老牌”的、规模大的代销机构，一般来说，风险在可控范围之内。

那么，在银行体系内部，有没有收益率略微高一点的固收产品呢？有的，这就是大额存单和结构性存款，我们下节再讨论。

结构性存款：
大额存单和结构性存款的福利

细心的投资者一定会发现，从 2018 年开始大额存单越来越火爆！每逢银行月考、季考甚至期中考，大额存单都被当成吸储利器。那么大额存单究竟有什么魅力呢？

一、什么是大额存单？

大额存单是银行发行的一款存款类产品，是银行的负债端，普通的定期存款，50 元以上就可以起存，期限有 3 个月、6 个月、1 年、2 年、3 年和 5 年。而大额存单为投资者设立了较高的门槛，个人投资人认购大额存单起点金额不低于 20 万元，机构投资人认购大额存单起点金额不低于 1000 万元。与此同时，大额存单的期限选择也比较丰富，从 1 个月到 5 年期不等，共 9 个品种。

大额存单发行利率走的是市场化的路子，分为固定利率和浮动利率两种。目前市场上的大额存单利率还是以固定利率为主，各家银行为了拉存，基本都对利率进行上浮。

拿某股份银行来说，同样是 3 年期，定期存款利率是 3.2%，而大额存单则为 4.18%，这中间的利率差距，对风险喜好偏低的投资人而言，确实能产生一定的吸引力。

普通的银行定存如果提前支取，即使只有一天，也要全部按照活期利率计息，但是大额存单却可以“靠档计息”。举个例子：1 年期、2 年期、3 年期大额存单的利率分别是 2.1%、2.94%、3.85%，你购买了 3 年期的大额存单，但是持有 18 个月的时候急需资金需要提前支取，1 年期的部分可以按照 2.1% 计息，剩下的 6 个月则按照活期利率 0.3% 或 0.35% 计息；如果你持有 2 年的时候提前支取，则可以按照 2.94% 计息。

而且大额存单可以通过第三方平台开展转让，也可用于办理质押贷款、质押融资，所以当你急用钱的时候，还可以通过转让获得临时的流动性支持。

既然利息要比定存高很多，会不会不安全呢？大家可以放心的就是，大额存单也属于银行的储蓄存款，根据存款保障条例，大额存单的本息金额如果在 50 万元以内，就算银行倒闭破产，也会有保险公司在 7 天以内进行全额赔付，因此本息是安全的。

大额存单在到期之前是可以转让的，因此大额存单的灵活性比一般的存单要强很多。大额存单提前支取的规定应该就是大额存单唯一的弊端了，很多银行规定：如果要提前支取大额存单，除了有次数限制以外，还需要保留最低金额。比方说银行只允许提前支取两次，那么取完两次以后，就不可以再提前支取。

大额存单从本质上来说是存款产品，并不是理财产品，两者有着很明显的区别：大额存单的投资门槛 20 万元起投，远高于银行理财产品 5 万元的起投门槛；大额存单可以转让、提前支取和赎回，而银行理财产品在封闭期内无法随意支取；最关键的是，大额存单不存在风险问题，而银行理财产品如果出现亏损，银行可以不负责任。更看重收益的投资者，可以选择理财产品；想灵活地管理资金的朋友可选择大额存单。

2016 年 3 月大额存单推出了转让功能，客户可以在大额存单到期前自行找下家到银行变现，银行提供转让平台服务，转让价格由买卖双方自行协商决定。所以转让大额存单都能解决资金周转问题，同时又避免了提前支取大额存单的利息损失。

如果你手里有一张大额存单想要转让，并且正好找到了合适的人想要接手这张大额存单的话，就可以在协商好价格之后到银行办理转让手续。不过转让时的具体规则，大家还是要以大额存单发行银行的公告为准。

二、什么是结构性存款?

大额存单比较简单，就是给大客户的一种优惠。另外一款银行发行的、老百姓比较陌生的产品，叫作结构性存款。近年来，结构性存款规模爆发式增长。

无论产品如何千差万别，结构性存款的基本结构等于固定收益+浮动收益，而且固定收益通常是保本的。

比如，你买了 100 万元的某银行结构性存款，其中 90 万元被投资于高信用等级的 1 年期零息债券，10 万元被投资于期权产品。

由于零息债券是折价出售的，今天投资 90 万元，假设折价率是 10% 的话，1 年以后到期你能拿回的就是 100 万元本金，这样就做到了保本，浮动收益就看那 10 万元的期权投资了。

因为这个权利是未来才能行使的，那么你今天花钱买它究竟是否值得？答案是仁者见仁智者见智。所以期权本质上就是个对赌，赌对的一方会赚，赌错的一方会亏。

三、结构性存款的投资方式是什么?

按照挂钩标的进行分类，可分为汇率挂钩型、利率挂钩型、股权挂钩型、信用挂钩型、商品挂钩型等产品，那么具体银行怎么获得这个收益呢?

第一种是存款 + 买入期权

比如一个期限为一年的 1 亿的结构性存款，其中 9700 万作为存款，300 万作为期权费购买 X 股票的看涨或看跌期权。

假设银行的存款利率是 4.5%，一年后，存款部分得到 9700×（1+0.045）=1.013 亿；300 万期权费买入 2000 万名义本金的 X 股票看涨期权。一年后有两种结果：（1）最低收益是 X 股票价格未超过执行价，期末不行权，损失 300 万期权费，那么最终客户购买产品一共获得 1.013 亿，收益率为 1.3%。（2）若 X 股票超过执行价，收益即股票市价与执行价之差，收益随股价浮动，无上限。比如假设行权后获得 1000 万收益，最终获得 1.113 亿（1.01 亿+0.1 亿），收益率为 11.3%。

第二种是存款 + 买入期权组合

这种结构性存款对以上挂钩的产品进行了变形，这种结构下可挂钩一揽子股票，比如 ABCD 四个股票，产品的收益为离散型，即收益有两种情况：设定其中一个股票的价格涨幅超过 20%，则触发执行条件，客户得到收益率 4.8%；否则不触发执行条件，客户得到收益率 3.5%。

这种离散式收益的结构和上面第一种的连续型结构不同，此结构下银行只需保证期权组合期末达到行权条件而且得到 1.3% 的收益，即可达到产品设计的收益率。

第三种是存款 +Libor/ 美元波动率 / 石油

第三种结构是一种假结构性存款，与第二种相比，其挂钩的条件是不可能触发的，比如挂钩 Libor USD（伦敦银行同业拆借利率）突破 6%、美元月平均波动率超过 1%、石油价格达到 300 元每桶，等等。由于挂钩的条件不能实现，这部分投资不会提供收益，这种结构设计只是为了通过结构性设计达到提供较高的收益的目的，实际收益率完全来自投向存款部分的固定收益。

这三种都是确定保本的结构化存款，剩下的就是非保本的结构化存款，有“存款+买入期权”模式，或者“存款+买入期权+卖出期权”等，具体到底能不能获得收益，要看市场的方向有没有看对了。

现在银行日子“不好过”，所以也是想尽办法获得更多的存款，对于风险厌恶型投资人，考虑一下大额存单和结构性存款，还是相当不错的。

Chapter 7

第七章

信托

信托隔离：
建立个人资产与企业资产的防火墙

中国的股民应该没有不知道徐翔的，这个创造了连续 5 年平均每年 80% 收益率的顶尖私募基金高手，在 2015 年因为操纵市场定罪，被判入狱，并处罚金 90 亿。

一、黄光裕的东山再起

看到此处，很多人唏嘘感慨。

不过另外一位，同样因为违法入狱，但是他在狱中不但可以继续掌控自己的商业帝国，而且最关键的是，有足够的钱东山再起。他就是曾经的中国首富、国美电器的创始人黄光裕。

2010 年，黄光裕案在北京市第二中级人民法院一审判决，法院决定对黄光裕三罪并罚，执行有期徒刑 14 年，罚金 6 亿元，没收财产 2 亿元。

当时国美电器所有的厂家得知黄光裕入狱的消息，纷纷来催账款，国美集团的资金链一下子紧绷起来。国美电器的执行 CEO 陈晓建议找风投，用国美的股份换取现金，解决短时间的资金不足问题。这明显是一笔不合算的买卖。

而黄光裕的夫人杜鹃是一个名副其实的家庭主妇，她自从嫁给黄光裕之后，便一直隐蔽在丈夫的羽翼之后，过着相夫教子的生活，在这样的危急时刻，杜鹃挺身而出，她说："公司需要多少钱，我有。"

要知道此时，黄光裕的钱已经完全被冻结了，众人都无法相信。但是，三天后，杜鹃拿出 7000 万化解了公司这一波的经济危机，而且她陆续又拿出了一亿三千万，总共 2 个亿，带领国美重回正轨。

作为一名家庭主妇的杜鹃，是如何在短时间内拿出这笔资金的呢？原来，杜鹃和丈夫黄光裕有一个约定，黄光裕每年要拿出净利润的 2% 打入杜鹃的个人账户，杜鹃就用这部分钱配置了信托和保险。没想到这笔钱在国美生死存亡间，化解了国美的危机。

建立个人资产和企业资产的防火墙，将个人资产从企业资产中分离出来。在事业顺风顺水的时候，被分离出来的资产只是家庭的资产，但在风险来临的时候，也许就是挽救企业于水火之中的救命钱，所以设置企业和家庭的资产防火墙就显得尤为重要，而保险和信托就是建立这道防火墙的不二之选。

二、信托可以隔离家族资产

根据《信托法》，信托财产不属于信托相关当事人的个人财产，在信托存续期间，不论信托相关当事人发生何种债务纠纷，其债务追偿或破产清算都不会涉及该信托财产。当然这是有前提条件的，即信托财产本身在信托设立时是委托人合法持有的非债务资产。举个简单的例子，老王目前有 2000 万资产，无负债，他现在拿出 1000 万资产做了一个自益信托（委托人即受益人），期限 10 年。而 5 年后，老王的公司经营不善，对外负债 2000 万，资产只有 1500 万，进行破产清算，虽然仍有500万的债务缺口，但法院无权对之前设立的信托财产进行强制执行，那个信托里面的1000万，就成为老王最后的保障。

我们来看，《信托法》第十七条规定如下：

除因下列情形之一外，对信托财产不得强制执行：

（一）设立信托前债权人已对该信托财产享有优先受偿的权利，并依法行使该权利的；

（二）受托人处理信托事务产生债务，债权人要求清偿该债务的；

（三）信托财产本身应担负的税款；

（四）法律规定的其他情形。

受托人死亡或者依法解散、被依法撤销、被宣告破产而终止，信托财产不属于其遗产或者清算财产。

从这段法律条款可以看出，《信托法》把实现破产隔离功能的途径做了法制化的明晰的规定，信托财产不被列入查封、冻结的资产范围，受法律的保护。

我们存在银行的钱、房产、股票、基金等，一旦发生债务纠纷或者破产时，都要面临查封、冻结风险。如果没有事先为家庭或者个人留一笔绝对属于个人的资产，一旦风险来临，那将是不可想象的悲惨后果。兰世立案例中，如果他在东星航空业绩好的时候，做一个信托隔离，就不会因为后来的破产造成全家生活的问题。

三、信托可以实现财富传承

信托资产可以规避“富不过三代”的风险，主要就是财产被征重税，或者是子女败家，这方面最著名的案例对比无非是中国台湾地区的富豪王永庆和蔡万霖。

2008年台塑集团创办人王永庆辞世，留下遗产高达600亿新台币。由于生前没做任何节税规划，最终确定遗产税总金额约 119 亿元新台币，创下台湾地区最高遗产税纪录。与之对比的是，2004 年去世的台湾地区首富蔡万霖，遗留下庞大财产，按照台湾地区法律，他的子女需缴 782 亿新台币的遗产税。由于以信托、寿险业务起家的蔡万霖对于避税之道很有心得，最终收到的遗产税金只有 5 亿新台币。

李嘉诚家族信托：富豪家族信托的财富传承功能

著名的李嘉诚设立了至少 4 个家族离岸信托基金（DT1、DT2、DT3、DT4），分别持有著名的旗下公司的股份，并对每个信托基金指定了受益人，包括李泽钜、其妻子及子女、李泽楷。

至此，李嘉诚的所有财富全部保全，并且安然传承给了子孙。李嘉诚家族真是步步稳健，毫无错漏之处，其关键就是利用了家族信托这种金融工具。

一、什么是家族信托？

在香港的上市公司中可以看到更多设置了家族信托的企业，除了李嘉诚之外，还有李兆基的恒基地产、杨受成的英皇国际、新鸿基地产、恒隆集团等。所谓家族信托，简单来说，就是委托人将家族资产转移给信托机构进行管理或者处置，其目的在于实现富豪的财富管理及传承。

作为一种财产转移及管理制度，信托的历史最早可以追溯到 13 世纪的英国。骑士在出征之前，担心如果自己在战场上牺牲，妻子和未成年的孩子无法得到保障。如何让财产免遭恶人侵吞？于是一种制度应运而生，骑士把自己的田产赠给教会，教会作为信托人将拥有田产，而受益人则是骑士指定的家人。

到了现代，根据信托法律原理，一旦设立家族信托，投入信托内的财产即具备独立性，不论委托人离婚、破产、死亡，家族信托内的财产都将独立存在。富豪可以在信托设立协议中设定多样化、个性化的传承条款，以确保子孙后代或其指定的其他受益人衣食无忧。

因此，家族信托是关涉家族企业及家族财富传承的重大安排。值得注意的是，家族信托与我们通常耳熟能详的“信托产品”有很大区别。平时所说的“信托产品”是一种理财产品，虽然也是依据信托法律原理，但信托产品的条款往往都是格式化的，消费者购买信托产品，只是单纯投入一定本金，经过一定时间后收回本金并获得收益。

家族信托有很多，包括现金、企业股权、有价证券、不动产、艺术品、古董、保险单等；而普通信托产品主要就是现金。家族信托是由委托人根据自身特点及需求进行设计和定制；而信托产品是信托公司设计的统一格式化条款。家族信托以境外为主，按照英美法系之信托制度设立；而信托产品主要是境内设立，以人民币作为主要定价货币。从期限看，家族信托较长，一般至少几十年甚至不设期，是作为理财产品的；信托产品则较短，一般为数月到几年。家族信托作为家族财富传承的工具，在保障私密性的同时具有资产隔离以及避税功能；但是信托产品以理财和投资为目的，无财富传承功能。

二、家族信托的主要功能

进行家族传承安排，家族信托这个工具带来不少便利。当家族企业传承到三代甚至四代时，如果通过分割家族企业股权进行传承，松散的股权可能令企业的所有权面临极大挑战，设立家族信托可以保护家族企业控制权。

另外，大家族的资产数量众多，如果没有在生前充分规划，一旦突然身故，可能导致部分资产被先行转移或者截取。

在经济高速发展的今天，财富迅速累积的同时，也改变了人与人之间的关系。很多亲情、友情在财富的诱惑面前不堪一击。对高净值家庭而言，家族信托作为财富传承的重要工具，需要被充分重视和利用起来。那么，到底有哪些传承的风险呢？

第一类：隔离债务风险、防子女婚姻风险

例如，老李是一位成功的传统制造业企业主，每年有千万级别的利润，自家企业的股权，老两口与儿子各占1/3，此外家中别墅也放在了儿子名下。这时候儿媳妇家庭的生意日渐艰难，银行贷款很难批下来，儿媳欲借5000万高利贷来盘活企业，老两口对此非常焦虑，担心自己传给儿子的资产将来要为儿媳抵债，那么未来的生活就无法得到保证。

家族信托方案这么解决：将儿子的资产放入家族信托，可以成功隔离债务风险，就算将来儿媳妇家的企业陷入危机，也不会危及儿子的财产。信托框架中还可以设立对孙子的受益条款，保证万一企业出了问题，家人的生活不愁。

第二类：防争家产、公平传承

例如，刘先生的企业盈利良好，但是曾经离过婚，大儿子是前妻所生，小儿子是现任妻子所生，大儿子对现任的后母和弟弟不是很友好。刘先生年纪大了，计划在几年内完成企业的交班，和妻子环游世界，但是又担心大儿子接班后，对自己的小儿子不利。

对于刘先生的情况，可以为多个子女设立不同的信托：大儿子的信托主要保护他的个人财产不受婚姻影响，小儿子的信托保证他成年后，可以从家族资产中获得一份收益。

第三类：税务筹划、防自身婚姻风险

例如，吴先生是一个成功的企业主，由于常年扑在工作上，他和妻子的关系不如以前好，而且隐隐觉得妻子可能不忠，平时将大量现金放在企业账户上，并且用企业的名义为自己和儿子购置了房产和汽车。但万一真的发生婚变话，吴先生可能会遭受重大打击。

对于吴先生这种情况，可以重新设计企业的股权结构，将一部分的股权装入信托资产，从而实现企业资产和家庭资产的隔离，也保证了将来万一婚变，吴先生也不至于损失过大。

第四类：担忧 CRS、跨境家庭成员传承

例如，丁女士是一位成功的外贸企业主，过去有过一段不愉快的婚姻，有两个孩子，大儿子在美国读书，小儿子一直带在身边。由于丁女士做外贸生意，投资理念比较先进，所以家中有大量的海外资产，如欧洲及美国的房产、海外股权基金、股票等。

担忧在于，大儿子想定居美国，不知道未来是否会更换国籍，同时丁女士也希望小儿子未来能接班企业，怎样实现公平传承是个很大的问题。另外，丁女士现在也有感情很好的男朋友，自己有再婚的想法，但担心自己名下的大量资产会被分割。眼下随着 CRS 的不断完善和推进，丁女士也非常担心自己的海外资产暴露在税收的风险之下。

CRS 中文翻译为“统一报告标准”，旨在通过加强全球税收合作提高税收透明度，打击利用跨境金融账户逃避税行为。举个简单的例子，比如说我们中国人有一天去了英国，存了一笔钱，而且很可观，那么英国的银行就有义务把中国人存款的信息金额披露给中国税务总局，这就是信息交换。

根据丁女士的情况，可以设立中国、离案双重家族信托架构，这样既可以顾及她在国外生活的大儿子，也有效递延了境外资产的税务风险。

所以，家族信托成为高净值家庭的标配是必然趋势，根据每个家庭不同的问题和需求，通过“个性化定制”灵活多变的信托条款，最大限度满足不同家庭的传承需求。家族信托的功能，可以通过下面这个图一目了然地看出来。

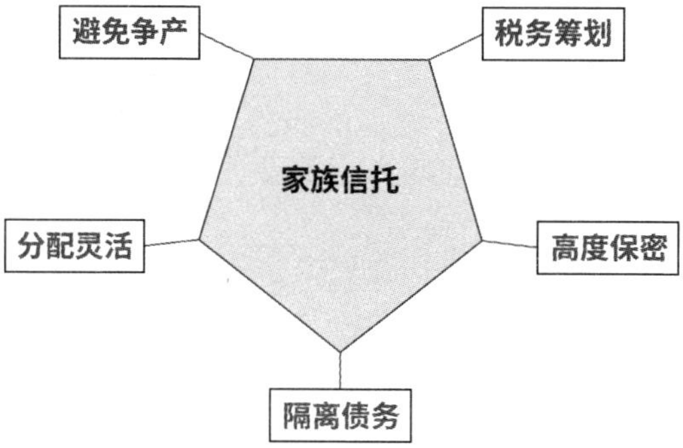

总而言之，从全球顶尖的家族传承安排来看，由于信托资产在法律上具有独立性，家族信托合法设立后，委托人如果因企业经营问题等面临破产清算，其信托资产可受到保护，不纳入清算范围。此外由于家族信托指定受益人和受益范围，因此委托人婚姻关系、家庭关系的变化也不会影响财富的完整传承。

信托隔离婚姻：
默多克是怎样不损失离婚费的

很多人都说，“婚姻是最重要的财务决定。”不管是哪国的法律，都规定离婚时的财产要分一半。但是作为传媒大亨的默多克，在和邓文迪的离婚案中，只花了 6 分钟就解决了问题，并且让邓文迪只分走一点点的财产。我们来看看默多克是怎么充分利用信托这个金融工具的。

一、默多克如何将邓文迪“扫地出局”？

首先我们来看看默多克的家庭情况：他有过四任妻子，六个孩子。仔细梳理默多克以及他的家族企业的发展历程，我们可以发现其家族矛盾冲突贯穿其中。

大儿子拉克伦性格较为温和，常常被认为管理天分不及他的父亲。默多克安排他担任联席董事长，也是避免他的管理短板在日常经营当中被放大。小儿子詹姆斯则性格积极外向，仿佛天生就具有管理和营销的天赋。默多克安排詹姆斯担任公司首席执行官，既是对其管理才能的认可，更是对其个性和风格的赏识。

然而，默多克和儿子们的关系因为与安娜离婚和与邓文迪结合出现过危机。在家族内部会议上，在关于邓文迪的两个孩子未来是否有新闻集团的继承权议题上，安娜的三个孩子和邓文迪曾经针锋相对，着实让默多克费了一番脑筋。

对老谋深算的默多克来说，他熟知，家族企业中婚姻状况的变动会引起家族所拥有的资产再分配。所以在他和第二任妻子以及第三任妻子结合之前，都曾经在法律协议和公司结构上有所设计。

在 1999 年，默多克就已与邓文迪签订了婚前协议；默克多与邓文迪结婚之后，又分别在 2002 年和 2004 年签了补充婚后协议，并设立了家庭信托。默多克建立了一个信托持有新闻集团 40% 的无投票权优先股，这份信托的受益人是默多克全部六个子女，用以保障他们的优渥生活。另一份信托则持有新闻集团有投票权普通股，来保证默多克对于企业的控制，这就在邓文迪和新闻集团之间建立了一道“防火墙”。即使默多克在两个女儿成年前去世，邓文迪也无法利用监护人的身份插手新闻集团的事务。

所以对高净值人群来说，从默克多的案例中学习经验，避免自己辛辛苦苦打拼多年的财产遭受婚变带来的损失，是很有价值的。那么，到底离婚的时候，有哪些财产需要分割呢？我们来看一看。

二、离婚的时候，哪些财产要分走？

在离婚的时候，我们所要了解的就是什么样的财产是不需要分割的婚前财产，什么样的财产属于婚后财产。

个人专属财产包括这么一些：婚前财产、医疗费用、个人专用品、残疾赔偿金、指定赠予、指定继承等。

夫妻共同财产包括这么一些：奖金工资、生产经营收益、知识产权收益、房补公积金、继承财产、受赠财产等。

如果离婚了，哪些财产要分割呢？包括存款利息、房屋涨价、股权分红、股票/基金收益等。

Chapter 8

第八章

资产配置

资产配置：基金经理 90% 的业绩来自正确配置

做投资决策，最重要的是要着眼于市场，确定好投资类别。从长远看，大约 90% 的投资收益都是来自成功的资产配置。这是“全球资产配置之父”加里·布林森的结论。

一、学术界公认的结论

1966 年，布林森考进大学。拿到硕士学位之后，他在华盛顿州立大学任教，讲授财经课程。此后进入旅行者公司。在 1981 年，布林森离开了旅行者公司，另立门户。布林森关于资产配置的想法形成并非一蹴而就。当时，旅行者公司对美国以外的市场的实质接触还不多。但 1974 年那场股市的倒退大潮坚定了布林森的信念，让他看到当时投资界所盛行的分散投资手段已经黔驴技穷。

他亲眼看到一个由基本面良好的中小型公司所组成的投资组合在 9 ~ 10 个月的时间里损失惨重。这些铁的事实都说明，在单一资产类别中进行分散投资确实存在着局限性。布林森说，在 20 世纪 70 年代末期，当市场的投资理念大多还集中于那些由最优质的股票和债券所组成的投资组合的时候，他便构建了目前这种资产配置的方法体系。1995 年，他被《财富》杂志授予了“全球资产配置之父”的殊荣。

布林森说：“我们也不排除有的人红运当头，买彩票都会中。也确实有人把筹码都押在某一只股票上，结果大赚了一笔。但如果从投资的总体情况来看，就会发现，一种分散性的投资组合、各类投资资产的混合，才是成功的必要因素。”

根据布林森对主要大型退休基金的研究表明，90% 的收益来自正确的资产配置，而不是交易，这个结论也得到了学术界其他研究者的认可。

学者们往往长期陷于对理论的深思熟虑，而容易忽视现实中投资者们的热切期望；另一方面，许多投资管理人又瞧不起学者们的理论成果，认为他们都是在象牙塔里纸上谈兵。而布林森的特殊才能就在于能够跨越学术和实践两大领域，既能抓住抽象理论的精髓，又能将其付诸实践，重塑人们的实际投资手段。自从布林森的结论得出后，整个投资界才第一次真正将资产配置当作最重要的事情来处理。因为资产配置的核心就在于可以在风险可控的情况下，获得不同资产的风险溢价。

二、资产配置就是为了获得不同资产的风险溢价

根据夏普的资本资产定价模型，资产收益来自无风险资产和风险资产两大块。前面说的银行理财这些可以归入无风险资产范畴；股票和股票基金就属于风险资产。从长期来看，风险资产的收益率肯定是高于无风险资产的。例如从 2002 年到 2015 年，将中国的大类资产回报率简单对比一下，人们就会发现，风险最大的深圳成指的收益率最高，风险最低的银行存款和理财收益率最低。

表 1　中国大类资产的风险与回报（2002—2015）

资产类别	年均回报率（%）	标准差（%）
深证成指	27.3	63.8
上证综指	18.5	56.3
黄金	9.0	17.0
信用债	5.1	7.2
利率债	3.7	4.4
存款及理财	2.4	0.7

风险收益又分为两个部分：贝塔和阿尔法，贝塔就是大盘自然涨跌带来的收益，特点是市场容量大，获取较为容易，而且成本较低，比较常见的就是指数基金。阿尔法则是在贝塔基础上的超额收益，例如通过积极管理相对指数投资获得的超额收益。阿尔法市场容量有限，对投资能力要求较高，因此积极型管理人会收取超额业绩提成。

那么，是不是只要买风险资产就一定可以获得高收益呢？当然不是，风险资产之所以有风险，就在于收益的不确定性，所以需要进行分散投资。

三、为什么要做分散投资？

下面我们就拿历史数据来看看，美国股票和美国房地产这 2 类资产在过去 44 年的表现。如果我们在 1972 年年初买入，并持有到 2015 年年底，把历史平均回报和风险列一个表格：

表 2　美国股票和房地产的长期回报和风险

1972 年 1 月 1 日至 2015 年 12 月 31 日	美国房地产	美股	美 10 年期国债	通胀
年化收益率	12.00%	10.43%	8.01%	4.06%
标准差（波动性）	17.06%	15.26%	8.22%	1.34%
下限风险（MAR = 5 %）	14.04%	10.90%	5.03%	0.90%
夏普率	0.47	0.41	0.39	-0.62
索提诺比率（MAR = 5 %）	0.56	0.56	0.61	-1.12
最大回撤	-68.30%	-50.21%	-20.97%	-4.43%

我们还加入了美债和通胀两个数据作为参照物。可以看到美国股票市场的年平均回报为 10.43%，而美国房地产市场的年平均回报为 12.00%，更直观一点，就是 100 元买美股变成 7878 元，买房地产变成 14655 元。

显然，这两大资产都很好地达到了保值增值的效果，年化收益率远远高于通胀。我们知道收益是和风险相匹配的，高收益意味着高风险。

为了更加直观地衡量投资单个资产的风险，这里我们要引入一个概念："最大回撤"，就是投资额从历史最高点跌到最低点的跌幅，说白了就是从历史上来看，你投资此类资产最大的亏损程度。

在 1972 年至 2015 年这 44 年内，美国股票市场的历史最大回撤为 50.21%，投资美国房地产市场的历史最大回撤为 68.30%。这意味着什么？

美股 50.21% 的最大回撤发生在 2008 年金融危机时期，美股投资者的财富在短短半年内缩水一半。更让人难以接受的是，这一跌直接把投资总额跌到 10 年前，等于这 10 年都白忙活了。更加可怕的是，从这次回撤的最低点涨回回撤前的高点，花了 3 年时间，这还是建立在你在低点持有不卖的前提下。市场狂跌 50%，在跌破 2003 年的底部后，你能保证在反弹初期坚定持有吗？如果不能，那涨回去的时间可能会更长。大家可以设身处地地想一下，那是一种怎样的体验。

有人说，我不怕，我是坚定的长线持有人，50% 跌幅不算什么。不过，美股在 20 世纪 30 年代还曾出现过高达 80% 以上的回撤（1932 年股灾）。跌 80% 是什么概念？如果你不在低点加仓，你需要大盘涨 500% 才能回到回撤之前。

表 3　美股历史上重大回撤

标的	起始日	终止日	工作日	涨跌幅
英镑	2016 年 6 月 24 日	2016 年 6 月 25 日	2	–11.0%
瑞郎	2015 年 1 月 15 日	2015 年 1 月 15 日	1	20.29%
美国标普 500	1987 年 10 月 19 日	1987 年 10 月 19 日	1	–20.47%
美国道指	1929 年 10 月 28 日	1929 年 10 月 29 日	2	23.05%

以上数据告诉我们，投资单个资产风险巨大，但我们也不能因噎废食，就此远离风险资产。那有没有方法在不牺牲收益的情况下，降低投资风险呢？马科维茨早在 1952 年就帮我们解决了这个难题。他首次系统地阐述了资产组合的选择问题，告诉我们一条简单的投资哲学：分散投资可以优化投资组合整体回报。这个优化，简单地说就是投资者在投资两种不完全相关的资产时，能够降低投资组合的整体风险，从而达到 1+1 > 2 的效果。

构建一个更加有效的投资组合，在给定的风险水平下，充分分散化的投资组合收益更高；反之，收益水平相同时，充分分散化的投资组合面临的风险较低。分散化投资可以在不牺牲预期收益的情况下降低风险水平，对投资者而言，相当于是一顿“免费的午餐”。但是，是不是简单地分散就可以呢？当然没有这么简单。

四、资产配置的关键在于不同资产的低相关性

不要把鸡蛋放在一个篮子里，这句话让不少投资者简单地理解为：分散投

资就是资产配置。其实不然。资产配置跟烹饪很类似。五星级酒店的很多食材和我们在市场上采购的其实并没有太大差别，可是，为什么他们的大厨就能做出更美味的食物呢？这就是配置的艺术！他们懂得怎么拿捏火候，怎么精确配比食材，需要 3 克的味精，绝不会放 6 克。

资产配置的组合是不同市场的组合，包括股市、债市、黄金、外汇等，组合产品的相关性越低越好。一项科学的资产配置方案中，投资组合里的各类资产之间要具有弱相关性，最理想的情况是资产之间是零相关性，当然现实中，零相关的产品几乎不存在，而且资产之间的相关性也会随着市场风格的变化而改变。

因此，实际操作中要根据各类资产的历史表现与投资者的风险偏好为基础，战略性地分散投资，对不同类别的资产进行合理配置。

此外，每个人的风险承受能力不一样，资产配置的方式自然不一样。有些人以为保守的人买保守的产品，激进的人买激进的产品就可以，这种想法是错误的。保守的人需要的是保守的配置，例如大部分资金配置在债券、货币基金这种稳健的产品上，但是也需要配置一部分股票、CTA 等激进的产品。而激进的投资者，也需要配置债券、债券型基金、货币基金等相对保守的产品，否则在突发事件的冲击之下，就只能对风险资产进行“割肉”了。

从数量上来看，1000 万的资产，配置 100 万的股票，仍然算是保守的配置；10 万的资产，配置 5 万的股票，那就是激进的配置。

还有就是，做好初始资产配置后，也不能一直固定不变，因为市场处在不断的变化中，我们需要适时地动态调整资产配置的比例组合。例如在 2015 年牛市顶部的时候，就应该降低股票的配置而加大债券的比例，只有根据市场行情灵活调整，才能在风险巨大的市场中，获得持续稳健的收益。

本节给大家讲述了一个重要的知识，即投资中资产配置决定了 90% 的收益率。下节来给大家谈谈如何抓住人生的重要财富机遇问题。

人生发财靠康波：
发财主要靠的是运

过去 15 年，中国的房地产市场火爆，70 后 80 后中很多人低价位买了房子，发了大财。而错过了这波周期的，可能工作很多年，也赚不了大钱来买房。房价的上涨，从学术的角度来说，是经济周期带来的。

一、什么叫经济周期

就像地球上有春夏秋冬四季更替，经济发展也不可能一直都是繁荣，也会经历复苏、繁荣、衰退、萧条四个阶段，这是人类社会的自然规律，不可阻挡。

目前学术界的研究得出结论，基本上将经济周期分为这几种：康波周期（50 ~ 60 年）、产能周期（25 ~ 30 年）、朱拉格中周期（8 ~ 10 年）、库存周期（3 年）。

康波周期是 1926 年俄国经济学家康德拉季耶夫，在分析了英、法、美、德以及世界经济的大量统计数据后，发现了发达商品经济中存在的一个为期 50 ~ 60 年的长周期。

在康波周期中，前 15 年是衰退期；接下来 20 年是大量再投资期，在此期间新技术不断采用，经济快速发展，迎来繁荣期；后 10 年是过度建设期，过度建设的结果是 5～10 年的混乱期，从而导致下一次大衰退的出现。康波周期又称技术创新周期，因为每一轮的周期是由科技进步实现的，例如最近的这一波周期是依靠信息技术革命推动的。

本次康波 1982 年开始回升，1991 年到 1994 年的美国信息技术泡沫，是康波繁荣的标志。2008 年之前是世界经济在本次康波的黄金阶段，从 2004 年到 2015 年应该是本次康波的衰退期，2015 年之后，全球应该进入康波的萧条阶段。

每一轮的康波周期会对几大类资产的收益带来重大的影响，包括房产、大宗商品、股票和债券。一个人的人生财富有哪些？理论上只能有这么几类：第一类就是大宗商品，在 60 年循环中，大宗商品是最可能获得暴利的行业。

第二类资产是房地产，房地产周期 20 年轮回一次，一个人可以碰到两次房地产周期。为什么呢？人的一生会两次买房，第一次是结婚的时候，平均在 27 岁，第二次是二次置业，满足改善性需求，在 42 岁左右。一个人的消费最高峰出现在 46 岁的时候，46 岁之后这个人的消费就逐渐由房子这些变成医疗养老。一个房地产周期的循环就是这样，20 年的循环，15 年上升，5 年下降。人的一生，房子是最核心的资产，房子至少一辈子买两次。

还有一个资产就是股权，特别是与信息技术有关的股权，例如很多互联网企业。凡是参与了这些公司的原始股权的，资产增值都是百倍甚至千倍。毫无疑问，这也是信息科技推动的这一轮康波周期给予的财富机会。那么，康波周期到底有哪些特征呢？我们现在到了康波周期的哪个阶段了呢？我们下面仔细来讨论一下。

二、这一轮康波周期的阶段

康波的形成，是人的集体行为的结果，而这种集体行为取决于人的代际更迭。人的一生真正可以参与经济生活的时间也就 60 年左右，美国有句话叫作“华尔街没有新鲜事”，说的就是人性是推动经济繁荣的核心因素，也是造成灾难的核心因素。

强人政治是康波萧条期即将出现的重要信号。在较大的视野中，经济学是不能脱离政治和历史的。强人的出现，其实是反映原先运作良好的政治和经济秩序内部出现了裂痕，靠体系内部的自动纠偏已经效果不大。

强人现象其实也是历史推动的产物，平时不出现，但当社会内部矛盾很大时，就会走上历史前台，大刀阔斧地改革，极端的时候，战争和革命也是暴力清算的方式。例如 20 世纪二战之所以爆发，从经济周期来看，其实就是康波周期的萧条期的一种矛盾解决之道；也就可以理解在这一轮康波周期中，诞生了罗斯福、丘吉尔、斯大林这样的政治强人。

除了康波周期之外，还有一个与经济周期有关的研究理论，叫作超长债务周期，这个周期理论也可以解释各类资产的运行逻辑。

三、长债周期

超长债务周期的理论是桥水基金的创始人达里奥提出的。桥水基金是目前全球最大的对冲基金，在对冲基金哀鸿遍野的 2008 年，桥水基金旗下的 Pure Alpha（绝对阿尔法）对冲基金收益仍达 9.5%。

达里奥是基本面研究的顶尖专家，在他的理论体系中，宏观经济周期既是科技周期，也是超长时间的债务周期。达里奥对债务问题一直有一个隐忧：“债务问题就像是一种病，而且是周而复始地发生。”长期债务周期由若干短期债务周期（商业周期）汇总而成。在短期债务周期中，支出只受制于借贷意愿，当信用易得时，就会出现经济繁荣；反之则会出现衰退。

我国信用主要由央行进行调控，央行会通过降息使经济走出下行。但是由于人性的问题，人们更倾向于借钱而不是还钱，因此每轮周期的顶部和底部会比上一个周期产生更多的经济活动和债务。长期来看，债务就会超过收入增速，长期债务危机也就形成了。

在长期债务周期的上升阶段，即使人们已经负债累累，债权人也仍提供大量信贷，这是因为债务周期上升进程是自我强化的过程：支出增加使收入增加，收入增加使资本净值增加，资本增加又增强了借款人的借款能力。

债务相对收入增长达到极限时，债务周期便开始转头向下。资产价格下降，债务人无法偿还债务，投资者因恐慌与谨慎而出售资产，债权人不再对债务人续贷。这一切最终将导致流动性问题，人们会削减支出。

资产价格下降，也进一步紧缩了银行信贷。紧接着股市崩盘，伴随着失业及商业行为减少，社会的紧张情绪与日俱增。这种演化会自我强化，甚至成为一种恶性循环。

上述分析就是长期债务周期的动态演化过程。债务周期可以追溯到罗马时代，实际上哪里有借贷，哪里就会存在债务周期。

了解了经济周期后，自然也就明白了未来全球经济的走向，要为将来萧条期的到来做好足够的准备，要过冬了，棉衣要早点买足。这样，我们对目前几个大类资产做战略配置的时候，就可以有的放矢。

例如目前的固定收益资产处于衰退期，信用风险会持续爆发，因而要重点关注利率债，对信用债要保持谨慎；对于股票，还处于市场下降阶段，风险没有释放完毕，所以只可以做一些短线交易，长线持有必须是优质的价值股。

对于大宗商品，可能未来农产品的机会比较大，如果通胀来临的话，农产品有可能会有一波大的上涨机会，我们需要重点关注 CTA 产品，CTA 产品就是以大宗商品为主要投资标的的基金产品。例如根据私募排排网的数据，2018 年大部分的投资策略都是亏钱的，但是 CTA 策略整体赢利 10% 左右。所以大宗商品的波动性机会给了 CTA 这种资产收益的可能性。再优秀的基金经理也无法逃脱周期的影响，大的财富一定是大的周期带来的。

本节主要阐述了康波周期的理论，总的来说，人的一辈子财富主要是由历史进程决定的，大的周期带来大的财富积累，所以在各种资产风险频发的时候，大家更需要关注的，就是做好资产配置。

机会总是留给有准备的人的，熊市不学习，牛市成“韭菜”。萧条期的时候应该好好学习，给自己充个电，提升素质和知识水平，下次运气来的时候，你就能抓住。另外就是多锻炼身体，多花时间来学习，投资自己。

10万元、50万元、100万元的投资：看一个实际案例

对于不同的资产数量，应该如何投资？例如分别有 10 万元、50 万元和 100 万元，应该采用什么样的方法或者配置策略，才能在保证安全的情况下，获得稳健的收益呢？

一

10 万元是很多人投资理财的一个入门级数字。毕竟，对大部分人来说，身上有个一两万，是还没有理财投资意识的，反正放哪儿都差不多。那有了十万元，投资理财时究竟该如何分配呢？

首先你得了解你自身的情况与需求，这里最重要的因素是年龄和收入，根据这两个情况，确定风险资产的比例。

有一个经验公式：高风险资产的比例= 100–你的年龄

如果你今年 20 岁的话，可以将 80% 的资金投到高风险投资中，年轻就算输

了，大不了从头再来；但如果你今年已经 60 岁了，那投资高风险产品的比例就要控制在 40% 内了，毕竟年纪大了，已经承受不了风险了，并且获得收入的机会越来越少，一旦投资失利，老年生活会很苦。

另外一个因素就是你的收入来源。如果你薪资不高，每个月付完房租或还完房贷，再除掉各项生活开支后，只能攒下一两千块，这 10 万块是你辛苦两三年攒下的，那么投资还是偏保守点好；如果你收入在节节攀升，这 10 万块对你来说，也就几个月的薪资，自然就可以用它来多投资一些风险高些的产品。

再有就是看你这笔钱的用途，决定了你的投资期限。如果短期内有大的用钱需求，像买房、买车、生娃等，那么将大部分钱用在风险低一些的固收产品中比较好，风险高一些或投资周期长一些的品种，尽量少投或不投；如果这笔钱近几年不会用到，只单纯用它来投资增值的话，可多分配一些到风险高一些、投资周期长点的产品中。下面我们以一个具体的例子来说明：

例如小张，年龄 30 岁左右、年收入 10 万上下，目前暂时没有买房买车这类大的开支计划，投资风格相对激进一些，10 万元投资可大致这样分配：

保险：1 万元以内，除了社保之外，可以搭配重疾险、医疗险和意外险，其中重疾险买消费类的，意外险比较便宜，一年都只要几百元。

货币、债券基金：2 万元左右，可投资货币、纯债基金这类风险较低的固收产品，收益率在 3%～5% 左右。

基金：5 万元左右，建议直接配置指数基金，可以考虑中证 500 这样的小市值风格基金，波动略大，但是长期收益率也较高。

股票：2 万元左右，可以适当买入具有核心竞争力，市场占有率高的科技类、大消费和大健康类股票。

当然，这并不是标准建议。如果你对某方面更专业些，如股票、基金等，自然可以多投这方面的；如果对一些领域完全不懂或没什么兴趣，像黄金、美元等，也可不必配置，配置的关键是适合自己。

最后，虽然我们说的是 10 万元，但并不是非得要达到这个数才能开始理财的，理财意识总是越早培养越好。就算你现在只有几千块、一两万，在努力提高赚钱能力的同时，也可以先买个股票、基金试一试，主要是提升自己的理财意识。处于这个阶段的投资者，有点余钱，一不小心就花掉了，还是应及早理财，强迫自己储蓄，对将来的人生规划更有帮助。

二

如果是二十多岁已有 50 万元闲钱，说明工作收入还是不错的。这时要特别注意，继续把 90% 的时间和精力放在事业上。这个阶段，收入上升的意义，远大于赚个仨瓜俩枣，或理财收益率多 3%。因为前者可持续且无风险，后者难以持续增长。

如果是三四十岁的中年人，大部分背着房贷、上有老下有小的压力，还面临事业上年轻一代的冲击，这时候有 50 万元闲钱，还是挺需要精打细算的。

如果是五六十岁接近退休的老人，退休工资有限。50 万元基本属于未来养老和生病的最后经济保证了。那么，这个阶段的理财，就不要太激进了，稳健第一。大部分老年人知识更新不及时，相对于年轻人，更容易被骗。一般来说，有 50 万元闲钱的，大部分是中年家庭，我们就以这个为案例说明如何配置。

例如，王先生夫妇同为公司高管，今年都 40 岁，王先生的父母为已退休的 70 岁老人，身体并不是很好。王先生每月收入 2 万元，妻子每月收入 1 万元。夫妻俩买房后，还有 50 万元的活定期存款。对于他们的情况，如何合理配置才能获得更高的收益?

根据王先生夫妇的财务情况，每年的总收入为 36 万元。因为有房无贷，家庭生活质量整体来看是不错的。但是在家庭资产配置方面，相对来说就存在一些不足之处。分析了王先生家的财务情况，并结合家庭理财目标，可以这么重新调整：

首先，留部分家庭紧急准备金。

王先生家首先要从活期存款中拿出部分资金作为家庭备用金。家庭备用金一般为 3～6 个月的家庭月开支，因家里有老人建议留足准备金，以备不时之需，大概为 10 万元。可将这部分钱放在银行活期存款。而鉴于王先生夫妻都是中年人，可将另外 40 万元放在其他货币基金里，享受 3% 左右的收益。资金也能随用随取，家庭如需紧急使用资金时，就能随时拿出来使用。

其次，添加家庭保障规划。

为防范家庭收入中断的风险，应买一些纯保障型险种，如意外险、重疾险、寿险等产品，建议把保险的年缴保费控制在年收入的 10% 以下，大概是 3 万元。因为夫妇俩是家庭的顶梁柱，无论哪个人出现意外，都会对家庭带来不小的打击，所以建议夫妻两人购买保额为 50 万元左右的重疾险，其保费在 2 万元左右。另外，结合老人的特点，可以考虑为父母配置些长期护理险和意外险，每年保费为 5000 元左右。

最后，剩余存款，学会灵活配置。

除去必要的配置所需资金，也就是生活需要的 10 万元、保险的 2.5 万之外，王先生家剩余 37.5 万元，暂时没有急用钱的地方，可采取多元化投资策略，分散风险的同时，获取相对高的收益。由于这笔钱短期不用，可以做一些较为长期的投资，配置的预期年化收益率为 8% 左右。

10 万元投入到银行理财，其预期年化收益率约为 3.5%～6%。

10 万元投资到养老 FOF 上，作为将来养老金的补充。

剩余 17.5 万元，以定投指数基金的方式参与，可以将大部分例如 10 万元投资到上证 50 指数基金，这个是 A 股的蓝筹股结合，风险最低，赚一个分红的收益；剩下的 7.5 万投资到中证 500 指数基金上，博取更高一些的收益。对于 P2P 这种互联网理财，坚决不要碰，也许其中会有一些比较好的，但是覆巢之下，焉有完卵，一不小心，就血本无归了。

这个案例，提供了一个包括月收入和固定存款的大体规划，不过在实际配置中还应该考虑个人家庭的整体财务情况，合理安排投资资金、应急准备金以及保险规划资金的比例，做好个人的理财规划，真正实现财富保值和增值。

三

拥有 100 万元存款的，算是高净值人群了。有百万元闲置资金的高净值人群，往往都会投资信托产品，对于这样的产品，我是持保留意见的。首先是因为信托真正的价值是做财产隔离，而不是投资理财；其次，从长期的角度来看，信托的收益率并不如偏股型基金。

我们这里假定李先生60 岁，家里有 100 万元闲钱，有房无贷，子女也都成家了，家庭生活压力并不大，而且家庭该有的保险都已经齐备。那么，对于这样的 100 万元应该怎么投资？由于资金超过了一定的额度，达到很多优质理财产品的门槛了。

对于李先生这样的高净值人群，资产配置，可以大致分成两个部分。

第一部分，是各种固定收益产品。

随着资管新规的下发，未来银行理财产品将打破刚兑，从法律上确保安全的就只有银行存款。目前很多银行推出了大额存单和结构性存款，给出的存款利息远比一年定期高很多，有的小点的银行可以给出 5% 左右的存款利率，可以将 50 万元用来买这种类型的产品，但是不要超过这个数目。因为根据存款保险制度，小于 50 万元的存款，万一出了问题，国家会赔你，超过这个数额的部分只有自认倒霉了。

其次就是国债和纯债基金，也需要配置，国债分为储蓄国债、凭证式国债和记账式国债，其中凭证式国债最受欢迎，一般分为 3 年期和 5 年期，其风险性几乎为零，收益有保证。2014 年凭证式国债 3 年期票面年利率为 5%，5 年期票面年利率为 5.41%。纯债基金，长期来看，年化收益率超过 7%，而且安全性比较高。但是在经济下滑的情况下，这个收益率未来也会逐步降低，为了降低风险，应该分散投资在多个纯债基金上，特别要注意的是，最好是购买那些利率债为主的纯债基金。这部分可以配置 30 万元。

第二部分，就是股票和股票基金。

由于李先生到了退休年纪，知识结构老化，所以不要追求那些高风险的股票、CTA、衍生品之类，而是应该更多地投资一些稳健的指数基金，这里建议购买上证 50 指数基金、红利基金、消费主题基金。红利基金就是专门投资那些分红率很高的股票，每年获取分红和股价上涨的收益；消费主题基金是过去 10 年表现最好的指数基金之一，在未来中国的经济更多的是消费驱动的情况下，这类上市公司也会有更多的发展空间。

本节按照 10 万元、50 万元、100 万元不同的资金规模，给出了相应的配置方案，大家可以根据自己的实际情况，“对号入座”。也许不一定完全适合您的需求，但是案例中的逻辑和方法是普遍适用的。

美林时钟模式：
根据宏观指标穿越经济周期

在资产配置领域，一个著名的理论是“美林投资时钟”。这是美林证券在研究了美国 1973 年到 2004 年的 30 年历史数据之后，于 2004 年发表的一个基于经济周期的资产配置理论。

一、什么是美林时钟？

美林投资时钟模型是一种将经济周期与资产和行业轮动联系起来的资产配置方法。这个方法根据经济增长和通胀指标，将经济周期划分为 4 个不同的阶段——衰退、复苏、过热和滞胀。在经济周期的不同阶段，沿顺时针方向循环，不同类别的资产会表现出显著的差异，每个阶段有一个特定的资产可以获得超过大市的超额收益。

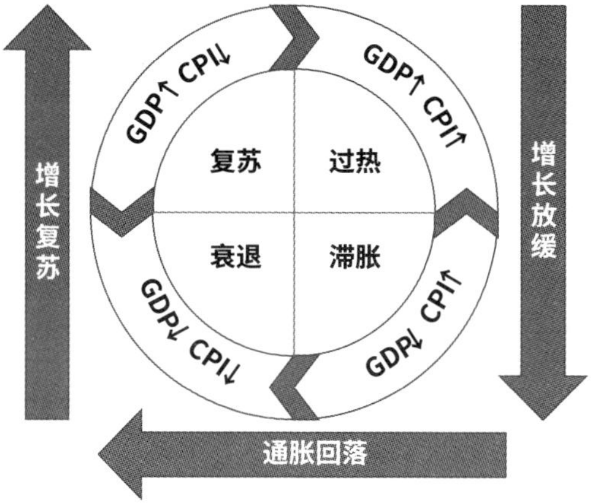

听起来好像有点高深，其实理解起来没那么复杂。美林时钟用经济增长率（GDP）和通货膨胀率（CPI）这两个宏观指标的高和低，组合出了 4 种可能，经济在这 4 个象限中顺时针轮动。我们先来看一些基本的知识：

第一，GDP 和 CPI 是正相关的。也就是 GDP 上升，CPI 也会上升，反之亦然。

第二，CPI 的变化是滞后于 GDP 的。从 GDP 的上升到 CPI 的上升是需要传导时间的，反之亦然。

第三，世界各国央行的第一要务都是控制通货膨胀，第二要务才是促进经济发展。也就是说，当 CPI 过高的时候，央行可能会不惜牺牲经济增长来控制 CPI；而当 CPI 相对温和时，再想办法促进经济增长。

第四，央行可以通过货币政策来控制 CPI 和刺激经济，比如降息或下调存款准备金。但通常会有副作用，需要动态平衡。

理解了这些，相信就能更轻松地理解美林时钟了。经典的繁荣—衰退的循环，是从左下方开始顺时针旋转，从一个阶段到另一个阶段的转变是由经济增速和通胀的箭头表示的。

根据美林时钟，可以将经济周期分为 4 个阶段，分别是衰退、复苏、过热、滞胀。

衰退阶段特征：产能过剩、大宗商品价格下跌。这时候为了刺激经济，政府往往采用货币政策，进入降息通道，这个阶段最佳的配置品种是债券。

复苏阶段特征：利率依然处于低位，GDP 加速增长。这时候企业处于非常好的阶段，特别是那些率先复苏的行业，资金成本、商品成本都处于低位，从而带来了利润的大幅度增长，所以这个阶段最好的配置品种是股票。

过热阶段特征：企业增速减慢并且通胀“抬头”。对政府而言，通胀是很可怕的事情，所以央行会采用紧缩政策，加息或者提高准备金，这个阶段股票往往开始最后的冲顶，应该降低配置。这个阶段最好的投资品种是大宗商品。

滞胀阶段特征：GDP 的增长率大幅度降低，通胀继续上升。为了防止通胀给整个社会带来重大影响，央行往往进一步收缩银根，这也带来融资成本大幅度上升，企业经营困难，这个时候大部分资产的风险都处于爆发阶段，所以最好的投资品种就是现金。

二、如何应用美林时钟?

在实际运用中，投资时钟也会逆时针转动或跳过某个阶段，主要受外部冲击或异常事件的影响，投资时钟并不是只按顺时针方向运转。根据投资时钟原理，在不同的时间段选择相应的基金产品构建组合的方法就是美林时钟模式。主要分为两个步骤。

第一步：经济周期监控

通过监控宏观经济指标来判断将要来临的经济周期，并确定相应的投资时钟时段。通常可以考虑的指标有 CPI 增速、PMI 指数、工业增加值等。

第二步：美林时钟配置

在预判完经济周期后，根据投资时钟理论的指导进行相应的资产配置。鉴于判断不完全准确，一般的配置原则为超配处于投资时钟周期内的品种。初始阶段是均衡配置：以债券、股票、商品、货币基金各 25% 为基准，处于投资时钟周期内的品种超配至 50%～70%，其他三类各配置 10%～15%。比如衰退期，债券基金的配置比例为 70%，其他三类各 10%。具体配置比例以对宏观的判断可靠性为准，可靠性高一些，则超配比例高一些。

美林时钟 FOF 配置模式是一种比较适合机构投资者的策略，由于其紧密依托于宏观判断在大类资产间做大幅度调整，因此成功应用该策略可有效提高资产收益率，降低资产的风险。但正因为对宏观判断的高要求，它对个人投资者而言门槛有些高。此外，这种策略适合“中规中矩”的市场，对突变的市场环境缺乏适应能力。

时期	经济状况	通胀	最佳配置资产	最佳股票行业
衰退	经济下行	通胀下行	债券	防御成长型
复苏	经济上行	通胀下行	股票	周期成长型
过热	经济上行	通胀上行	大宗商品	周期价值型
滞胀	经济下行	通胀上行	现金	防御价值型

具体在不同的时钟阶段，对应的股票风格也不尽相同，这里列出一张表格，说明了在不同时钟周期，应该配置哪类型的股票。例如 2015 年以后中国宏观经济的衰退期，最佳的投资行业就是防御类股票，就是那些非周期行业，包括消费、公用事业、医药等。这个在前面有过说明，就是我们看到 2015 年年底到 2018 年，以上证 50 为代表的价值类的股票组合明显超越大势的原因。

具体来说，有这么一些经验：当通胀率和利率下降时，可选消费股表现优异；当通胀率和油价上涨时，石油和天然气股表现优异；当中央银行正在努力复苏经济时，金融股表现优异；当中央银行加息时，一般工业股表现优异。

三、不同时钟周期下的股票行业配置策略

美林时钟模型将众多行业按照产出缺口和通胀变动的情况，进一步划分为“周期型”“防守型”“增长型”“价值型”。

在经济周期从复苏→过热→滞胀→衰退的波动过程中，行业配置应相应遵循“周期增长”→“周期价值”→“防守价值”→“防守增长”的路径进行选择。

本节介绍了美林时钟模型的原理，通过不同类型行业股票的配置，不但可以赚到大周期的钱，还可以赚到行业的超额收益，这就是美林时钟的价值所在。

耶鲁基金模式：
20年来年化收益率13%

哈佛、斯坦福是在全世界享有盛誉的大学，还有一所与之齐名的大学——耶鲁大学。这些私立学府之所以这么闻名，除了有顶尖的师资力量外，也依赖于高额的教学经费投入。而运营资金主要依靠社会捐助以及校产基金的投资收益，这里就不得不提到大学捐赠基金了。大学获得捐赠，是指大学获得社会各方包括法人实体、自然人等给予的捐赠，属于公益捐赠。

耶鲁大学的耶鲁捐赠基金被称为全球运作最成功的学校捐赠基金，备受世人瞩目，“耶鲁模式”也创造了机构投资史无前例的成就。基金会首席投资官大卫·史文森被戏称为耶鲁大学“财神爷”，他管理着高达 200 亿美元的捐赠基金，每年为耶鲁大学提供接近 40% 的运营经费，也是他改写了耶鲁大学基金的历史。

一、耶鲁基金的成功

1985 年，斯文森出任耶鲁首席投资官，他凭借独特的投资理念、果敢的投资决策风格以及团队领导魅力，使耶鲁的基金业绩遥遥领先于全球高校基金，逐步将耶鲁基金打造成“基金帝国”。根据 2014 年耶鲁大学捐赠基金年报数据显示：2014 年耶鲁基金市值达到 238.95 亿美元，2014 年的投资收益率为 20.2%；过去 20 年，年均净收益率为 13.9%；过去 10 年间，年均净收益率为 11.0%，高于全美捐赠基金的平均回报率。

耶鲁基金除了能够获得相对比较高的回报之外，还有一个特点，就是在过去 20 年中，只有一年的收益是负的。它渡过了金融危机，渡过了美国互联网泡沫破灭，也安然穿越了 2010 年到 2012 年的欧债危机。

根据传统的资产配置理念，一般是 50% 的债券、50% 的股票，这叫作股债均衡策略。但是斯文森认为这个经典的配置理论在新的经济周期中有点过时，特别是对耶鲁基金这种具有永续性质的资金来说，应该充分利用资金长期性的特征，挖掘另类资产的高收益。

所以斯文森一直对耶鲁基金的配置进行改造，大量持有流动性不好的资产，例如房地产、股权类，从而在过去 30 年的发展中，获得了很高的溢价。因为从投资原理的角度来看，流动性不好的资产往往具有更高的收益率，例如 5 年期的定期存款的利息就比 1 年期的要高不少，这就是牺牲流动性带来的溢价。那么，除了股票和债券之外，还有哪些是具备更高收益率的资产呢？耶鲁基金是这么做的。

第一，通过重仓私募股权投资（PE），来提升收益，同时放弃了部分流动性的要求。

第二，加大绝对收益投资工具（对冲基金）的配置比例，在兼顾流动性的基础上，追求稳健回报。

第三，以较高的比例配置于房地产和自然资源，来抵御核心风险和通胀，追求稳健增值。

除此之外，就是重视主动管理，进行基础资产筛选，包括选择管理人、筛选交易对手、储备大量的优质项目、进行专业的风险管理，这就是耶鲁基金的收益率能远远超越同行的根本原因，其中最重要的贡献就是多元化股权配置。

二、耶鲁基金多元化股权配置

下面是 2014 年的耶鲁基金的配置：

第一个叫作绝对收益策略，占比 17.4%

这个名字很误导人，让人以为是配置国债这种东西，其实不是。绝对收益其实就是事件套利资金，用来买入事件驱动和价值驱动的机会。事件驱动就是比如资产重组、破产清算的机会。价值驱动就是买入那些被市场错杀的价值股，等到市场情绪回复，价值自然回归后获得超额收益。

巴菲特在股东信里面也说到他也有一部分机动资金随时在套利，一般持有期为 3 个月左右。有些好的年份套利能赚很多钱。在我国 A 股市场也是这样，例如 2014 年到 2015 年，分级基金的 A 份额和 B 份额以及母基金之间存在不小的套利机会，业内从事这种交易的私募基金，年化收益率可以做到 40 % 以上。当然这种机会不是每天都有的，需要等待。

第二个是美股，占比 3.9%

耶鲁认为美国股市是比较有效的，但是他们还是进行主动投资，也就是自己选股而不是买指数基金。选股的方式是彻底的价值投资，也就是试图以低于股票内在价值的价格买入不受欢迎的股票，这和国内主流的价值投资者认为的买大蓝筹是不同的思路。由于大蓝筹的市场非常有效，很难再获得超额收益，所以需要深度挖掘上市公司的内在价值。耶鲁基金的主动管理股票多头，在过去 20 年年化收益率大概为 14.5%。

第三个是国外股票，占比 11.5%

国外股票配置分别投资在发达国家和发展中国家。在发展中国家中，耶鲁主要投资在 3 个他们认为潜在回报最高的地方：中国、巴西、印度。选股也是价值投资的方式。这部分 20 年来年化收益率为 14%。

第四个是固定收益类，占比 4.9%

以债券为主。耶鲁不喜欢这类资产，长期回报率不如权益类，所以只配置了 4.9%。对耶鲁基金这种不用担心赎回的基金来说，确实不需要在乎短期的波动，因此资产配置很多时候与资金性质有关系，那些需要高流动性的资金，就很难做较大比例的风险资产的配置。

第五个是大宗商品，占比 8.2%

包括石油、天然气、各类矿石、木材。这类资产主要是用来预防突发性的全球通货膨胀。同时它们会逆周期投资来获取超额回报，耶鲁过去 20 年年化收益率为 18.1%!

第六个是私募股权 PE，占比高达 33%

耶鲁是第一个重度投入 PE 的学校基金，这类资产也是耶鲁的最爱。过去 20 年全球互联网浪潮给大量的小企业带来了爆发式增长的机会，例如谷歌、Facebook 这样的公司。这部分的配置在耶鲁基金中的年化收益率高达 36.1%，这也是耶鲁基金一直跑赢对手的秘密。

第七个是房地产，占比 17.6%

耶鲁主要是投资一线城市的商业房地产，这类资产能提供稳定的现金流，当然是通过收租的方式。这类资产可以有效地抵抗通货膨胀，过去 20 年年化收益率 13.5%。

第八个是现金，只有 3.5%

加上债券类的 4.9% 合计 8.4%，也就是说权益类产品一直保持在 91.6% 的超高仓位。传统的股债 60/40 配置中，债券等固定收益产品的比例是 60%，而在耶鲁基金中只有 8.4%，大量的资金用于风险资产，从而获得了持续的超额收益，这是耶鲁基金收益率很高的根本原因。当然，由于风险资产波动较大，所以耶鲁基金的波动也比一般的基金要大。

例如，1987 年 10 月，美国股市遭遇“黑色星期一”，单个交易日指数下跌超过 20%，股价大跌。债券走高，悲观、低迷的市场气氛中，其他很多机构听任股票仓位随大盘同步下降，但是耶鲁投委会决定按照既定方针进行再平衡，卖出数千万美元的债券，用所得资金买入股票，保持投资组合权重不变。回顾耶鲁基金超过 20 年的优异成绩，这一次的决定无疑最为关键。在大多数同行卖出股票的时候，耶鲁基金利用资金优势抄底股票，获得了大量廉价筹码，在后面股市的反弹中，这一次的抄底无疑带来了巨大的收益。所以在市场出现风险的时候要敢于逆向配置。

大卫·史文森有一句名言：“管理好风险，收益自然就有了。”大道至简，遵循简单的模式，好的投资结果自然水到渠成。

三、学习耶鲁基金的经验

每年度，耶鲁基金管理者会根据历史数据及实际经济状况对各类资产的收益及风险进行合理重估调整；获得各类资产的预期收益及风险数据后，通过另类资产配置模型，计算出各类资产的最佳配置比例；以模型得出的比例为基准，基金管理者通过实际市场走势及机遇，在获得投委会的许可后，对实际配置比例进行调整。

任何的投资策略均需要根据实际情况去考量其适用性，耶鲁的投资配置策略也不例外。2009 年，耶鲁大学捐赠基金投资亏损 24.6%，市场上便开始有投资者声称耶鲁大学捐赠基金模式已失效。但是在这之后，耶鲁大学捐赠基金凭借同样的模式于 2011 年获得了高达 21.9% 的投资收益率，从而使得模式失效的说法不攻自破。

耶鲁基金的成功更大程度上要归功于基金管理人的积极管理策略。由于其投资标的产品中超过 60.0% 为非流动性资产，而此类资产的最大特点就是没有公开交易的市场，因而实际定价会经常偏离资产本身的价值，这就创造出了较多投资机会。

简单来说，耶鲁模式是一个“用时间换回报”的策略，即牺牲短期的流动性，通过长期耐心地持有流动性比较差的资产来获取未来更高的投资回报。因此在一些特殊时期，可能会发生“流动性危机”。

在 2008 ~ 2009 年金融危机期间，除债券和现金以外所有资产的价格，均发生大幅度下跌。其中跌得最狠的，就数私募股权和实物资产，而这两大类资产，恰恰是耶鲁大学基金配置最多的主力资产，因此，耶鲁基金在 2008 年金融危机中受到沉重打击，损失了 25%。

耶鲁大学每年 37% 的运营开销需要依靠捐赠基金会，所以在 2009 年，耶鲁大学所有的院系将支出预算砍掉 7.5%，全校裁员 100 人，职位减少 500 个。而且为了渡过这艰难的“流动性危机”，耶鲁大学还发行了价值 8 亿美元的债券。所以，如果家庭资产配置效仿耶鲁大学，第一个挑战就是，如果遇到流动性危机，是否有足够的备用资金。

第二个问题是，耶鲁基金能够从私募股权中获得丰厚的投资回报，并不代表其他人也能做到。因为这需要很强的主动管理能力，耶鲁基金的首席投资官大卫 · 斯文森也多次强调：虽然耶鲁模式成功的重要原因是其对于私募股权基金的投资，但是这种成功的模式很难被个人投资者模仿，因此大家不应该为了学习耶鲁模式而盲目地投资私募股权。

本节介绍了耶鲁基金的配置理念，关键之处就在于大量配置另类资产，包括房地产和股权类，这些流动性不好的资产会带来了巨大的风险溢价，这是耶鲁基金能成功的关键之处。

全天候模式：
2000亿美元的桥水基金核心策略

桥水基金（Bridgewater），以累积盈利 450 亿美元的业绩，被誉为最赚钱的对冲基金。他们首创的风险平价（risk parity）原则的全天候资产配置，已成为机构投资者主流的资产配置方法之一。桥水公司创始人瑞·达利欧（Ray Dalio）的《原则》一书中文版，也当选月居于经管类畅销书榜首。

一、什么是全天候策略？

桥水中国区法人代表王沿曾在北大全球金融论坛上发言，详细阐述了桥水的资产配置理念和方法论。这种配置理念，不仅对于海外市场，对于打破刚兑回归风险溢价的中国市场，同样有借鉴意义。

全天候策略可以用三句话来说明：第一，从长期来看，持有风险的资产会打败现金；第二，任何一类资产，你把风险调整到类似的程度，它们回报都差不多；第三，在任何一个经济环境下，总有一类资产的表现会优于其他资产。

根据全天候的理念，资产配置最需要考虑的事情是风险，而不是收益，因为收益是风险的结果。传统的股债均衡模式，例如有 100 元，如果 50 元放在股票里面，50 元放在债券上，看上去是均衡的，其实超过 90% 的风险都在股票里面，一旦出现回撤，主要都是来自股票。这就是说，虽然股票的仓位只有 50%，但其实贡献了可能超过 90% 的风险。

所以全天候基金做的工作是假定不知道未来哪种资产会表现较好，试图买入各种类别的资产来产生更好的分散，具体的资产的调整采用的方式叫作风险平价模型。这个模型是通过调整资产的预期风险和收益使得它们更匹配，目的是创造一个更好的分散组合，这个分散组合将有更好的收益风险比率。

全天候策略蕴含了风险平价的思路，然而"风险平价"这一名称最早由磐安资产的钱恩平在 2005 年正式提出。而如果抛开风险平价"始祖"的争论不谈，风险平价策略在后期的发展中又被各类投研机构丰富，逐渐成为经典的资产配置模型，如景顺投资的风险平衡基金、AQRFunds 的风险平价基金、Aquila Capital 的 7% 目标风险平价基金等。根据桥水联合 2015 年的估测，美国的基金中有约 4% 的资产配置于风险平价策略，金额大致在 4000 亿美元。

二、全天候策略的理论基础

桥水全天候策略并非一蹴而就，而是在其漫长的投研过程中逐渐积累而成的。在全天候策略成形过程中，有五个重要的理念：

第一个理念是资产回报可拆分。任何资产的回报都可以拆分为"现金+市场收益+资产特有 alpha（超额）收益"，这其实也就是 CAPM 模型中早就说过的结论。

第二个理念是资产类别有经济环境偏好。在不同的经济周期中，股票、债券、大宗商品、现金都有各自的表现范围，这个在前面的美林时钟一节做过详细的说明。

第三个理念是资产可以借助杠杆做风险调整。桥水发现低风险低回报的资产可以被转化为高风险高回报的资产，当我们以单位风险的收益来衡量各类资产时，所有资产或多或少是相似的。

当我们投资债券时可以通过加杠杆的方式，将其风险调整至类似股票的风险，例如，可以用国债期货来代替国债，或者采用长久期的债券。当风险调整到和股票差不多的时候，收益也会上升到和股票类似。

风险调整可以通过杠杆实现。适度的杠杆加上高度分散的组合，可能比一个无杠杆、不分散的组合风险更小。如果投资者不能较确定地预测未来，而且不知道未来将是什么样的经济环境，那么，持有一堆能够穿越各类经济环境的资产是合理的。杠杆使得各类资产对组合的整体影响是类似的。

第四个理念是基于经济增长和通胀对经济环境进行区分。桥水认为经济增长和通胀是未来现金流变化的重大驱动因素，而且这两个因素均可涨可跌。因此，经济环境可据此区分为四种情形：经济上涨、经济下跌、通胀上涨、通胀下跌。桥水认为经济增长的四个框架区分足以捕捉未来的市场情形。市场中就算有各类“意外”，但是意外的模式也逃不出四宫格，因为任何投资的价值主要是由其经济活动的增长和价格通胀决定的。

第五个理念是将通胀联系债券加入组合。美国的基金会曾向桥水咨询如何每年确定性地获得 5% 的收益率，推动了桥水将通胀联系债券加入投资组合。通胀联系债券在通胀上涨的经济环境中表现优于债券和股票，因此可以有效填补桥水四大经济环境的投资空缺。

通过对上述五个观点的逐步认识，1996 年，桥水最终形成了全天候策略框架，即经典的“四宫格”。

在对经济环境进行四分的前提下，全天候策略将资产类别与其适应的市场环境一一对应：在经济上升期，股票、商品、公司信用债、新兴市场债券将有较好的表现；在经济下降期，普通债券和通胀联系债券表现较好；在通胀上升期，通胀联系债券、商品、新兴市场债券表现较好；在通胀下降期，股票、普通债券表现较好。

桥水意识到随着时间的推移，“四宫格”中的所有资产都会上涨，因为央行创造货币，投资者会借用它去获取更高的收益，这些收益主要来自两大类资产：股票和债券。也就是说“四宫格”中的资产无法完全抵消另一种资产，但这些资产的总净回报长期来看能战胜现金。

由此可见，全天候策略分散或对冲的逻辑并非微观的资产。根据我们的理解，全天候策略想要分散的标的是经济环境，确切来讲是未来各种可能的经济环境。

在“四宫格”中，桥水给每种经济环境分配了相同（25%）的风险权重，也就是说，“四宫格”期望通过将风险等量分布于四种经济环境来达到组合的分散和平衡。桥水认为，在全天候策略中，经济环境暴露是被完全相互抵消的，剩下的就是风险溢价收益。

三、怎么实践全天候的风险平价方法

第一步是对宏观风险进行定义

对宏观风险进行定义，并根据各类资产的微观风险属性，就每一类宏观风险挑选合意的资产类别。

宏观风险指的是经济环境的波动，而非狭义的损失概念。桥水的“四宫格”展示了其认为未来市场的四种主要“意外”：经济上升、经济下降、通胀上升、通胀下降，实际上这既是一种“意外”，也是一种“惊喜”。

此外，在分析和挑选资产的过程中，对于主要以标准差来衡量资产的微观风险这个问题，最重要的风险指的是收益可能是差的。这是因为标准差是围绕一串收益数据波动率的近似表达，它没有捕捉预期收益数据将变差的风险。

第二步是构建目标收益 / 风险

相对于传统资产组合，全天候组合有望获得更高的夏普比率，即与传统组合相比，在风险相同的情况下获得更高的期望收益，或者是在收益相同的情况下获得较小的预期风险。

根据风险定义确定资产类别以后，全天候需要预设一个目标收益或目标风险，这个目标收益或风险我们的理解可能是由客户的需求推动的，而全天候的目的就是在满足客户目标收益或风险的前提下获得比传统组合更好的风险收益属性。

第三步是使用风险平价的计量方法

在确定风险及资产类别、目标收益/风险以后，全天候策略需要运用风险平价方法确定资产的实际配置比例。

传统组合如 60/40 组合的波动十分依赖单一资产的波动，而风险平价方法则期望打破这种依赖性，使得组合中的各类资产对组合整体的风险贡献是一样的。就全天候策略而言，期望达到的效果是使得适应于各类经济环境的资产对组合整体的风险贡献一样，即使得组合可以穿越各类经济环境。

风险平价模型最早由钱恩平博士提出来，在他的那本《风险均衡策略》书中有阐述，当然这个模型是比较复杂的，具体的求解过程需要用到最优化方法，大家很难学会这种方法。我写过另外一本有关资产配置的书《FOF 组合基金》，里面提出过一个全新的因子平价的公式，叫作 D–公式，用一个非常简单的方法解决了资产配置的资金管理问题，感兴趣的读者，可以去读那本书。

作为一个“小白”投资人，通过全天候策略的成功，可以得到的一个最大的启示就是，投资的核心其实是风险管理，而不是追求收益。你只要将风险管理好了，收益就是水到渠成的事情。

值得指出的是，桥水全天候策略自构建以来确实表现不错。但它有一定的运气成分，因为美国国债在过去三十多年整体是牛市，在这种情况下，通过加杠杆确实能改善组合的夏普比率，优于传统 60/40 组合并不奇怪。

本节介绍了全天候配置模型，这种方法不仅仅适合于机构投资人，对于普通投资者也是适用的，通俗地说就是，跌得多的就要多买点，涨得多的就要卖掉点。

Chapter 9

第九章

投资行为

散户战胜机构：
成长投资教父彼得·林奇这么说

个人投资有可能战胜机构吗？对于这个问题，很多人是比较悲观的。也难怪，从数据统计来看，大多数散户都是不赚钱的。有券商曾经做过统计，2015年这样的大牛市中，60%的散户依然是亏钱的，原因很简单，追涨杀跌，恐惧和贪婪的情绪让自己做出错误的决策。那么，是不是散户就一定是“韭菜”呢？也不一定，散户也有自己的优势，充分利用好自己的优势，战胜机构也不是不可能的。否则，这个市场上就不会经常出现“牛散”了。

说起20世纪优秀的基金管理人，有些人会崇拜本杰明·格雷厄姆，有些人会崇拜约翰·邓普顿，也有些人会推崇约翰·内夫，众口不一。但如果谁把彼得·林奇放在第一位，你会发现，很少有人会反对。

1977年，林奇开始管理麦哲伦基金时，其基金规模为2000万美元。13年后，1990年，麦哲伦基金规模达到了140亿，翻了700倍，成为当时全球资产管理金额最大的基金。基金持有人超过100万人，几乎每200个美国人里，就有1个人持有麦哲伦基金。麦哲伦的投资绩效也名列第一，13年的年平均复利报酬率高达 29%。然而，正是这样一个举世瞩目的投资大师，却认为在股票投资上，散户能够战胜机构投资者，战胜华尔街。

在彼得·林奇看来，散户拥有机构所不具备的优势。例如，散户不必像专业投资者那样不得不分散，完全可以集中投资少数股票。如果一时找不到好的股票，业余投资者也可以随时空仓，抱着现金等待机会。所以，散户只要精心挑选几个自己熟悉行业的股票，把重心放在这几个股票上，做足功课，就有可能比机构获取更高的收益。

一、散户的优势

林奇认为，业余投资者相对专业投资者在四个方面存在优势。

第一，专业投资机构有从众心理。一只股票被众多分析师列入推荐购买后，机构才会将其纳入投资标的，而往往这些股票都经历了明显上涨。林奇把专业投资机构的这一劣势称作“华尔街滞后”。业余投资者则不存在滞后性，如果你平时在自己工作的场所或者附近的购物中心能够保持警觉，就可以从中发现表现出众的优秀公司。

第二，机构投资风险偏好制约投资收益。银行的养老基金投资管理部门和保险公司在股票上的随大流行为最为糟糕，它们买入或卖出股票都要根据事先经过批准的股票名单进行操作，十个养老基金经理有九个按照这种股票名单进行投资。

在华尔街有一条不成文的潜规则：“如果你购买的是 IBM 的股票而使客户资金遭受损失，那么你永远不会因此而丢掉你的饭碗。”当生存的饭碗面临危险时，只有极少数的专业投资人才有勇气购买不知名的公司股票。一般来讲，基金管理者要花将近 1/4 的时间来解释自己如何投资操作，而业余投资者只要看好一只股票就不会受到这些因素的影响。

第三，机构投资总是面临林林总总的限制。如美国证券交易委员会规定，一家共同基金在任何一家上市公司的持股比例不能超过其总股本的 10%，而且对于任何一只股票的投资总额也不能超过基金总资产的 5%。另外还有一些基金进一步受到公司市值规模的约束，这些基金不能购买任何一家市值低于某一标准的公司股票。国内的公募基金也有这样的约束，所以在 2012 年到 2015 年的创业板牛市中，很多公募基金眼看着都不能购买。

第四，没有人会强迫业余投资者去购买 1400 只不同的个股，也不会有人来告诉业余投资者要把资金分配到 100 只股票上，显然业余投资者只要没有杠杆，其受到的投资约束是最少的。

彼得·林奇强调散户的优势和其较大的投资决策空间有关，要知道在激烈竞争的华尔街，投资经理们总是谨小慎微，以季度考核来评价能力，过不了考核就直接“下课”走人。这个行业允许你犯错误，但是绝对不允许你犯致命的错误。

二、从身边寻找“牛股”

彼得·林奇选择消费行业“牛股”的秘诀就在于逛街。一次他去购物，看到玩具反斗城里孩子们玩得乐不思蜀，流连忘返，就知道这会是个“牛股”。结果不出所料，玩具反斗城的股价从 25 美分一路涨到 36 美元，涨了 144 倍。

这种“源于生活，高于生活”的投资艺术门槛并不高。对业余投资者而言，也许他的办公室不在华尔街，办公室里也没有专业的彭博机，没有每周订阅的《英国金融时报》。但是，这些业余投资者都有着许多机构投资者难以获取的优势。

比如我的一个朋友在钢铁行业工作，在 2016 年的钢价启动之前，就知道可能钢价要涨，因为他负责钢厂的库存，连续几个月都有经销商大量提货，但是那时候钢厂的产能并没有跟上，于是他在 2016 年年初的底部，做多螺纹钢期货，结果在后来的大行情中，赚了十几倍。

工作的单位并不是上市公司，也不碍事，最重要的还是对于商机的观察和把握。在 2018 年年初的时候，我另外一个朋友在银行，他们给几个糖类经销商发放贷款。为了考察企业，专门去盘点库存。他在网上告诉我，糖价要跌，因为他发现库存都是满满的。果然，2018 年的白糖期货价格从最高的 7000 多跌到了 5000 以下，他做空白糖期货也赚了好几倍。

每个人所了解的东西必定是有限的。博采众长，借鉴他人的认知，会让投资变得更加轻松。

所以说，个人的认知有局限性，要常常观察身边的人，了解他们的想法，才能拓宽思路，更好地找到牛股。

三、坚定持有

彼得·林奇一旦发现“牛股”，就会长期持有，例如克莱斯勒汽车。在 20 世纪 80 年代初，由于汽车工业不景气，股市对汽车股情绪悲观，整个华尔街都认为美国第三大汽车厂商克莱斯勒即将破产。这时克莱斯勒股价才 2 美元，林奇却没有被市场悲观的情绪影响，亲自去调研了汽车行业。

他先调研了福特公司，结果不但发现福特公司不错，而且发现克莱斯勒财务状况更好，有超过 10 亿美元的现金资产。单单这一点，就足以打破华尔街认为克莱斯勒会破产的预言。随着进一步调查，林奇发现克莱斯勒产品卖得不错，开发创新上也充满活力。1982 年春夏之际，他坚定地做出判断，押上监管允许的最大投资规模，不断地买进克莱斯勒，把克莱斯勒打造成他的第一重仓股。

很多同行都说林奇疯了，竟然在一个不景气的行业投了一个快破产的公司。林奇此时可谓是“众人皆醉我独醒”。他认为汽车行业是周期性行业，人们纷纷不看好汽车行业，让原本盈利能力就不错的汽车股变得很便宜。于是，他不仅重仓克莱斯勒，还购买了福特和沃尔沃等汽车股。

到了 1984 年，林奇从福特和克莱斯特两只股票上分别赚到了超过 1 亿美元的利润，从沃尔沃上赚到 7900 万美元，汽车股的丰厚回报让麦哲伦基金的业绩瞬间扶摇直上，脱颖而出。

投资股票就像找对象，都是为了能长久地在一起。没人找对象是为了离婚，因此，如果一开始就要做出明智的选择，然后坚持下去，不轻易放弃。

“当你选中了一个好的股票，那么时间就是最大的趋势。如果你选择了一个问题股，那么时间就是最大的敌人。”大家要记住彼得·林奇的话。

四、避免错误

很多散户之所以亏钱，是因为犯了很多常见的错误，包括这么一些。

第一，频繁地交易。交易最重要的驱动力应该是信息上的优势，但是新信息的到达只能解释一部分市场交易和股价波动的原因，有些交易行为完全是投资者的预期和情绪波动所致。研究显示，交易较频繁的投资者的净收益显著低于交易频率低的投资者。

第二，散户心理普遍存在处置效应。散户往往等到股票解套时再卖掉股票，而忽略了时间成本和机会成本。这很大程度上是由于散户总是以原先的买入价当作参照系来评价一只股票赚钱与否。

第三，买入的股票分散度不够。虽然前面说过对于看好的股票要重仓持有，但是也不能不分行业特性，如果全部重仓到一个处于下降周期的行业，同样会亏损严重。很多散户在进行风险分散时只关注资产的个数，而忽略了之间的相关性。

第四，总是高吸低抛。研究显示，投资者往往在股市的高点，上市公司估值最高时把大量资金投入进股市；而在低点，公司估值最低时将大量资金撤出，而做出错误的选择。主要是散户投资具备时滞效应和羊群效应，散户很难把握好进场和退场时机。

那些能够持续赢钱的人在自己牌的赢面变得更大时会增加赌注，一旦出现局势不利时，他们会主动认输出局；而那些持续输钱的人则会不管赢面大小都下注，期盼着奇迹出现使他们能够享受到打败对手的快感。

犯了这么多错误，自然不可能获得好的收益，所以，一定要仔细想想，自己是不是正在犯错的路上？所以，只要做好前面说的几个方面，散户也是可以战胜机构的。

本节阐述了散户的优势，其实散户只要利用好自己的优势，避免犯错误，是很可能获得比机构更好的收益的。

大多数投资人为什么不赚钱：
贪婪、恐惧、道听途说

一、人性的弱点

第一个弱点就是不相信。

就像一个段子说的，如何成为一个投资者喜爱的分析师？重要的不是你的观点，而是事先要问清楚投资人的持仓。如果重仓你就看多，如果空仓你就看空，如果轻仓你就看震荡。反正，让客户喜欢就好了。当然，这只是一个笑话，但实际上，大多数人，不就是这么抱残守缺，从而亏掉越来越多的资金的吗？

第二个弱点叫作太着急。

现在的人太着急赚钱了，经常有人问我：“丁老师，给我一个股票，可以涨 10 个板的。”我总是很无语，首先我没有本事找到涨 10 个板的股票，另外，就算找到了，我为什么要告诉你呢？我不能自己偷偷地赚吗？

还有的人问我：“我想入股朋友开的公司，获取股份、收益，但又怕风险，万一对方搞砸了怎么办？”这是典型的又想马儿跑又想马儿不吃草，天下哪有那么美妙的事情。如果担心风险，那么就好好评估对方的公司再谨慎做决定。如果只是贪图别人的股份，那么还是不要这么做了，理由很简单：“看不清楚看不明白，那就不要碰。”

另外，我也提醒大家，不要轻易相信市面上个股涨停推荐的机构，这是一个概率数学游戏，就好比预测足球胜负一样，是一个数学概率而已。我们换位思考下，如果你真的知道明天哪些公司会涨停，你会那么容易推荐给别人吗？如果你真的知道哪里有黄金，你会那么容易告诉别人一起来挖吗？

第三个弱点是不肯学习。

我是专业投资人，在很多专业的论坛上发表见解后，经常有投资人加我微信，然后就是要请我吃饭。我基本上都是拒绝的，因为我并不知道对方对我有什么价值，为什么要去和他吃饭呢？

很多人可能会说，吃顿饭嘛，人家请你，不吃白不吃啊。真是这样的吗？

我如果一个人，可能十分钟就解决一顿饭了，剩下的时间可以看书、做课程、写策略代码。但是吃饭呢？路程时间加上饭桌交际时间，一顿饭下来，花三四个小时是经常的，这个时间成本实在太大了。

所以，我的空余时间宁愿花在读书上，而不是出去吃饭。但是大多数人是反过来的，参加各种饭局和社交，而不愿意花钱读书和学习。多余的时间就是刷抖音、看肥皂剧。在任何领域，如果没有专业知识作为基础，是很难获得成功，投资理财更是如此。

哈佛大学前校长德里克·博克，在教育界享有盛名。他曾在哈佛大学担任20年的校长职务，其间他说过一句至理名言：“如果你认为教育的成本太高，试试看无知的代价！”

二、炒股中亏损的原因

除了人性的弱点，炒股中赚不到钱的原因还有很多，主要有：

第一，本金太少。

假设炒股的年度收益率达到了 20%，在这样的前提下，离退休老人拿出 1 万元炒股，那么投资收益可能就够刚好每天的菜钱；家庭状况比较优越的富家子，拿出 200 万炒股，那么他的收益就可以买一辆奥迪 A5；投资家拿出 3000 万炒股，那么他的盈利可以在长沙买一套小别墅。对于本金少的投资人，最容易犯的错误就是满仓做一只股票，一旦风险爆发，就会损失惨重。正确的做法是要分散在多个股票上，并且采用批量入场、批量出场的方式。

第二，急于求成，频繁操作。

很多人都是冲着炒股可以赚很多钱的说法一头扎进股市的，可是最后却发现，自己买的股票并没有赚钱，于是总是买卖，频繁操作，总觉得什么都不做会坐以待毙。从这个角度来说，股票和百家乐这种赌博就比较类似。交易的次数越多，亏钱的可能性也越大，除非你是顶尖的短线交易高手，否则还是不要轻易尝试。所以最好的方式，还是要尽量做周期长一些的交易策略。

第三，见好不收，“不死不休”。

很多人后知后觉地听说来了一波牛市行情，于是听从朋友意见买了一只股票做短线，结果发现真的收了两个涨停板，于是自我感觉良好，见好不收，坚持“死磕”，最后赚的钱就打水漂了，还得亏本。正确的做法是要学会高抛低吸，如果怕错过“大牛市”，可以先抛一部分，留一部分。

第四，股票知识不足。

很多人都知道庄家和小散的优劣势所在，也知道庄家对股市的影响，所以喜欢四处打听消息，希望打听到庄家或者庄家外围的消息。然而人性是自私的，庄家怎么可能将真正有价值的消息透露给和自己没有关系的散户呢？对于那些所谓的小道消息，要保持警惕，重点做好股票的价值分析，不要轻易追涨那些消息股。

三、投资赚钱靠认知

索罗斯退休的时候，说了一段真理："金融的世界，很多时候就是一场金钱的谎言，最终都是钱玩钱而已，创造一个又一个的谎言，让你跟着玩。你要意识到这个谎言，加入其中，然后在谎言被大众普遍接受之后，退出。"

你一旦抓住了投资赚钱正确的趋势和走向，在一个竞争相对较少的领域，看到了一个市场走开口化的趋势，就完全不用很辛苦，只需要做得比你的竞争对手好那么一点点就行了。这样的案例很多，并不是某些人很"牛"，而是因为他有心也好，无心也好，挤到了大趋势里去，在大趋势里，成功概率会更高。

投资很难赚到你不信的那份钱，知道和相信之间有很大的距离，而真正的认知是相信，甚至信仰。往小了说，对一个公司没有充分的信心，最多只能赚到财务数据直接相关的那点钱，再远点、再长点的钱是不可能赚到的。

例如在 2008 年的时候，我在东方证券做分析师，曾经专门给公司的投资经理推荐过科大讯飞，从各个方面阐述了科大讯飞的投资逻辑，认定它将是未来的"大牛股"，但当时并不为大多数的基金经理所认可。

10 年过去了，科大讯飞的股票涨幅远远超过了 10 倍，这就是信仰的收益。我之所以相信科大讯飞是基于一个朴素的原则，那就是他们的人工智能技术确实厉害，因为我的博士论文是研究人工智能领域的相关知识，虽然对于人工智能的研发没有他们那样的专业程度，但我特别认可他们的技术，我相信他们一定会成功。果然，后来的市场表现证明了我当初的判断。

因此对大多数非专业投资人来讲，对于自己所从事多年的行业认知水平肯定是超越市场上大多数的人的，把多年在某种特定行业中的积累放在投资的视角思考，完全可以把这种深度认知轻松变现。

投资的窍门就是巧方法+“笨功夫”。巧方法是指方法论体系，让你事半功倍，做到高效聪明地整合信息碎片形成完整认识；笨功夫，就是踏踏实实花时间花精力一点点去阅读、搜集和积累。

市场里 80% 的人在“笨功夫”这层就被淘汰了，基本失去超额收益的入围资格。剩下的有一半人被“巧方法”挡住了，原地打转，收益与付出无法匹配。

巴菲特用指数基金与对冲基金的 10 年进行 PK，证明了对普通人来说最好的长期投资途径就是指数基金，但是这个结果有一个非常高的壁垒，就是你必须承认自己是“普通人”，这对每一个来到投资市场的人都是很难接受的前提（包括我自己）。这个游戏最讽刺的一点在于，赚那些最自命不凡的普通人的钱是让我们自己从普通人里脱颖而出的最好办法。

一提起“为什么在股市赚不到钱”这个问题，很多人在心中默默抹了一把辛酸泪，或长叹一句“时运不济，命途多舛”，或恨恨发话“以后再不整这玩意儿了”，可是，亏钱的人到底有没有深刻反省过自己赚不到钱的本质原因呢。

本节讨论了为什么大多数人赚不到钱的根本原因。金融市场是很残酷的，要在这个市场持续稳定地赢利，除了努力之外，更重要的还需要提升自己的知识水平和认知能力。

识别理财陷阱：
擦亮眼睛关注几个要点

近年来，投资市场风云突变。各类资产开始陆续“爆雷”，从众筹到 P2P，从股票到基金，一个都不能幸免。其实不只 P2P，每一类资产都有骗局，都有可能在一夜之间让你财富归零。现在的很多理财产品，最终的投向往往是不清楚的，直到最后一天结算的时候，你才发现钱没有了。这节我就给大家逐一梳理一下各类资产的典型骗局。

一、典型骗局

第一种是原始股骗局。公司登陆主板及创业板之前的股票都可以被称为原始股，目前来看，原始股骗局高发于新三板和四板市场。在骗局中，骗子均以高收益低回报作为噱头，鼓吹某家公司在未来几年可以实现 IPO，投资者可以从中获取高额收益。

第二种是股权众筹。股权众筹作为一种基于互联网渠道的股权融资模式，主要面向普通投资者。在众筹领域出现了众多投资骗局，给投资者带来了很大的损失。目前由于经营方和投资方双方信息的不透明、融资款的监管不力等众多问题没有得到很好的解决，多家众筹平台包括京东众筹在内实际已经退出了股权众筹这个领域。

第三种是基金投资。基金投资的问题在于基金经理和基金投资人立场的不同，存在很强的道德风险，这个主要就是“老鼠仓”。基金经理在基金建仓前，提前买入相关股票，待基金建仓完毕拉高股价后再出售手中股票获利，类似的案件一直层出不穷。

第四种是股票投资。股票投资的骗局很多，其中经常出现的就是操纵股价。很多游资主要利用大量账户和资金进行对敲对倒、虚假委托吸引投资者追涨，达成趁机出货的目的。

第五种是 P2P 平台。2018 年是 P2P 平台大面积“爆雷”的一年，其中大多数都是庞氏骗局，通过借新还旧偿还高额利息，一旦新增资金放缓或者停止进入时，整个体系就会崩盘，例如善林金融、钱宝网、唐小僧等。

第六种是理财产品。目前来看最常见的骗局就是假理财，也就是所谓的“飞单”“萝卜章”事件。主要是各大金融机构的销售、工作人员利用投资者对大平台的信任，将没有通过本平台入池的理财产品，冒充为正规产品卖给投资人，一旦无法如期兑付，就会给投资者带来严重的损失，例如国海债券的“萝卜章”事件。

第七种是大宗商品。

第八种是海外房产投资。

第九种是艺术品。艺术品由于高度的非标准性、主观性以及稀缺性，定价上有非常大的认知差别。艺术品市场是“坑”最多的投资市场，即使是专家，也可能因为现代高超的作假做旧工艺而看走眼，更不用说普通投资者了。

二、如何识别投资骗局?

尽管很多骗局看起来是由不同的人设的，形式方面也有变化，但这些骗局也有一些共性在其中。要想识别骗局，大家可以从以下四点入手：

第一是看收益高低

几乎在所有的投资骗局中都能看到“高收益”“回报率高”“年化收益率达 ×%”之类的宣传语。可以说，以“高收益”来蛊惑投资者已成为很多诈骗分子的重要手段了。“高收益”确实很诱人，每个人都希望在投入资金有限的情况下获得高额的回报，但天上是不会掉馅饼下来的，e 租宝、中晋这些当初打着高收益旗号的平台，最终都是骗局，轰然倒地。

第二看是否有“层级”之分

除了“高收益”之外，有一些骗局还会承诺投资者只要发展下线就会给一定比例的提成及奖金，并对投资者进行了“分层”，不同层级的投资者可获得不同比例的提成。一般来说，只要层级达到三级以上，那基本就是骗局了，这种就叫“传销”。对于这样的理财产品一定要小心，除了自己的钱被骗之外，涉嫌传销还是一种犯罪行为。

第三是看是否有盈利截图

现在很多的骗局是通过 QQ、微信平台，专门“教”投资者炒股、炒期货赚钱的。骗子往往是发布一些盈利截图来吸引投资人，当你感兴趣后，让你交不菲的学费，但是给你的交易信号往往是亏钱的。这些盈利截图很容易造假，更何况，一个人怎么可能会在和对方连面都没见过的情况下，就把自己投资盈利的情况告诉对方呢？如果他这么做，说明这个人极有可能是个骗子。

第四是看企业信息

为了让骗局看上去更可信一些，有一些平台会打着“国资”的背景旗号，或号称自己是国际交易平台，听上去很高端，实际上却未必是合规平台。

投资之前，投资者还是要先在网上查找平台的相关资料，看看是否有负面新闻。同时，也可以登录“国家企业信用信息”公示系统，看该平台是否存在异常，成立时间又是什么时候。成立时间较长的平台，比如5年以上，相对可靠一些。但是关键还是要看具体的产品，凡是那种收益高的产品，一定要警惕就是了。

三、银行理财陷阱的识别

目前，银行销售的理财产品，并不全是银行自己发行的，也代销其他金融机构的理财产品，如保险、基金、信托、贵金属、外汇、私募等。新闻中出现的投资者遭遇的“飞单”，一般是银行员工私自与第三方理财公司勾结，以产品高收益为诱饵，私自销售非银行自主发行的理财产品。所以购买理财产品时，要注意看清楚理财产品的性质。

如何判断是不是银行自主发行的理财产品呢？请记住这个“验证神器”——中国理财网。

凡是银行自主发行的理财产品，均具有唯一的产品登记编码，这是全国银行业理财信息登记系统中给每款银行理财产品的标识码，具有唯一性，一般个人理财产品登记编码是以字母“C”开头的14位编码。该编码能在中国理财网查询到产品信息。如果是银行代销的理财产品，则可通过银行公示的代销产品清单查询。

此外，目前在银行网点销售的理财产品，无论是银行自己发行还是代销的，都必须在“产品销售专区”进行“双录”。“双录”是指按照银保监会的规定，银行需要在销售专区内配备录音录像系统，对自有理财和代销产品销售过程全程同步录音录像，完整客观地记录产品营销推介、相关风险和关键信息提示、消费者确认和反馈等重点销售环节。如果没有这个环节，销售人员催你快速交款的那种，大多数都是飞单了。

四、假私募的识别

私募基金是非公开募集资金，即私下或者直接向特定人群募集资金，由于私募基金可以投资 PE、矿产等高收益的另类产品，所以一直得到众多投资人的青睐，总觉得私下募集的、小圈子才能玩的东西，肯定“高大上”。但实际上这里面骗局也不少，如果仅仅是投资失败也就罢了，还有压根就是骗局跑路的，例如 2018 年 6 月 26 日，上海意隆财富及其所属的母公司阜兴集团因为资金无法兑付而跑路。

私募一般都是针对高净值客户的，这叫作合格投资人，通常分为机构投资者和个人投资者。其中机构投资者想购买私募基金，净资产不得低于 1000 万元；个人投资者，金融资产不能低于 300 万元，或者最近 3 年的个人年收入不得低于 50 万元。

购买私募基金还需要注意这几个问题：

第一看基金是否备案。怎么查呢？很简单，你只要到中国证券投资基金业协会官网上查询，即可知道基金是否备案，是否有基金托管人，等等。

第二看权益是否明确。风险揭示书上的各项条款要逐句确认，不仅要明确你所选的产品的风险及自身的权益，而且了解清楚后，投资者、募集机构及经办人都需要一一签字盖章的。

第三要看签约打款的合同。签约打款时一定要认真仔细地看投资合同，包括合同是否完整、内容是否一致，以及着重声明的条款、退出和赎回机制，等等，您都需要一一确认清楚。

第四看是否承诺保本。如果机构向你承诺保本，你就要注意了，不可相信，因为按照私募的基本法规，私募基金是不能承诺保本保收益的。

第五要利用好 24 小时冷静期。根据法律规定，购买私募产品后有不少于 24 小时的冷静期，在这段时间内，你是随时可以解除投资合同的，而且募集机构是不能主动联系投资者的，否则是不合规的。

本节给大家介绍了各种理财产品中的骗局，其实识别方法就一条——不要贪婪，对于那些收益特别高的产品，一定要多一个心眼。

投资亏损怎么办：
投资有风险，亏损很正常

投资有风险，入市需谨慎。这句话很多人都知道，但是有哪个人是因为想亏钱来投资的呢？很多人兴冲冲地投资进去，但是很不幸，市场不好，亏钱了，很多人就会产生恐慌。那么，亏钱了应该怎么呢？针对不同的投资品种，有不同的处理方法。我们下面一个个来分析。

一、银行理财

资管新规从 2020 年才开始生效，目前虽然保本型的理财产品越来越少了，但是总的来说，只要是银行自己发的理财产品基本上不会出问题。那些出问题的大多数都是假理财，对于这种产品“爆雷”，唯一能做的事情就是报案，通过司法途径解决问题。

对银行的产品来说，还有一个风险就是存款，因为根据目前的存款保险制度，50 万以内的存款如果出现亏损，国家会给保障。

二、债券基金

债券作为一种固定收益产品，很多人一度认为是没有风险的，但是近几年众多债券基金的暴跌，让大家忽然意识到，原来债券也是会亏钱的。其实，每次在金融危机到来的时候，往往很多债券会跌得很惨，例如在2008年金融危机的时候，很多优质公司的债券在恐慌中遭受客户甩卖，从而使得基金的净值也出现大幅度下跌。

所以对于债券基金要仔细分析，到底是因为什么出现的亏钱，是信用风险，还是市场风险。如果是信用风险的话，要和基金公司沟通后续的处理问题，基金公司作为基金的管理人，会代表基金份额的持有人去寻找解决方案，一般相关处理的过程都是通过基金公告通知持有人。对于这种情况，投资人只要耐心等待就可以了，去闹腾是没用的。

如果是市场风险，则可以不用着急，等待市场情绪的回复，如果有闲置资金，还可以趁机抄底。例如在2008年金融危机的时候，很多优质的债券被甩卖，以巴菲特为代表的一些机构资金，就获得了很多廉价筹码。这个在对冲基金行业也有一个专有的策略，叫作“困境证券”策略。

如果你不是买的债券基金，而是自己直接买了债券或者是一些固定收益的信托，那就只能自己去仔细研究了，该止损的时候还是要止损的。固定收益产品的坏处就是收益不高，但是一旦出风险，就可能是血本无归。这也就是我一直不建议大家去买那些信用类固收产品的原因。

三、股票基金

股票型基金出现亏损是很正常的，这时需要你对这个股票基金的投资策略、投资风格和市场的状况进行深入的分析，到底是因为基金经理的水平问题，还是市场机会的问题。

一般来说，公募基金的季报里面会发布重仓股，可以根据这个重仓股的数据来对照分析。如果这个股票的基本面向好，只是短期市场波动带来亏损的话，就不需要止损，如果有多余的资金还可以加仓。等市场好转后，价值低估的股票很快会涨回来，并且创出新高。

如果是这些股票本身有问题，那就说明基金经理的投资策略的风险很大，对于这样的股票基金，还是及时止损为妙。

具体止损的判断，可以根据大盘的点位、估值水平、技术面的支撑线/压力线等进行分析，有关这个问题，我将来也会开设专门的股票投资课来和大家详细说明。

股票型基金又分为偏股型和混合型基金两类。偏股型基金因为要保持 80% 的仓位，所以在市场出现系统性下跌的时候，很难躲过亏损，但是正因为仓位高，一旦市场反弹，收益上涨也会很快。混合型基金是可以空仓的，如果在下跌的时候没有躲过，那说明基金经理的择时能力有所欠缺，这时就要对混合型基金的仓位进行判断，最怕的就是在市场底部的时候，基金经理将仓位大幅度降低。这个时候如果市场也利好反弹的话，这样的基金的净值也就无法回归了。

所以股票型基金最重要的判断还是基金经理的主动管理能力，一旦发现基金经理在这方面欠缺的话，应该及时止损，不要犹豫。

四、指数基金

对于指数型基金，一般不需要止损，因为根据历史情况来看，指数基金长期是上涨的。这主要有两个原因，第一个是就是指数基金都是市场上最优质的一批公司，随着经济的发展，这些优质上市公司的内在价值也在提升，从而推动了股价的上涨。另外一个原因就是货币的超发带来的通胀效应。由于在主权货币时代，印钞已经成为众多国家解决经济问题最容易的决策，所以股票的价格也水涨船高。

特别是定投指数基金的，在下跌的时候反而是加仓的好机会，越是低位越是要补仓，而不是止损。所以指数基金亏钱的不要害怕，下跌就是白送给投资者更好的赚钱机会。

但是这是针对宽基指数和 Smart Beta（聪明的贝塔）的。窄基指数就不一定了，特别是那些技术落后、效率低下的企业，例如 BP 机行业，或者传统功能手机行业，科技的进步带来的是整个行业的衰亡。对于这样的窄基指数基金，发现基本面转差的话，还是要及时“割肉”的，不可有侥幸心理。

五、股票

个股的风险就大多了，炒股亏钱那是常事了，你买入的股票跌价的时候，就需要仔细研究基本面，如果是基本面没有问题的，那就坚定持有，市场一定会给予估值回归的。而对于优质企业，每一次下跌都是加仓良机。

做股票一定要学会止损，没有止损的交易，就像没有刹车的跑车，一不小心就会车毁人亡。具体的止损方式可以采用技术分析方法，例如最简单的，短均线下穿长均线的死叉，就是要坚决卖出的信号。还有就是采用克罗均线，如果短均线、中均线、长均线处于空头排列的情况，也一定要出局。如果判断错了，大不了损失几个点再买回来，但是不止损的话，就可能出现巨额亏损。

六、期货与期权

期货的风险巨大，大家应该早有耳闻，一不小心就会爆仓，甚至穿仓。就是说，你不但将本金全部亏光，还会倒欠期货公司一笔钱。这根本原因就在于期货的高杠杆，例如农产品中的玉米，最高的时候可能高达 20 倍，也就是只要价格波动超过 5%，万一你的方向做反了，那就会全部输光。所以期货交易者要时刻盯盘，就是这个原因，特别是那些受外盘影响很大的品种，铜、铝、大豆、白糖等，往往外盘暴跌的话，第二天国内的期货市场直接都是低开，或者跌停一步到位。对于这样“凶险”的品种，一定要保持高度警惕，一看势头不对就要立刻跑路。

对期权来说，如果你是期权的买方，那就不存在止损的问题，因为期权买方最多损失全部的权利金，特别是对那些喜欢做虚值期权、“小赌怡情”的投资者来说，可以持有到行权日。如果赌对了可能就赚几十倍，错了也就损失一点点权利金而已，风险在可控范围之内。但是期权的卖方就不一样了，同样存在爆仓的可能性。特别是在出现大幅波动的时候，由于隐含波动率的急剧上升，有可能会带来认购期权和认沽期权的同步上涨。例如 2018 年 2 月初的全球股市暴跌中，认购期权和认沽期权都涨了很多倍，那些做卖方的投资者可能一下子就损失掉所有的本金，还要倒欠很多。对于这样的风险不可不防。

以上就是对已有的这些主流二级市场的品种在投资中出现亏损后应该如何处理所做的有针对性的讨论，其实我们还可以更多考虑这么几个问题。

第一问，你有更好的投资选择吗？你有条件去投资那些收益更稳定，波动更小的产品吗？如果没有其他更好的产品可供选择，那么，可以先暂时持有当前的头寸一段时间，等找到更好的机会时再更换。

第二问，你急需这笔资金周转吗？很多时候投资的产品显示账面亏损，只要没有赎回，就不是真正的亏损。如果你对这个产品有信心，有耐心，等得起，并且不缺资金周转，那就没有必要赎回，很多时候，耐心才会给你带来更好的机会。

很多人理财时是赚钱还是亏钱，或多或少都会影响到自己的情绪和心态。尤其是亏钱了之后，投资者更加容易产生急于翻本的心理，然后做出不理智的决定，比如将所有资金都押在某只别人说“好”的股票上，最后不仅无法翻本，还可能损失更多。因此，即使是亏钱了，也要保持一个好的心态，稳定好自己的情绪，不要在冲动之下做出决策，这样才能实现翻本！

本节阐述了投资亏钱之后怎么办的问题。对于不同的产品，要理性看待亏损问题，有的亏损是暂时的，有的是永久的，不能一概而论。

投资中克服人性弱点：
霍诺德方法克服弱点

传统金融学的发展主要基于一个重要假设：人们会做出理性的决策。但是行为金融学家认为这个假设是不合理的。因为可以用大量事实现象说明人们的行为并不理性。

在证券市场，当出现大幅波动的时候，由于情绪效应被放大，心理偏差就产生了特别大的破坏力。所以，在实际的投资中，我们需要了解人在投资过程中表现出来的各种心理弱点和误区。从而了解自己的心理误区，战胜自己的心理弱点，走向成熟，最终成为一个成功的投资人。

一、投资中的心理偏差

第一个是过度自信。过度自信会导致人们高估自己的知识水平，低估风险并夸大自己掌控事件的能力。过度自信表现在两个方面：卖出表现好的股票，买入表现差的股票。卖出获利股是自信的表现，而抄底是夸大了掌控事件的能力。

有过一个调查是这样的，找一批司机做问卷，调研有多少人认为自己的驾驶水平在平均线之上，结果显示超过 80% 的人都认为自己的驾驶水平比别人高，但我们知道，这是不可能的，因为能超过平均水平的比例不会超过 50%，这其实就是过度自信。

在互联网时代，接受的信息越多就越自信，但缺乏准确解读信息的能力。把信息当作知识，如果决策对了，是因为自己眼光独到；如果决策错了，是因为别人影响了自己。

第二个是自豪与懊悔。自豪是快乐的，来自自己之前的正确决定；懊悔是痛苦的，产生于自己之前犯的错误。投资者在自豪情绪兑现的影响下会卖出盈利股；不想体验懊悔情绪则会一直持有亏损的股票。但是往往卖出后还在涨，持有的还在调整。接下来就是对坏消息视而不见，不想也不敢做出任何决策，直到股票涨起来才能再次体验自豪情绪。

很多人炒股亏钱了，都不敢看账户，相信这样的体验很多人都有吧，但是不看账户就不会亏了吗？当然不是。赚钱的时候，则喜欢一遍一遍地看账户，然后忍不住将盈利的“头寸”卖掉。

第三个是风险感知。投资者在盈利后，会愿意冒更大的风险，也有很多教科书告诉大家，要盈利加仓，这个显然是符合人性的，但是不符合市场。例如 2015 年大盘突破 4000 点以后，很多前期赚钱的人加大了仓位，有的甚至通过配资放杠杆冲进股市，结果在股灾中“死”得很惨。

但是到了熊市底部的时候，输了钱反而不愿意再冒险，往往错失了盈利的机会。对风险失去了感知，无法做出重要决定。并且总是希望自己的决策是对的，在相反的事实面前，过滤掉不好的信息，失去了风险感知能力。

第四个是心理会计账户。很多人为每一项投资建立了一个心理账户。一旦为某项投资付出了金钱、时间和努力，就会倾向于继续做下去，这个心理账户中最让投资者关注的就是成本价，很多人亏钱了以后，总是要等到回本才会考虑更多的策略，而不是敢于底部加仓抄底。心理会计账户会导致人们孤立地考虑自己的各项投资，而对总资产的增长或损益视而不见。

你有没有这样一种感觉：同样是消费 1000 元，如果是某天股票大涨赚来的，花钱就非常爽快，如果是辛苦工作赚来的，花钱就会谨慎得多。这是心理账户的一种：根据收入来源划分账户。

第五个是情绪与决策，人们很可能对投资做出乐观估计。好情绪将增加投资股票的可能性，而坏情绪会降低投资。市场总是在乐观中见顶，悲观中见底。有研究表明，上海或深圳是晴天时指数上涨的概率更高。乐观情绪下，做出买入决策时往往不做深入的分析。乐观主义者会忽视或轻视负面信息。

二、如何克服投资上的人性弱点?

要想投资获利，我们必须克服这些人性上的弱点。具体怎么做呢？

在此给三点建议：首先，务必经常有意识地提醒和检视自己，看是否陷入某种心理偏差；其次，对于市场时时刻刻要有一颗敬畏的心，制定投资纪律，严格执行；最后，借助外力，经常向身边专业的朋友或者投资顾问请教，请他们监督指正，机构里可以设风控岗来专门监督，还可以把钱交给专业的基金经理甚至计算机（量化交易）来打理。

那么，从个人的角度来讲，有没有一种方法可以克服恐惧和贪婪呢？这里，我介绍一个叫作“霍诺德方法”的东西，这个名词来自史上最厉害的徒手攀岩者亚历克斯·霍诺德。徒手攀岩不使用任何保护装备，保护绳、金属锤镐通通没有，攀登的路线又总是特别危险，而且一次攀爬要花费好几个小时，哪怕体力不支、身体不适，也没有中途退出的可能。

所以说，参与这项运动相当于时时刻刻都行走在死亡的边缘。这个最危险的运动中最厉害的人一定不知道恐惧为何物吧？其实，霍诺德也不是一开始就是这样的，他也是运用一些方法逐渐克服了恐惧，一个是复盘记忆，一个是视觉化预演。

所谓的复盘记忆，就是把经历过的恐惧事件进行一次复盘，把其中每一个“恐惧点”列出来，写下自己应对和改善的办法。霍诺德会写很详细的攀岩日记。在日记里，他会回顾自己的攀岩过程，写下自己能改善提高的地方。在攀爬的过程中，他断过手、脚打过滑、爬错过路线、被突然出现的动物吓到过，但是随着这些经验的逐渐积累，他对自己的掌控感越来越强，也越来越能抑制住自己的焦虑和不安。

现在有很多培训操盘手的机构，都会采用这种方法来帮助交易员克服心理弱点，其关键就是复盘，例如，将历史上的该交易品种的5分钟、15分钟、1小时和1天的蜡烛图保存下来，然后一遍一遍地看。每天收盘后必须复盘至少1小时，写当天的行情总结，回顾当天的盘面走势。如果交易了，就把自己为什么要开仓、要平仓的原因和随着行情的变化自己心路历程的变化都写出来。如果这笔交易亏钱了，还要写下以后遇到类似情况怎么办，这就是复盘记忆。只要每天坚持这种方法，碰到行情不利于自己的方向的时候，记忆就会自动反映出历史的心态。我们知道，当第一次碰到意外的时候，是最容易慌张的，但是碰得多了，心态就稳多了，这就是老鸟和“菜鸟”的区别，“没有什么大不了的”。

而视觉化预演就是指，对自己未来要做的事情在脑海里进行视觉化想象，越细致越好，既要想象自己完美实现目标的样子，也要想象会遇到哪些问题、该如何解决。霍诺德在准备最有挑战的路线时，会预演每一个动作，想象自己完美地执行这些动作的样子。当然他也会想象失误的可能性，再对此构想出最佳的应对办法，这样不断地强化运动记忆，就增加了他对自己能力的信心，而这种信心又能减少焦虑。

投资也类似，作为一个职业的交易员，每天早上的早课是必需的，根据前几天的价格走势、宏观形势和各种政策因素等，对第二天的行情做一个预判，然后将第二天的操盘计划列出来，例如价格判断对了，什么点位止盈，如果价格判断错了，什么点位止损，等等。如果第一步做对了，在什么情况下要加仓，什么情况下要减仓，这些都要提前写好，形成一个机械化的操盘模式。当初这种训练本意是要提高操盘手的操盘、分析能力和培养盘感的。不过，根据最新的脑科学研究表明，这种方法不但可以有效地提高操盘水平，还可以锻炼我们克服恐惧的能力。

这种训练最著名的就是海龟策略了。著名的商品投机家理查德·丹尼斯想弄清楚伟大的交易员是天生造就的还是后天培养的。为此，在 1983 年他招募了 13 个人，教授给他们期货交易的基本概念，以及他自己的交易方法和原则。

“学员们被称为海龟，丹尼斯先生说这项计划开始时他刚刚从亚洲回来，他解释了自己向别人说过的话，我们正在成长为交易员，就像在新加坡他们正在成长为海龟一样。”海龟策略成为交易史上最著名的实验，因为在随后的四年中，海龟们取得了年均复利 80% 的收益。

所以你在金融投资领域——不管是股票圈、期货圈抑或是外汇圈、币圈——想长期稳定获利，除了看书、听课之外，还需要进行实战，特别是要保持良好的心态，这是成功最主要的因素。

三、采用量化的方法

要是想在投资市场长期稳健获利，克服人性弱点的终极办法就是量化了，将自己的交易策略写成程序化交易系统，让机器代替人来执行。到了重要的位置，机器自动加仓，自动减仓，不要人来干预，这样是最好的克服人性弱点的方法。

我的一个做交易的朋友，用了两个账户做测试，一个是完全程序化的，一个是自己操作。采用的策略一模一样，结果是那个程序化的账户，收益非常稳健，自己操作的虽然收益更高，但是波动也大了很多。他和我交流的时候就说："明明是一样的交易策略，但是当人去下单的时候，总是受到情绪的影响，不能在第一时间进场出场，进场也控制不住加大仓位，结果运气好的时候，会赚得更多，运气不好的时候也会亏得更多。"

他是一个很成功的职业交易员了，尚且没有办法完全克服人性弱点，何况是一些刚入市的"小白"，所以这也就是量化投资最近几年在业内得到了越来越多的机构投资人认可的原因之一。

早在金融市场出现以前的远古时代，很多心理偏差就已经写入到我们的基因里，帮助我们的祖先在恶劣的自然环境中更大概率地存活。人们对于损失往往记忆深刻，极力规避。例如，我们的祖先在森林里行走，与熊相遇，捡回一条命，因此记忆深刻，下一次出行，他会尽量避免与熊正面相遇。而没有这个心理偏差的祖先，则可能忘记风险，再一次与熊正面相遇。如此反复，存在这种损失厌恶心理偏差的祖先更容易存活，并把存在心理偏差的基因传递给后代。

线面体的投资：
全面架构你的投资逻辑

投资是很困难的事情，特别要长期稳健盈利，对大部分人来说都是不可能完成的任务，关键问题就在于大多数人的投资体系是残缺的，没有成体系的投资逻辑。这节就给大家好好总结一下投资体系的问题。

从一个完整的逻辑来说，可以用下面的金字塔图来表达，分为三层：最底层是系统性机会识别和风险识别，第二层是资产配置与动态平衡，最上面一层是投资工具的使用。最上面一层，就是大家熟知的这些东西，例如银行理财、股票、基金等。这些重要吗？重要，但不是最重要的。最重要的是最底层：系统性机会和风险的识别。

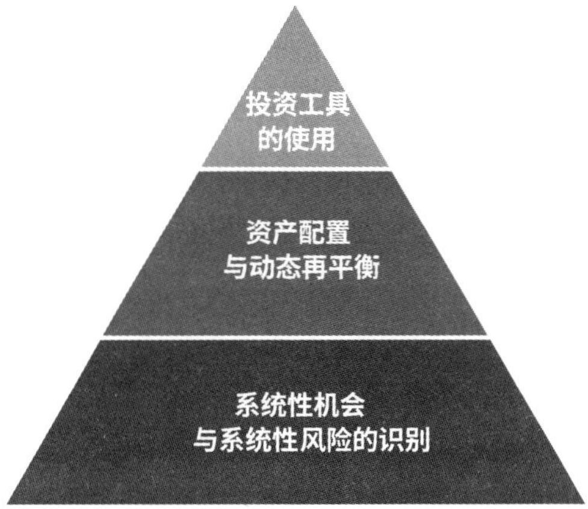

第一层级：系统性机会和系统性风险的识别

这是三个层级中最容易理解的，但同时也是三个层级中最为重要的部分。基本上可以这样理解：第一层级决定了我们能不能赚钱，第二层级决定了我们能不能安全持久地赚钱，而第三层级决定了我们最终能赚多少钱。

下面跟大家分享一些数据：美国股市的历史市盈率在 100 年间基本在 10 到 20 倍之间波动，极端情况下会达到 5 倍和 45 倍；我国香港地区的恒生指数也基本在 10 到 20 倍之间波动，极端情况下会达到 5 倍和 43 倍；我国 A 股的市盈率在 10 倍到 60 倍之间波动。

通过以上数据我们可以知道，当市场整体的市盈率倍数到了个位数时，就是明确的系统性机会；当大盘市盈率超过 20 倍时，我们就需要非常警惕；而当大盘市盈率超过 30 倍甚至 40 倍时，就是绝对的系统性风险！

随着 A 股市场越来越成熟，未来的波动区间也会有所收敛，但是不管它下一轮牛市的市盈率是达到 30 倍还是 40 倍，你在大盘 PE 低于 10 倍的时候去买股票，总是没有错的。这就是系统性的机会，所以当 2013 年底部，A 股的市盈率只有个位数的时候，当时很多人还在认为上证指数会跌破 1500 点，这就是痴人说梦了。

除了股市之外，过去 15 年，对大多人来说，最优质的资产就是房子。1994 年，国务院印发了《关于深化城镇住房制度改革的决定》，内容包括把住房实物分配的方式改变为以按劳分配为主的货币工资分配方式。

这个巨大的政策变化带来了房地产的“大牛市”。李嘉诚作为商人，敏锐地发现了商机，从而抓住了中国城市化浪潮中的房地产机会，这就是系统性机会的识别。

这就是投资体系的第一层级，当你拥有了系统性机会与系统性风险的识别能力，即使你交易水平一般，不懂动态再平衡，也不会使用其他复杂的金融工具，但长期来看，你有很大的概率是可以赚到钱的。

第二层级：资产配置和再平衡

投资体系的第二层级，是资产配置和再平衡的能力。市场除了系统性风险之外，还有非系统性风险。系统性风险是指市场整体的风险，非系统性风险，指的是单个投资标的本身的风险。比如你买的公司破产了，或者你买的公司在某国的资产被强行征收了，再或者你买了一家公司，它原来的老板赌博输光了，这些都是非系统性的风险。这些风险不是靠你在大盘 10 倍市盈率以内买股票就能化解的，这时就需要引入资产配置的概念。

例如，你不能只将资金配置在股票上，还需要配置在债券、大宗商品、金融衍生品等金融工具。股市作为一个整体，不同股票之间的相关性是很强的，往往涨的时候“鸡犬升天”，跌的时候“一塌糊涂”。在熊市中难道没有优质的股票吗？当然是有的，但是在市场恐慌情绪下，优质的股票也会被毫不留情地抛售。

由于资金的流动，不同的资产会有不同的表现，例如股市跌的时候，大宗商品可能会迎来机会。2016 年整个大宗商品指数上涨了 80% 多，而那一年的 A 股表现是不尽人意的。除此之外，还需要私募股权、量化对冲、CTA 多元化的资产，从而可以让你实现“东方不亮西方亮”的结果。要知道，这个世界上，没有一个人可以运气一直好的，执着于单个市场，一旦缺乏整体性机会的时候，再努力地做交易也是很难赚钱的。所以，我们需要将资产配置在不同的市场，并且通过动态再平衡来获得更好的收益风险比。

动态再平衡与传统的投资策略相比，有两个重大的区别：第一，它是被动地按照规则去调整仓位，而不是主动地依靠判断去调整；第二，它会按照各类资产间的比例而非金额去调整仓位。

动态再平衡也有很多种策略，这里我们主要讲最简单的一个，就是半仓策略。半仓策略的规则，就是将股票类资产和债权类资产，严格控制在 5∶5 的比例上。当它们之间的比例变成了 6∶4 或者 4∶6，就强行将它们再调回到 5∶5 的比例。在这样的规则下，不论股市下跌到多深的位置，你永远有钱可以补仓。同时，无论股市涨到多高的位置，你永远有股票可以减仓。

严格执行这个策略，你可以在股市中被动地进行高抛低吸，并且，股市和债市的波动越大，对你就越有利。当然，随着你的功力不断加深，也可以在再平衡策略中，加入一些主动的因素。这种就是最传统的大类资产配置的方法。到了后来，发展出更加精确的模型，就是我在前面介绍过的风险平价模型。当然这个模型，对大多数“小白”来说，难度有点大，那学会简单的半仓再平衡也是可以的。

第三层级：金融工具的使用

当我们学会了投资体系的第一和第二层级，就相当于有了深厚的内功。投资体系的第三层级，就是一些具体的“武功”招式，也就是投资标的的分析和金融工具的使用。这个也就是前面介绍过的几大类资产，这里我们再回顾一下。

第一个是房地产。这个核心逻辑是中国经济的城市化，随着因素在未来的逐步衰退，房地产的配置更需要关注的是枢纽城市的核心地段的房子。

第二个是基金。基金中又分为固定收益类、权益类和海外类三大块。固定收益类就是货币基金和债券基金，这两个基金在货币的宽松周期是最佳的品种，在未来货币收紧的情况下，固定收益类基金不会有太好的表现。权益类就是股票基金、指数基金以及与大宗商品有关的基金，这些就看股市的整个系统性机会了。海外类都是通过各种 QDII 方式，投境外的股票、房产及自然资源等。

第三个是股票。股票的交易最关键就是对上市公司价值的判断，股票的价格是由内在价值推动的，持有优质的价值股票，并且长期持有，时间会给你带来丰厚的收益。

第四个是保险。保险不是让你赚钱的，而是一种风险对冲工具，防范你的两个重大的风险，疾病和意外。这两个风险发生的概率不高，但是一旦发生，伤害就很大。通过传统的个人能力、家庭能力或者投资理财，是没有办法规避的，就只能花钱将风险卖给保险公司。

第五个是信托。信托也不是为了赚钱，而是另外一种风险对冲工具，就是防范社会风险，例如司法风险、婚姻风险。这两个风险会一下子让你损失掉大部分的资产，通过信托的保护功能，将资产转移到信托公司去，从而避免法律问题和婚姻问题带来的伤害。

第六个是各种固定收益产品。固定收益是让大家获得稳健收益的，除了大家熟知的银行理财之外，还有券商收益凭证、场内货币基金、逆回购、大额存单、REITs、ABS 这些不同类型的玩法，了解了背后的逻辑，基本上可以获得稳定的收益。至于网络理财，大多数都是骗局，还是少碰为妙。

几个重要的思考

我做了很多年的研究和投资，管理过的资金过百亿，咨询过我的资金也将近千亿，我培训过的机构投资人很多，我把自己从业这么多年做研究和投资的一些体会，和大家做一个分享。

第一个，时间是每个人唯一稀缺的资产，要学会研究最重要的问题。

我们研究的应该是大问题，要把握的是产业与企业的大方向，并在判断与决策上获得大概率上的正确。概括起来就是，大问题、大方向、大概率。大问题上的模糊准确远远比小问题上的完美精确更为重要。所以，要在正确的路上持续地积累经验，操作上守正出奇。

第二个，四个维度去思考什么是重要的问题。

四个维度就是：宏观逻辑、产业逻辑、业务逻辑与财务逻辑。

宏观逻辑：包括宏观经济因素，还要从社会思潮、群体心理，甚至政经关系等大格局去看问题。

产业逻辑：不同的产业在不同的发展阶段，其核心驱动因素与竞争要素是发生变化的，而且在当前互联网与全球化的时代，其变迁的原理与以往更加不同。

业务逻辑：看一个企业的业务首先还是要看其战略布局、业务方向是否符合前面说的宏观逻辑与产业逻辑，是否符合社会大潮与产业大方向。即使一个公司的团队再“牛”，如果是逆着这两个大方向，其经营的难度还是会非常大，成功的概率还是很低。

财务逻辑：财务是对企业过去的经营行为进行数字化、结构化的总结与记录，通过这些数据可以很好地分析与验证其业务上的特征与问题。

第三个，要善于建立智慧圈。

不管是资深的还是刚从业的投资人，都要学习逐步建立属于自己的智慧圈。我们每个人的大脑是有边界的，智慧圈是无边界的。我们每个人不可能成为很多领域的专家，但可以通过不断向很多专家与“牛人”学习，经常进行深度的思想分享，互相启迪思维。

投资成功的关键一定是学习，向同行学习，向同事学习，也向书本学习。除了眼前的、当下的任务之外，要进行广泛的阅读，对长期重要的课题进行深度阅读与前瞻思考非常重要。总结起来就是：要广泛地阅读、独立地思考、深度地讨论与互动。

本节从线、面、体三个方面讨论了投资的体系结构，只有通过大量的学习、交流，完善自己的投资体系，才有可能在风险巨大的金融市场获得持续稳定的盈利。

市场没有完美策略：
没有一种方法能持续赚钱

我看过很多从金融市场中黯然退出的人，他们自认为是运气不好导致了亏损。我的观点是他们在“不必要的时间或状态承担了过高的风险”。刚进入市场的人，通常都很急着想追上别人，尤其看到周围朋友大赚了一笔，于是也开始想复制别人的方法。

所以还是重申我在开篇的提醒：不要抱着想一夜暴富的心情投资。

有句话说的是：“跑赢通胀易，跑赢欲望难。”要是刚进市场就幻想要在一两个月内用20万赚到500万的，那通常最后市场是会把你这20万全部拿走的。市场是循环的，有大涨也会有大跌。只有让自己先准备好，站稳脚步，做好每一次小投资，才能让你持续获得正向报酬。

要在投资这场游戏里待下去，要投入很多力气和时间，这里没有什么神奇的指标。就算有，内在知识肯定不是你能在公开地方就能随意掌握的，更不可能是你天天游山玩水就能赚大钱的方式。就算真碰到一个能赚大钱的人，在正常状态下，他也是不会告诉你他的赚钱方法的。

市场是没有完美策略的，不要浪费你的心力去寻找必胜数据、单一指标、简单的买卖讯号之类，与其花时间找这些东西，不如花更多力气更新自己的知识体系，修养自己的心态，真正机会来了就能抓得住。

大家要记住一句话：对于大多数人来说，最大的收入来源是你的勤劳工作。将重要的时间和精力用在提升自己的价值上，这才是最重要的，而且赚钱最重要的就是自己工作的行业。

投资理财的作用是帮助你的财产保值增值，而不是暴富，如果有暴富这种想法的人，我提醒你：从一开始你就错了。投资理财要根据市场风险做均衡配置，不同理财产品的收益风险特征是不一样的。

有句话叫做：有命赚钱没命花钱。你赚到的钱，不一定就是你的，因为有很多的人生风险等待着你，只有通过各种金融工具化解这些风险，才有可能获得幸福人生。

本书进行到这里，这趟关于“投资的60个基本”的愉快旅程就要结束了。我们从零开始，全方位绘制了一张财富地图：投资认知、房地产、基金、股票、保险、固定收益、信托……

只要你掌握了正确的投资理念和科学的投资方法，就能搭建起自己的投资框架，在财富自由的道路上走得更加顺畅稳健。

希望大家能从本书中，获得正确的、成体系的投资理念和方法，在未来的金融市场可以获得持续稳健的盈利。

图书在版编目（CIP）数据

投资的60个基本：从零开始学会终身受益的理财方式 / 张瑞，枫叔著. -- 北京：台海出版社，2022.3
ISBN 978-7-5168-3176-2

Ⅰ. ①投… Ⅱ. ①张… ②枫… Ⅲ. ①投资－基本知识 Ⅳ. ①F830.59

中国版本图书馆CIP数据核字（2021）第241633号

投资的60个基本：从零开始学会终身受益的理财方式

著　　者：张　瑞　枫　叔

出 版 人：蔡　旭　　封面设计：Yang
责任编辑：吕　莺

出版发行：台海出版社
地　　址：北京市东城区景山东街20号　　邮政编码：100009
电　　话：010-64041652（发行，邮购）
传　　真：010-84045799（总编室）
网　　址：http://www.taimeng.org.cn/thcbs/default.htm
E - mail：thcbs@126.com

经　　销：全国各地新华书店
印　　刷：三河市兴博印务有限公司
本书如有破损、缺页、装订错误，请与本社联系调换

开　　本：710毫米 × 1000毫米　　1/16
字　　数：368千字　　印　　张：22.5
版　　次：2022 年 3 月第 1 版　　印　　次：2022 年 3 月第 1 次印刷
书　　号：ISBN 978-7-5168-3176-2

定　　价：98.00 元